Kommunikationstraining
&
Immobilien Investitionen
aus der Ferne

Christopher Rothchester

Kommunikationstraining auf Deutsch/ Communication training in German

Wie Sie jederzeit mit jedem reden und Menschen wie ein Buch lesen können

Christopher Rothchester

Inhaltsübersicht

Immobilien Investitionenaus der Ferne auf Deutsch/ Real estate investments remotely in German

Einführung

Haben Sie sich schon einmal an einem öffentlichen Ort aufgehalten und als Sie mit jemandem in Ihrer Nähe sprechen mussten, wurden Sie nervös und konnten nicht die richtigen Worte finden? Haben Sie schon einmal versucht, die Körpersprache zu deuten, waren aber durch gemischte Signale verwirrt? Und haben Sie sich schon einmal gefragt, wie manche Menschen auf Fremde zugehen und ein Gespräch beginnen können, als wäre das die normalste Sache der Welt?

Manchmal hat man das Gefühl, dass jeder auf einen zugehen und ein Gespräch beginnen kann. Es ist Ihre Aufgabe, zu lernen, wie man nett redet. Lassen Sie nicht zu, dass jemand auf Sie zukommt und denkt, es sei in Ordnung, wenn er anfängt zu plaudern. In diesem Buch finden Sie Tipps, wie Sie gut mit anderen kommunizieren können, von der Überwindung Ihrer Schüchternheit bis zum Lesen der Körpersprache wie einExperte.

Wenn Sie wie viele andere schüchtern sind, brauchen Sie etwas mehr, als nur dieses Buch zu lesen. Sie müssen sich neue Gewohnheiten aneignen, damit Sie auf Fremde zugehen können und sich wohl fühlen. Wenn Sie zu den Menschen gehören, die nicht gern auf andere zugehen, sollten Sie ein aktives Tagebuch führen oder in ein Tagebuch schreiben. Das kann Ihnen helfen, Ihre soziale Kompetenz und Ihre Gesprächsfähigkeit gleichzeitig zu verbessern. Es ist gut zu lernen, wie man ein Gespräch führt und dass es mehr ist als nur ein Gespräch, also bleiben Sie dran. Lassen Sie sich nicht entmutigen, wenn Sie das Gefühl haben, dass dieses Buch nicht für Sie geeignet ist. Es bedarf einiger Übung, bis

Sie in der Lage sind, andere Menschen zu beobachten und ihre Körpersprache richtig zu deuten. Diese soziale Kompetenz erfordert Zeit, aber auch Zeit für die Anwendung der erlernten Fähigkeiten.

Viele Menschen werden verstehen, dass sie dies lesen und denken: "Das habe ich schon gemacht." oder "Das klingt einfach." Das erste, was sie tun, ist, in die Öffentlichkeit zu gehen und zu versuchen, sich in einem Gespräch mit einer anderen Person natürlich zu verhalten. Es ist nicht so einfach, wie es klingt. Zunächst einmal muss man in der Lage sein, sich gut mit einer anderen Person zu unterhalten. Aber man muss sich auch die Zeit nehmen und zuhören, was die andere Person sagt. Jedes Gespräch ist eine Lernerfahrung, und Sie wollen nicht, dass Sie diese Erfahrung mit einem schlechten Gefühl im Mund verlassen.

Kommunikation kann Ihr Leben erheblich verbessern und die Dinge für alle um Sie herum besser machen. Nehmen Sie sich die Zeit und versuchen Sie, Ihre Kommunikationsfähigkeiten zu verbessern und sehen Sie, wie Sie sich dabei fühlen. DieMenschen um Sie herum werden sich freuen, dass Sie ein freundlicher Mensch sind, mit dem sie jederzeit reden können.

Wenn Sie Ihre Sozial-, Kommunikations- und Konversationsfähigkeiten verbessern wollen, sollten Sie Ihre sozialen Fähigkeiten so oft wie möglich einsetzen. Menschen, die nicht mit anderen sprechen, können ihre sozialen Fähigkeiten nicht oft üben, deshalb ist es gut, wenn sie diese Dinge lernen. Bei der Kommunikation geht es nicht nur darum, ein Gespräch mit einer anderen Person zu führen. Es bedeutet, dafür zu sorgen,dass Ihre Worte ihr Ziel erreichen, dass sie klar und nicht verwirrend sind. Es geht auch darum, die Körpersprache zu lesen.Es kann sein, dass sich jemand mit Ihnen unterhält, ohne dass Sie diese Fähigkeit erlernt haben, aber Sie verstehen vielleicht nicht, was er sagt. Wenn Sie die Körpersprache lesen, dürfen Sie keine Vermutungen über die Person anstellen. Es ist besser für die Person, wenn Sie sie sagen lassen, was los ist, als voreilige Schlüsse zu ziehen.

Wenn Sie in der Lage sind, ein Gespräch mit jemandem zu führen, und es damit beginnt, dass Sie mit ihm reden, ist es noch besser. Die Person wird sich wohler fühlen, wenn sie mit Ihnen spricht, und Sie werden das Selbstvertrauen haben, über Dinge zu sprechen, die für Sie wichtig sind. Das kommt Ihrer sozialen Kompetenz zugute, denn Sie haben bereits einen freundlichen ersten Eindruck hinterlassen.

Mit jemandem zu reden ist wie alles andere auch. Man braucht Übung, um gut darin zu sein. Aber wenn Sie sich die Zeit nehmen und sich bemühen, Dinge zu recherchieren, werden Sie in kürzester Zeit alles darüber lernen können. Vielleicht haben Sie das Gefühl, dass es Ihnen zu schwer fällt, sich zu äußern und sich Gehör zu verschaffen, aber das lässt sich leicht überwinden, wenn Sie Ihre Gedanken zunächst schriftlich festhalten. Es ist so viel einfacher, sich schriftlich auszudrücken, und dann können Sie zurückgehen und sehen, was Sie aufgeschrieben haben. Wenn Sie sich einen Reim auf das Gesagte machen können, wird es Ihnen leicht fallen, das Gleiche laut zu sagen.

Es fällt den Menschen leichter, mit anderen zu sprechen, wenn sie wissen, dass das Gespräch von ihnen handeln wird. Dies ist einer der wichtigsten Punkte in jedem Gespräch. Jeder möchte, dass der andere zuhört, was er zu sagen hat. Oft bekommen wir das von anderen nicht, weil wir ihnen nicht einmal eine Chance geben. Wir haben keine Zeit für sie oder verbringen vielleicht nicht einmal gerne Zeit mit anderen. Wenn Sie an andere denken und wollen, dass sie Ihnen zuhören, müssen Sie sicherstellen, dass auch sie etwas von dem Gespräch haben. Seien Sie aufmerksam und finden Sie heraus, was sie mögen. Wenn sie eine Kamera dabei haben, fragen Sie, ob sie Fotos machen wollen. Wenn sie ein Telefon haben, finden Sie heraus, ob sie gerne damit telefonieren oder Spiele spielen. Sie können so viel über andere erfahren, wenn Sie einfach nur aufmerksam sind.

Manchmal tun Menschen etwas, um die Aufmerksamkeit anderer Menschen zu erlangen. Ein Beispiel ist, wenn jemand eine Szene macht, weil jemand nicht mit ihm redet oder nicht darauf achtet, was um ihn herum geschieht. Ein anderes, vielleicht schwieriger zu vergebendes Beispiel ist jemand, der so tut, als fände er etwas nicht lustig oder lästig. Viele Menschen wissen nicht, dass manche Menschen ihre Körpersprache benutzen, um ihr Interesse an anderen zu signalisieren. Aus diesem Grund ist es wichtig, darauf zu achten, wie jemand mit einem kommuniziert.

Man kann so viel lernen, wenn man mit anderen spricht, die anders sind als man selbst. Das kann man tun, indem man ihnen viele Fragen über das tägliche Leben stellt. Es ist auch wichtig, dass Sie sich nicht aufdrängen, wenn Sie versuchen, von jemandem etwas zu erfahren. Nur weil jemand bereit ist, mit Ihnen zu sprechen, heißt das nicht, dass er auch die ganze Zeit mit Ihnen sprechen will. Denken Sie daran, wenn Sie auf andere zugehen, um ihnen Fragenzu stellen. Sie müssen nicht mit jedem befreundet sein, und Sie wollen es auch gar nicht. Es ist in Ordnung, jemandem zu sagen, dass Sie nicht an einer Freundschaft interessiert sind oder nicht mit ihm reden wollen, weil Sie das Gefühl haben, dass es kein guter Zeitpunkt für Ihnen ist.

Für schüchterne Menschen kann es eine Herausforderung sein,

mit anderen zu sprechen. Das lässt sich nicht von heute auf morgen überwinden, aber man kann es schaffen, wenn man bereit ist, die nötige Zeit und Mühe zu investieren. Wenn Sie erst einmal erkannt haben, wie anstrengend das Erlernen sozialer Kompetenzen sein kann, wird es Ihnen nichts ausmachen, die nötige Zeit und Mühe zu investieren. Machen Sie den ersten Schritt, indem Sie zuhören, was andere zu sagen haben, anstatt zu überlegen, was Sie als nächstes sagen werden. Sie werden so viel lernen, wenn Sie zuhören, was andere sagen.

Das Gespräch kann von Smalltalk bis hin zu tiefgründigen und bedeutungsvollen Diskussionen reichen. Die Art und Weise, wie Sie das Gespräch führen und worüber Sie sprechen, hängt von Ihren sozialen und kommunikativen Fähigkeiten sowie Ihren Fähigkeiten zum Austausch ab. Egal, worüber Sie sprechen wollen, es liegt an Ihnen, das Gespräch zu führen. Dafür braucht man Zeit und Übung. Wenn Sie einmal gelernt haben, wie man ein Gespräch führt, brauchen Sie keine Angst mehr davor zu haben, sich mit anderen zu unterhalten. Wenn Sie gelernt haben, mit anderen zu kommunizieren, verfügen Sie über soziale Kompetenzen!

Ein wesentlicher Bestandteil eines Gesprächs ist das Reden und Zuhören. Es gibt viele Formen der Kommunikation, aber sie sind alle wichtig. Menschen, die besser kommunizieren wollen, sollten auch an ihrer Körpersprache arbeiten. Wenn es Ihnen nicht gefällt, wie jemand mit Ihnen spricht, können Sie ihn jederzeit zurückweisen und ihm sagen, was Sie empfinden. Sie wollen nie in ein Gespräch gezwungen werden, bei dem Sie sich

unwohl fühlen. Das Gleiche gilt auch für andere. Wenn jemand mit anderen auf eine Weise spricht, die ihnen unangenehm ist, ist es in Ordnung, wenn sie die Person zurückweisen und ihr sagen, dass sie nicht mit ihr sprechen möchte. Bei der Kommunikation geht es um das gegenseitige Verstehen der Gefühle und der Körpersprache, deshalb sollte man sich hinterher nicht böse sein. Bessere Kommunikationsfähigkeiten machen das Leben einfacher, und die Menschen werden Sie mehr mögen.

Man muss nicht alles über alles wissen. Sie können viel lernen, indem Sie viele Fragen stellen und sich die Antworten notieren. Langsames Aufnehmen ist gut für Ihr Gehirn und Ihre sozialen Fähigkeiten. Wenn Sie unsicher sind, ob Sie eine Frage beantworten können, ist es kein Problem, sie zu stellen. Ein Gespräch mit jemandem wird immer dann erfolgreich sein, wenn Sie lernen, es erst einmal in Gang zu bringen, indem Sie zuhören, worüber die Person sprechen möchte und was sie nicht möchte. Wenn Sie mit anderen sprechen, müssen Sie direkt über Folgendes sprechen
welches Thema auch immer zwischen Ihnen beiden besprochen wird. Es ist auch wichtig, daran zu denken, dass ein Gespräch zwei Seiten hat, also darf man das Zuhören und das Reden nicht vergessen.

Kapitel 1:
Kommunikationshindernisse
und wie man sie vermeidet

Die Kommunikation kann die frustrierendste und schwierigste Sache der Welt sein. Sie gehört zu den Dingen, bei denen man sich verletzlich fühlen kann, ganz gleich, wie selbstbewusst man sein mag. Wir wissen, dass das daran liegt, dass jeder andere Erwartungen an den Verlauf eines Gesprächs hat, aber was wäre, wenn wir das ändern könnten? Und wie? Indem wir eine einfache Technik anwenden, die oft übersehen wird, wenn es um Kommunikation geht. Der richtige Tonfall, die Körperspracheund die Art und Weise, wie Sie etwas sagen, sind entscheidende Aspekte im Gespräch mit anderen.

Außerdem können Sie diese Technik anwenden, egal ob Sie schüchtern oder kontaktfreudig sind - es spielt keine Rolle. Wenn Sie jedoch jemals jemanden mit extrovertierten Persönlichkeitsmerkmalen gesehen haben (diejenigen, die von Natur aus kontaktfreudig sind), scheint diese Technik für sie zur zweiten Natur zu werden. Große Führungspersönlichkeiten sind diejenigen, die diese Fähigkeit gemeistert haben.

Die meisten werden Ihnen sagen, Sie sollen "Sei einfach du selbst" oder "sich einfach entspannen". Das mag einfach klingen, aber denken Sie einmal darüber nach. Wie oft brechen Sie aus Ihrer Komfortzone aus und probieren etwas Neues aus? Das ist schwer, nicht wahr? Aber was wäre, wenn es eine Technik gäbe, die Ihnen dabei helfen könnte? Der Schlüssel zum Erfolg liegt darin, nicht zu versuchen, jemand anderes zu sein, sondern seine echten Gedanken, Gefühle und Meinungen mitzuteilen. Das kann anfangs beängstigend und schwierig sein, aber je mehr Sie üben, desto einfacher wird es.

Lassen Sie uns einige häufige Fehler besprechen, die beim Sprechen vor anderen am häufigsten gemacht werden. Für die meisten Menschen gehört das Sprechen in der Öffentlichkeit zu den schrecklichsten Dingen, die sie tun müssen. Es gibt nichts Schlimmeres, als vor einer Gruppe von Menschen zu stehen, zu schwitzen und nicht zu wissen, was man als nächstes sagen soll. Es ist peinlich und normal, sich so zu fühlen, wenn man kein Vertrauen in sich selbst oder seine Fähigkeiten hat.

Doch genau hier liegt das Schöne am Training von Kommunikationsfähigkeiten. Sie können lernen, jederzeit mit jedem zu sprechen und in Menschen wie in einem Buch zu lesen. Das ist keineswegs einfach, aber es gibt einige Tipps und Tricks, die Ihnen den Einstieg erleichtern. Finden Sie eine Gelegenheit, täglich mit Ihrem Partner, einem Arbeitskollegen oder Ihrer Familie zu üben. Unabhängig von der Situation, in der Sie sich befinden, werden diese Tipps Ihnen helfen, häufige Fallstricke zu vermeiden.

Der Tonfall ist entscheidend, wenn es darum geht, mit anderen in Kontakt zu treten. Wenn Sie wissen, wie Sie selbstbewusst sprechen, können Sie für andere einen Mehrwert schaffen und Ihren Standpunkt klar und deutlich vermitteln. Beginnen Sie mit einem weichen, entspannten Ton. So können Sie so sprechen, dass Ihre Gesprächspartner Sie hören und verstehen können. Sie können dies unterstützen, indem Sie langsam atmen und mit beiden Füßen fest auf dem Boden stehen. Wenn Sie klar und deutlich sprechen, ist es für andere leichter,

Sie zu verstehen, und sie hören Ihnen eher zu und schenken dem, was Sie sagen, mehr Aufmerksamkeit.

Versuchen Sie, scharfe Bewegungen oder abrupte Handgesten zu vermeiden. Ihre Körpersprache kann Ihre Stimme widerspiegeln. Wenn Sie also in einem verärgerten Tonfall sprechen, die Arme verschränken oder einfach nur den Kiefer ausfahren lassen, werden Ihre Gesprächspartner die gleichen Schlüsse ziehen. Atmen Sie tief durch und denken Sie nach, bevor Sie handeln. Es ist schwer, dies in Situationen zu tun, in denen Ihnen jemand etwas Schreckliches vorgeworfen hat, aber eine Überreaktion kann die Situation verschlimmern.

Beim Kennenlernen ist es wichtig, authentisch zu sein. Seien Sie nicht zu aggressiv oder zurückhaltend, wenn Sie neue Leute zum ersten Mal treffen. Eine freundliche Geste hier oder da sollte genügen, anstatt absichtlich etwas Unhöfliches zu sagen oder übermäßig zurückhaltend zu sein. Wenn Sie glauben, dass Sie Ihren Mitbewohnern, Freunden oder Ihrer Familie gegenüber gemein oder unfreundlich sind, werden Sie nicht verletzt, aber das ist eine kindische Denkweise. Die Leute erinnern sich selten an den ersten Eindruck von jemandem und daran, ob man ihn mag; die Dinge werden mit der Zeit besser werden.

Damit zeigen Sie, dass Sie genauso engagiert und entschlossen sind, mit anderen zu sprechen, wie diese es sind.

In einem Gespräch sollten Sie versuchen, derjenige zu sein, der dem anderen zeigt, dass Sie an ihm interessiert sind. Das bedeutet, dass Sie lernen sollten, positiv über das zu sprechen, was in Ihrem Kopf und Ihrem Leben passiert. Ziel ist es, dass sich die Menschen in Ihrer Umgebung wohlfühlen - geben Sie ihnen das Gefühl, willkommen und geliebt zu sein, indem Sie ihre besten Eigenschaften hervorheben. Gehen Sie nie davon aus, dass sie direkt unhöflich zu Ihnen sind.

Wenn Sie zu aggressiv sind oder versuchen, andere zu dominieren, fühlen sie sich in Ihrer Nähe unwohl. Im Grunde genommen wollen wir alle von anderen akzeptiert und geliebt werden. Niemand möchte abgelehnt oder gefürchtet werden. Selbstbewusstes Auftreten ist daher der Schlüssel zum Aufbau von Vertrauen im Gespräch mit anderen.

Wenn jemand nicht versteht, was Sie sagen, gibt er vielleicht das Gespräch ganz auf. Es ist Ihre Aufgabe als Führungskraft und Kommunikator, zu versuchen zu verstehen, woher die Person kommt, indem Sie ihre Sichtweise akzeptieren, auch wenn sie nicht mit ihrer eigenen übereinstimmt. Stellen Sie Fragen, anstatt zu versuchen, sie zu überreden oder ihnen Ihre Sichtweise aufzuzwingen.

Versuchen Sie, unvoreingenommen zu sein und sich in die Lage des anderen zu versetzen, bevor Sie sprechen. Das ist vielleicht eines der schwierigsten Dinge, die man tun kann, aber es ist auch eine hervorragende Möglichkeit, die Kontrolle über die eigenen Gefühle loszulassen. Am Anfang mag es schwer fallen, aber je mehr Sie üben, desto besser werden Sie sich so ausdrücken können, dass andere verstehen, woher Sie kommen.

Eine weitere Möglichkeit, mehr Selbstvertrauen zu gewinnen, besteht darin, zu üben, wie Sie etwas sagen. Wie Sie etwas sagen, kann genauso wichtig sein wie das, was Sie sagen. Vielleicht sagen Sie alles richtig, sprechen es aber falsch aus. Wenn Sie etwas falsch sagen, kann das dazu führen, dass jemand Sie missversteht oder sich sogar verärgert fühlt. Das Wichtigste ist, dass Sie sich vor Augen halten, dass niemand Sie dafür verurteilen kann, dass Sie ein selbstbewusster Redner sind. Wenn überhaupt, werden die Leute Ihre Authentizität und Ihren Charakter bewundern und zur Kenntnis nehmen.

Auch wenn es eine Herausforderung ist, Sie selbst zu sein, sollten

Sie sich bewusst machen, dass Sie sich selbst bereits sehr gut darstellen können. Die Art und Weise, wie wir mit anderen kommunizieren, ist genauso wichtig wie die Worte, die aus unserem Mund kommen; Sie können diese Tipps anwenden, wenn Sie sich das nächste Mal in einer öffentlichen Situation befinden. Sie müssen sich nicht nervös oder eingeschüchtert fühlen, wenn Sie mit Menschen sprechen. Sie werden feststellen, dass Sie die Zeit mit neuen Menschen immer mehr genießen werden. Wenn Sie sich dem persönlichen Wachstum widmen, können Sie lernen, mit jedem zu sprechen. Mit der Zeit werden Sie feststellen, dass Sie sich im Umgang mit anderen Menschen viel wohler fühlen. Dies wiederum wird dazu führen, dass Sie im Laufe des Tages selbstbewusster werden; denken Sie einfach daran, dass Übung den Meister macht.

Wenn überhaupt, dann sollten diese Tipps es Ihnen ermöglichen, Sie selbst zu sein und Ihre natürlichen Kommunikationsfähigkeiten zu nutzen. Je mehr Sie üben, desto besser werden Sie darin werden. Üben Sie, als würde Ihr Leben davon abhängen. Befolgen Sie diese einfachen Tipps, dann können Sie zu den Menschen gehören, die mit jedem sprechen können. Vielleicht können Sie keine eloquente Rede halten, aber Sie sollten in der Lage sein, so zu sprechen, dass andere Sie verstehen und wissen, was Sie sagen wollen. Denken Sie immer daran, dass jeder Mensch ein potenzieller Verbündeter und ein potenzieller Feind ist. Lassen Sie sich niemals von Ihren Emotionen leiten; Sie könnten damit mehr Schaden anrichten als Gutes bewirken. Je wohler Sie sich in Ihrer Haut fühlen, desto wahrscheinlicher ist es, dass sich andere in Ihrer Nähe wohl fühlen. Beginnen Sie damit, sich gut zu erklären.

Wenn Sie dies gut tun, wird es Ihnen langfristig zugute kommen. Lügen Sie nie jemanden an; sagen Sie ihm die Fakten und seien

Sie ehrlich, was Ihre Gefühle angeht. Wenn Sie Fehler machen, entschuldigen Sie sich und versuchen Sie, sie zu beheben. Lassen Sie andere nicht wissen, warum Sie sich schlecht fühlen: Wenn sie sich nicht genug kümmern, um zu fragen, verdienen sie es nicht, es zu erfahren.

Andere um Sie herum müssen sehen, dass es Menschen gibt, die selbstbewusst sind und die Welt mit anderen Augen sehen. Tun Sie Ihr Bestes, um nicht über andere zu urteilen. Denken Sie daran, dass jeder Mensch eine gute und eine schlechte Seite hat, und bleiben Sie offen, wenn Sie mit jemandem sprechen. Soziale Kompetenz bedeutet, das Wissen und das Selbstvertrauen zu erlangen, mit jedem reden zu können. Die Fähigkeit, mit anderen zu kommunizieren, wird Ihnen nicht nur bei Ihrer Karriere helfen, sondern auch dabei, sich Respekt zu verschaffen und dauerhafte Freundschaften zu schließen. Sie müssen die Menschen davon überzeugen, dass mehr in Ihnen steckt, als man auf den ersten Blick sieht - sie müssen sehen, dass sie Ihnen vertrauen können. Sprechen Sie langsam und sorgfältig - achten Sie darauf, Ihre Worte so gut wie möglich zu artikulieren. Wenn Sie diese Tipps so bald wie möglich umsetzen, werden Sie die Zeit mit neuen Menschen immer mehr genießen.

Hier sind weitere Tipps, die Ihnen helfen, sich zu verbessern:

1. Genau zuhören

Hören Sie gut zu und warten Sie, bis Sie an der Reihe sind zu sprechen. Es ist manchmal frustrierend, wenn jemand nicht zuhört oder ein Gespräch ablenkt, indem er vom Thema abschweift. Wenn jemand Sie einlädt, antworten Sie höflich mit einem Ja oder Nein, je nachdem, ob Ihr Zeitplan es zulässt. Geben Sie keine Ausrede oder einen Grund an, warum Sie nicht kommen können, denn die Person wird den ganzen Abend damit verbringen, Sie vom Gegenteil zu überzeugen.

2. Seien Sie klar, prägnant und auf den Punkt gebracht.

Das bedeutet nicht, dass Sie sich nicht ausgiebig mit dem Thema befassen können, aber es ist wichtig, dass Sie sich nicht verzetteln. Wenn Sie über etwas sprechen, das Ihnen wichtig ist, sollten Sie wissen, worauf Sie hinauswollen.

Wenn Ihre Botschaft wichtig ist, sollten Sie andere davon überzeugen, dass sie ebenso wichtig ist, indem Sie klar und selbstbewusst sprechen. Andernfalls erwecken Sie den Eindruck, als sei Ihre Botschaft deren Zeit und Aufmerksamkeit nicht wert. Sprechen Sie unvoreingenommen, d. h. mit Offenheit gegenüber den Ideen und Gedanken anderer. Wenn Sie sprechen, verschaffen Sie Ihrer Stimme Gehör.

Ihre Stimme ist ein wichtiges Kommunikationsmittel. Ihr Tonfall und Ihre Tonhöhe sind das, was jeder interpretiert. Wenn Ihre Botschaft undeutlich ist, klingt sie sehr langweilig und unprofessionell. Achten Sie also darauf, dass Sie laut genug sprechen, damit jeder Sie hören kann, ohne in Schweiß auszubrechen oder zu flüstern, was nur wie eine Beleidigung wirken würde.

3. Achten Sie auch auf Ihre Körpersprache.

Wenn jemand mit Ihnen spricht, schaut er Sie nicht an, er beobachtet Sie. Sie können vielleicht reden, aber können Sie es auch leben? Wenn Sie nicht an das glauben, was Sie sagen, wie können es dann andere?

Es hängt von Ihrer Körpersprache und Ihrem Selbstvertrauen ab, wie gut Sie kommunizieren. Stellen Sie sich selbstbewusst hin, mit den Armen an der Seite. Ihre Körperhaltung sollte Selbstvertrauen ausdrücken. Sagen Sie, was gesagt werden muss, ohne zu zappeln oder sich zu viel zu bewegen.

4. Lass auch andere strahlen.

Manche Menschen sind so sehr in ihre Stimme vertieft, dass sie vergessen, andere zu Wort kommen zu lassen. Aufmerksames Zuhören ist wichtig, aber stellen Sie sicher, dass Sie dem Gesprächspartner zuhören und ihm Aufmerksamkeit schenken. Wenn Sie wirklich an dem interessiert sind, was die andere Person zu sagen hat, zeigt sich das auch in Ihrer Mimik und Körpersprache.
Die Menschen werden das, was Sie sagen, wertschätzen, wenn sie sehen, wie viel Wert Sie dem beimessen, was sie sagen.

Je mehr Sie diese Technik üben, desto zugänglicher wird die Kommunikation sein. Beginnen Sie damit, "Hallo" oder "Wie geht es Ihnen?" zu sagen. Behalten Sie diese Tipps im Hinterkopf und bemerken Sie den Unterschied in der Art und Weise, wie Menschen auf Ihre Worte und Handlungen reagieren. Je besser Sie kommunizieren, desto mehr Vertrauen haben Sie in sich selbst und in das, was Sie zu sagen haben. Und denken Sie daran: Die Menschen werden nicht vergessen, was Sie gesagt oder getan haben, vor allem dann nicht, wenn sie wissen,

dass es Ihnen sehr wichtig ist. Vergessen Sie nie, dass die Menschen erkennen, wie Sie mit ihnen umgehen. Das ist eine Tatsache, aber es ist Ihre Entscheidung, wie Sie mit solchen Situationen umgehen.

5. Teilen Sie Ihre Gedanken und Gefühle mit.

Diese einfache Handlung ist es, die Sie verkaufen und mit der Sie andere beeindrucken müssen. Aber das ist vielleicht gar nicht so einfach. Manchen Menschen fällt es schwer zu sagen, was sie auf dem Herzen haben, ohne eine andere Show abzuziehen.

Wenn Sie sich nicht wohl dabei fühlen, Ihre echten Gedanken und

Gefühle mitzuteilen, wird es ihnen schwer fallen, Ihnen zu glauben oder Ihrem Rat zu folgen, wenn ein Problem auftritt. Sie könnten denken, dass Sie lügen oder übertreiben, um sich billig aus der Affäre zu ziehen, aber Fakten sind Fakten; sie sollten wissen, wie sie darauf reagieren müssen. Vergleichen Sie sich nicht mit anderen, denn Sie werden am Ende immer verlieren; teilen Sie mit, wie gut Sie jetzt sind, indem Sie mit dieser Technik Selbstvertrauen zeigen.

6. Nutzen Sie die Macht der visuellen Hinweise.

Bitte denken Sie an die Bilder in Ihrem Kopf und lassen Sie sich bei Ihren Worten davon leiten. Wenn Sie zum Beispiel an das Bild eines Berges denken, stellen Sie sich selbst als einen Berg vor, der von anderen Bergen umgeben ist, oder warten Sie auf den richtigen Moment, um sie zu erwähnen, bevor Sie über sie sprechen, damit sich die anderen einbezogen und ermutigt fühlen.
Diese Technik in die Praxis umzusetzen, mag zwar nicht einfach sein, aber Sie können sie jederzeit problemlos anwenden, wenn Sie sich selbst und Ihren Mitmenschen Vertrauen entgegenbringen wollen.

Achten Sie darauf, dass Sie nicht übersehen, was andere sagen, denn sie können wertvolle Ratschläge oder Vorschläge haben, die Ihr Selbstvertrauen stärken. Es wird Ihnen auch helfen, sich mit ihnen zu verbinden und starke Freundschaften aufzubauen.

Ein guter Gesprächseinstieg kann den Unterschied ausmachen, ob man einen Eindruck hinterlässt oder einfach nur so weitermacht wie bisher. Wenn Sie aber nicht wissen, wie Sie ein Gespräch beginnen sollen, werden Sie wahrscheinlich auch nichtin der Lage sein, ein Gespräch zu führen. Ob bei der Arbeit oder in Ihrer Freizeit, bereiten Sie sich auf diese Gespräche vor, indem Sie diese wichtigen Fähigkeiten und Tipps für das Sprechen üben. Es ist nicht immer einfach zu wissen, ob man sprechen oder zuhören soll, denn ein guter Redner zu sein, ist schwer zu lernen und erfordert Übung. Wenn Sie selbstbewusst und gekonnt sprechen, können andere Ihre Fähigkeiten erkennen und Ihnen ihre Gefühle anvertrauen.

7. Üben Sie im Voraus.

Üben Sie diese Techniken am Tag vor einer wichtigen Sitzung und prägen Sie sich alles ein, was Sie sagen wollen. Wenn Sie das im Voraus tun, haben Sie Zeit zum Üben, wenn es an der Zeit ist zu sprechen.

Wenn Sie üben, stellen Sie sich am besten vor, wie Sie selbstbewusst dastehen und selbstbewusst Ihre Gedanken äußern. Bitterkeit kann sich einschleichen, wenn jemand negativ darüber spricht, was er von Ihnen hält, obwohl diese Person gar nichts hätte sagen dürfen, weil sie Sie noch nicht kennt.

8. Organisieren Sie Ideen für Ihre Rede.

Vermeiden Sie es, auf den Boden zu schauen; schauen Sie geradeaus oder zu Ihrem Gesprächspartner. Vergewissern Sie sich, dass Sie sagen müssen, was Sie zu sagen haben, wenn es Zeit ist zu sprechen. Wenn nicht, überlassen Sie jemand anderem das Wort und treten Sie zurück. Auf diese Weise stellen Sie sicher, dass diejenigen, die nicht sprechen, Ihren Worten aufmerksam zuhören, indem sie ihnen ihre volle Aufmerksamkeit schenken.

9. Planen Sie, zuletzt zu sprechen.

Am besten sagen Sie, was Sie zu sagen haben, nachdem jeder zu Wort gekommen ist. Wenn Sie versuchen, Ihren Senf dazuzugeben, bevor alle gesprochen haben, könnten Ihre Ideen als Versuch missverstanden werden, das Gespräch zu übernehmen. Halten Sie sich stattdessen zurück und lassen Sie die anderen zuerst zu Wort kommen; hören Sie genau zu und bleiben Sie offen, während sie sprechen. So können Sie anhand des Tons ihrer Stimme oder ihres Gesichtsausdrucks beurteilen, worüber sie sprechen und wie sie sich fühlen. Wenn Sie sicher sind, dass Sie an der Reihe sind, stellen Sie sich selbstbewusst vor die Gruppe und tragen Ihre Botschaft mit Klarheit und Überzeugung vor.

Kommunikation sollte kein Hindernis sein, wenn es darum geht, Beziehungen aufzubauen und zu festigen. Wenn Sie also das nächste Mal mit einer Situation konfrontiert werden, in der Sie mit anderen sprechen müssen, denken Sie an diese Tipps und nutzen Sie sie zu Ihrem Vorteil. Es ist wichtig, anderen nicht nur zuzuhören, sondern auch zu verstehen, was sie sagen. Achten Sie also darauf, dass Sie sich auf sie konzentrieren und sich nicht von Ihrer Umgebung ablenken lassen. Vergessen Sie nie, dass die Kommunikation in beide Richtungen geht. Wenn Sie nicht sorgfältig und aufmerksam zuhören, werden Sienie verstehen können, was andere Ihnen sagen.

Kapitel 2: Agressionen ausdrücken undKonflikte bewältigen

Wir alle wissen, wie schwierig es ist, mit jemandem zu sprechen, der einen ständig wütend macht. Egal, ob sie arrogant oder einfach nur unhöflich sind, sie können dazu führen, dass man sich frustriert fühlt und im Gegenzug auf sie einprügelt. Aber anstatt sich mit ihrem schlechten Verhalten abzufinden und sich zu isolieren, sollten Sie lernen, wie Sie besser mit anderen Menschen kommunizieren können - vor allem, wenn sich zwischen Ihnen beiden ein Konflikt anbahnt.

Kommunikation ist der Schlüssel zur Lösung eines jeden Konflikts. Wenn Sie einen Weg finden, das Problem mit jemandem zu lösen, ohne zusammenzubrechen, sich gegenseitig zu beschuldigen oder die Beherrschung zu verlieren, machen Sie allen das Leben leichter. Wenn es darauf ankommt, müssen Sie über Ihre Probleme sprechen und versuchen, alles mit einem Kompromiss zu lösen.

Die Wahrheit ist, dass es nicht leicht ist, mit jemandem zu sprechen, der einen wütend oder frustriert macht. Es ist schwer, ruhig und gefasst zu bleiben, und die eigenen Emotionen gewinnen die Oberhand. Am schwierigsten ist es, ehrlich und respektvoll zu widersprechen. Man darf nicht schreien oder feindselig werden, wenn man zuhören will - vor allem dann nicht, wenn man etwas zu sagen hat, was der andere nicht hören will. Mit manchen Menschen ist es schwieriger zu reden als mit anderen (z. B. mit denen, die ständig negativ oder unhöflich sind), aber es gibt Möglichkeiten, mit jedem zu reden, unabhängig von seiner Persönlichkeit. Es mag einige Zeit dauern, aber Sie können mit jeder Person kommunizieren, wenn Sie wissen, wie.

Das Wesentliche an der Kommunikation sind klare, definierte Grenzen. Legen Sie eine feste persönliche Grenze fest, bevor Sie mit jemandem sprechen, der Sie wütend macht. Erinnern Sie sich an Ihren letzten Streit mit jemandem: Hat er oder sie versucht, Sie zu provozieren? Hat er versucht, Sie dazu zu bringen, die Beherrschung zu verlieren? Oder hat derjenige gewartet, bis Sie kurz davor waren, die Beherrschung zu verlieren, bevor er etwas sagte?

Das ist wichtig, denn es ist gefährlich und unnötig, nicht zuzuhören oder heftig zu reagieren, wenn jemand Sie auf die Palme bringt. Wenn Sie wissen, wie die andere Person versucht, Sie zu manipulieren, können Sie entscheiden, ob Sie zuhören oder zurückschlagen wollen.

Und selbst wenn die andere Person nicht versucht, Sie zu manipulieren, ist es immer noch eine gute Idee, feste Grenzen zu ziehen. Wenn jemand Sie ständig provoziert, versucht er wahrscheinlich, Sie wütend zu machen - aber wenn das, was er sagt, keinen Einfluss auf Ihre Gefühle hat, warum sollten Sie dann mit Wut reagieren?

Wenn Ihre Grenzen klar sind, fällt es Ihnen viel leichter, mit demjenigen, der Ihren Blutdruck in die Höhe treibt, klar und respektvoll zu sprechen. Sie werden auch verstehen, was derjenige zu sagen versucht, wenn er unhöflich oder erbärmlich ist.

Setzen Sie sich immer für sich selbst ein (lassen Sie sich nicht über den Tisch ziehen). Viele Menschen lieben es, unhöflich zu sein, ohne sich dessen bewusst zu sein. Sei es, weil sie glauben, herablassend oder bissig zu sein, lässt sie witzig oder attraktiv aussehen, oder weil sie zu sehr mit ihrem eigenen Leben beschäftigt sind, um sich um deines zu kümmern – Sie sollten nicht zulassen, dass Sie andere Menschen wie Scheiße behandeln.

Wissen Sie, was das Wichtigste ist? Ein guter Mensch zu sein und anderen Menschen gegenüber das Richtige zu tun. Wie Sie mit ihnen umgehen und wie sie Ihnen behandeln, ist genauso wichtig. Wenn Ihnen jemand aus Gemeinheit oder Ignoranz das Leben schwer macht, dann verdient er Ihre Vergebung nicht - vor allem, wenn das Problem von vornherein leicht zu lösen gewesen wäre.

Lassen Sie nicht zu, dass man Sie übergeht. Wenn sich jemand Ihnen gegenüber respektlos oder verletzend verhält, setzen Sie sich so schnell wie möglich zur Wehr. Sie werden sich nicht nur selbst besser fühlen (Sie nehmen der Person auch die Kontrolle darüber, wie dein Tag verläuft). Außerdem geben Sie damit ein gutes Beispiel für alle anderen und lehren sie, wie wichtig es ist, alle Menschen gleich zu behandeln.

Seien Sie aufgeschlossen. Es ist leicht, wütend zu werden, wenn man jemandem zuhört, der nicht aufhören will, über etwas zu reden, das ihm egal ist, oder der nur Schlechtes über alles zu sagen hat. Noch einfacher ist es, unhöflich oder herablassend zu sein.

Aber es ist schwierig, aufgeschlossen und freundlich zu allen Menschen zu sein, ganz gleich, wie positiv ihre Einstellung ist. Es kann manchmal langweilig werden, mit Leuten zu reden, die nur Gutes zu sagen haben. Man kann nicht gegenüber jedem und allem im Leben eine offene Haltung einnehmen, aber man kann sie gegenüber nicht-negativen Menschen beibehalten. Sie wollen einfach nur ihr Leben genießen und glücklich sein, ohne sich von anderen (d. h. von Ihnen) etwas gefallen zu lassen.

Bleiben Sie also zur Abwechslung einmal aufgeschlossen, egal wie langweilig oder negativ Ihr Gegenüber manchmal ist. Man weiß nie, ob sich nicht doch etwas Spannendes oder Positives aus dem Gespräch ergibt. Wenn es Ihnen schwerfällt, mit jemandem zu reden, der Sie wütend/frustriert macht, fühlen Sie sich nicht schlecht deswegen.

Je mehr Sie versuchen, Ihre Wut und Frustration zu kontrollieren, desto schlechter fühlen Sie sich - und das ist einfach nicht gesund. Wenn etwas Ihren Blutdruck in die Höhe treibt, sollten Sie versuchen herauszufinden, was das Problem ist - und wenn andere Menschen sich Ihnen gegenüber unhöflich oder verletzend verhalten, sollten Sie natürlich auf eine Art und Weise für sich eintreten, die keine Gegenwehr erfordert.

Aber jeder hat schon einmal erlebt, dass er frustriert oder wütend auf jemanden war, aber nichts gesagt hat. Vielleicht hatten sie Angst davor, was passieren würde, wenn sie etwas sagen würden (z. B. dass die andere Person heftig reagieren würde), oder sie waren so wütend, dass sie sich nicht trauten, richtig zu sprechen.

Das passiert jedem; selbst die besten Menschen der Welt haben manchmal Schwierigkeiten, sich auszudrücken. Wenn Sie das Gefühl haben, dass Sie nicht mit jemandem reden können, weil es Ihnen zu schwer fällt, ist das völlig in Ordnung. Konzentrieren Sie sich einfach darauf, in Zukunft ein besserer Mensch zu werden, und vermeiden Sie unnötige Streitereien mit anderen.

Lassen Sie sich nicht von Ihrer Wut überwältigen. Egal, ob Sie versuchen, mit jemandem zu kommunizieren, der Ihnen nicht zuhört, oder ob Ihre Probleme außer Kontrolle geraten, denken Sie daran, dass es sich nicht lohnt, die Kontrolle zu verlieren - vor allem, wenn es um andere Menschen geht.

Hier sind einige Tipps, wie Sie besser kommunizieren können, wenn Sie sich feindselig fühlen:

1. ERST DENKEN, DANN REDEN

In den meisten Fällen möchten Sie Ihre Meinung sofort äußern. Aber wenn Sie einen hitzigen Streit mit jemandem haben (sei es ein Kollege, ein Elternteil oder Ihr Lebensgefährte), müssen Sie sich vergewissern, dass das, was Sie sagen wollen, es wert ist, gesagt zu werden. Wenn nicht, dann sagen Sie einfach gar nichts. Es ist immer besser zu schweigen als zu sprechen, wenn man wütend ist - denn je mehr Zeit vergeht, desto rationaler und ruhiger fühlt man sich. Sprechen Sie erst dann, wenn Sie die Fakten kennen und sich ehrlich ausdrücken können. Sie müssen nicht auf jemanden losgehen, um einen Standpunkt zu vertreten - Sie können in aller Ruhe Ihre Meinung erklären und sagen, warum Sie so denken, wie Sie denken.

Um sich selbst dazu zu bringen, innezuhalten und jemandem zuzuhören, versuchen Sie diesen Trick: Zählen Sie in Ihrem Kopf von 10 herunter, bevor Sie sprechen. Wenn Sie bei Null angekommen sind, können Sie sich ausdrücken, ohne die Person am anderen Ende der Leitung zu verwirren oder zu verärgern.

2. FRISCHE LUFT SCHNAPPEN

Wenn Sie sich gestresst oder ängstlich fühlen, wenn Sie über das sprechen, was Sie bedrückt, dann machen Sie eine Pause, anstatt das Gespräch fortzusetzen. Machen Sie eine Weile etwas anderes - gehen Sie zum Beispiel draußen spazieren oder spielen Sie ein Spiel auf Ihrem Handy - und kommen Sie dann wieder zueinander, wenn Sie entspannter sind.

Im Grunde genommen geht es bei der Kommunikation darum, dass zwei Menschen einander zuhören und aufmerksam zuhören können, ohne Feindseligkeit zu empfinden. Manchmal ist das schwer zu erreichen. Wenn Sie sich also zu sehr gestresst fühlen, werden Sie es besser finden, wenn Sie erst einmal allein sind.

3. SICH AUF DIE RICHTIGE EINSTELLUNG EINSTELLEN

Manchmal wollen wir die Wahrheit über eine Situation nicht hören, weil es zu schwierig ist, damit umzugehen, oder wir wissen, dass das, was wir sagen wollen, die Gefühle von jemandem verletzen wird. Wenn Sie zu diesen Menschen gehören, sollten Sie sich vergewissern, dass Sie in der richtigen Stimmung sind, bevor Sie mit jemandem sprechen.

Es ist nicht immer leicht, dies zu tun. Vielleicht müssen Sie erst ein wenig meditieren und Ihren Kopf frei bekommen, bevor Sie sich zentrieren können. Sie müssen auch sicherstellen, dass Sie sich an einem angenehmen Ort befinden, z. B. Ihr Telefon ausschalten, damit Sie nicht durch andere Nachrichten oder Anrufe abgelenkt werden. Und wenn die Person, die Sie wütend macht, physisch anwesend ist, versuchen Sie, sich von ihr zu entfernen und eine kurze Pause zu machen, bevor Sie versuchen, die Dinge zu besprechen.

4. HÖREN SIE MEHR ZU ALS SIE REDEN

Sie wissen, was zu tun ist. Sie sind kurz davor, Ihre Meinung zu sagen, aber anstatt Ihrem Gegenüber zu zeigen, dass Sie verärgert oder wütend sind, versuchen Sie, einen Standpunkt zu vertreten.

Denken Sie daran: Zuhören ist der beste Weg, um Ihren Standpunkt zu vermitteln. Wenn Sie jemandem etwas erzählen und derjenige unterbricht oder kritisiert, was Sie gesagt haben, wird er sich dir gegenüber noch verärgerter fühlen als zuvor.

Wenn Sie alles aufnehmen können, was die andere Person zu sagen hat, ist die Wahrscheinlichkeit größer, dass sie Sie für Ihren Respekt respektiert.

5. GEDULDIG SEIN

Sie sollten nicht wie ein jähzorniger älterer Mann sprechen - das wird die andere Person nur verärgern. Wenn Sie Ihre Gefühle zum Ausdruck bringen wollen, dann versuchen Sie am besten, so geduldig wie möglich zu sein. Anstatt dem anderen zu sagen, was Sie denken, versuche ihm zu helfen, zu verstehen, was er falsch gemacht hat.

Ein Beispiel: Wenn jemand sagt, dass ihm nicht gefällt, wie Sie etwas gemacht haben, können Sie ihm stattdessen sagen: "Ich verstehe das. Ich bin in der Kurve schneller gefahren und habe die Kontrolle über das Fahrzeug verloren."

6. DIE WAHRHEIT SAGEN

Ja, auch wenn es Ihnen schwer fällt, über die Situation zu sprechen. Auch wenn es weh tut, es auszusprechen - vor allem, wenn es sich um jemanden handelt, den Sie lieben oder der Ihnen sehr am Herzen liegt - müssen Sie die Verantwortung für Ihr Handeln übernehmen. Wenn Sie nicht ehrlich zu Ihnen selbst oder zu der anderen Person sind, wird sie Ihnen nicht vertrauen oder Sie respektieren können.

Alles hat seine Zeit und seinen Platz, aber manchmal ist das Leben beschissen, und die Dinge laufen schief. Wir neigen dazu, die falschen Dinge zu sagen und schlechte Entscheidungen zu treffen. Aber es geht nicht darum, die falsche Person zu sein - es geht darum, in einer Welt zu überleben, in der die Menschen nicht immer freundlich zueinander sind. Und das ist in Ordnung, solange man weiß, wie man mit sich selbst umgeht und wie man sich verhält, wenn die Gemüter erhitzt sind.

7. IMMER EINE AUSSTIEGSSTRATEGIE HABEN

Wenn es zu heftig wird, müssen Sie in der Lage sein, eine Auszeit zu nehmen - sei es, indem Sie den Raum verlassen oder indem Sie einen Freund dabei haben, der die Person am anderen Ende ablenkt, damit Sie sich etwas Zeit für sich selbst nehmen können.

Es ist immer am besten, wenn man mit seinen Gefühlen umgehen kann, ohne dass die andere Person wissen muss, dass sie sich negativ auf einen auswirken. Es ist nicht leicht, vor allem, wenn man jemandem etwas sagen will und es, egal wie sehr man sich bemüht, nicht gesagt wird.

Aber das kann nur geschehen, wenn man eine Ausstiegsstrategie hat. Es hat keinen Sinn, in einem Raum zu bleiben, wenn die Dinge schrecklich sind. Und auch wenn die Politik für Sie nur ein Spiel ist, bedeutet das nicht, dass Sie keine Gefühle haben wie alle anderen auch - und die sollten auch gehört werden.

8. SICH ALS ERSTER ZU ENTSCHULDIGEN

Manchmal ist das Leben einfach chaotisch und kompliziert, wenn es um Kommunikation geht. Manchmal hören Menschen nicht gerne, was man zu sagen hat, weil es sie verletzt, wenn sie wissen, dass man verärgert oder wütend auf sie ist. Und manchmal wird das, was man sagt, falsch verstanden, ohne dass man es merkt.

In diesem Fall ist es immer am besten, wenn Sie sich als Erster entschuldigen - vor allem, wenn Sie gar nicht beabsichtigt haben, dass etwas Schlimmes passiert. Wenn es ein Missverständnis gab, dann klären Sie es so schnell wie möglich auf, indem Sie sich entschuldigen.

Wenn es kein Missverständnis gab, müssen Sie trotzdem die Verantwortung für Ihr Handeln übernehmen und sagen, dass Sie die Situation nie gewollt haben. Ein schneller Weg, Feindseligkeit in Zusammenarbeit umzuwandeln, ist die Übernahme der, Verantwortung für Ihr Handeln. Wenn Sie nicht gesagt haben, dass die andere Person wütend auf Sie ist, dann sagen Sie es. Wenn Sie sich für etwas entschuldigen wollen, dann tun Sie es. Wenn Sie nicht gedacht haben, dass die Situation schief gehen würde, dann sagen Sie es. Manchmal ist das Leben chaotisch und chaotisch - und manchmal sagen wir Dinge, die wir nicht so meinen, oder hören so etwas zu uns gesagt.

Wenn Sie sich auf ruhige und ehrliche Weise für Ihr Verhalten entschuldigen können, wird Ihnen die andere Person wahrscheinlich verzeihen. Und wenn sie nicht mehr mit Ihnen reden will, können Sie die Situation zumindest in dem Wissen verlassen, dass Sie alles getan haben, um den Konflikt friedlich zu lösen.

Die Kraft der Empathie und der Vergebung
Wenn man weiß, wie man sich ausdrücken kann und wie man es schafft, dass sich die andere Person wohl fühlt, kann es leicht sein, sich zu verständigen und sich gegenseitig mehr Respekt zu erweisen.

Wir alle wollen, dass man uns zuhört, wenn wir reden, aber viele von uns wissen nicht, wie man das richtig macht. Wir haben Angst, die Gefühle anderer zu verletzen, und trauen uns nicht, Dinge zu sagen, die die Gefühle anderer verletzen könnten, weil wir nicht wollen, dass sie schlecht über uns denken.

Aber das muss nicht so sein. Wenn Sie lernen, sich gut auszudrücken, können Sie sich überlegen, was Sie sagen, auch wenn es die andere Person wütend macht. Und das wird Ihnen beiden in Zukunft mehr Möglichkeiten eröffnen.

Man weiß nie, wie viel etwas scheinbar Kleines bedeuten kann - vor allem in Bezug auf Kommunikation und Beziehungen. Die Leute denken oft, es sei einfacher, einfühlsam zu sein als logisch zu denken. Aber wenn man Einfühlungsvermögen einsetzt, um Konflikte zu lösen, hat man die Möglichkeit, eine negative Situation in eine positive zu verwandeln. Wenn Sie lernen, besser mit Ihren Mitmenschen zu kommunizieren, werden Sie selbstbewusster und haben mehr Macht über Ihr Leben.

Auch wenn Sie nicht immer bekommen, was Sie wollen, können Sie zumindest lernen, wann Sie gehen können, ohne von Ihren eigenen Gefühlen als Geisel gehalten zu werden.

Die Menschen, die anderen gegenüber wütend bleiben, sind diejenigen, die nicht wissen, wie man sich entschuldigt und die Gefühle anderer akzeptiert. Und wenn man in der Lage ist, Empathie als Geschenk und nicht als Waffe einzusetzen, dann können beide Seiten versuchen, Frieden zu schließen, auch wenn sie sich am Ende nicht danach fühlen.

Die Realität ist, dass die meisten Konflikte groß werden, weil die Menschen nicht gut damit umgehen können. Auch wenn Ihnen die Situation nicht gefällt, können Sie zumindest lernen, wie Sie mit anderen auf eine Weise kommunizieren können, die viele Schwierigkeiten vermeidet.

Nehmen wir an, Sie können lernen, rationale Gespräche zu führen, die zu freundschaftlichen Gesprächen führen. In diesem Fall können Sie Konflikte mit anderen Menschen schnell lösen.

Besser zu kommunizieren bedeutet, seine Emotionen loszulassen aber Sie müssen das nicht allein tun. Dann können Sie lernen, sich mitzuteilen, ohne die andere Person zu verärgern und ohne zuzulassen, dass sich der Ärger in Ihnen aufstaut, bis er explodiert.

Viele Menschen mögen keine Konflikte, vor allem wenn sie glauben, dass sie dadurch lange Zeit wütend und gestresst sind. Aber eines ist sicher: Wenn man lernen will, auf irgendeiner Ebene miteinander auszukommen, dann ist das für beide Seiten notwendig.

Wenn Sie lernen, besser zu kommunizieren und Empathie statt Wut einzusetzen, können Sie einen Weg finden, eine negative Situation in eine positive zu verwandeln. Wenn Ihnen das gelingt, können Sie Lösungen finden, mit denen Sie und die andere Person leben können.

Es ist nicht einfach - aber es ist möglich, gute Beziehungen zu Menschen zu haben. Alles, was man braucht, ist Geduld, ein offenes Herz und die Fähigkeit, seine Gefühle mitzuteilen, ohne dass sie einem in die Quere kommen. Je eher Sie dies lernen, desto eher wird Ihr Leben zugänglicher und weniger stressig werden - denn anstatt sich auf die negativen Dinge um Sie herum zu konzentrieren, werden Sie lernen, Lösungen für das zu finden, was schief läuft.

Kapitel 3: Gesichter lesen und Verhaltensweisen vorhersagen

Ihr Gesicht und Ihr Körper senden jeden Tag Tausende von Signalen aus. Diese Signale zeigen an, was Sie denken, wie Sie sich fühlen, was Sie von anderen wollen und was Sie zu tun gedenken. Diese Signale haben einen enormen Einfluss auf die Herstellung von Verbindungen, die Beeinflussung von Verhalten und das Erreichen von Zielen. Sie senden diese Signale aus, ohne sich dessen überhaupt bewusst zu sein. Sie lesen und reagieren ständig auf die Gesichter und die Körpersprache anderer Menschen und fällen Urteile, die Ihre Gefühle, Gedanken und Handlungen beeinflussen.

Sobald Sie morgens aufwachen, schauen Sie in den Spiegel und reagieren auf Ihre Mimik. Ihr Gesichtsausdruck hat nicht nur Einfluss darauf, wie Sie sich fühlen, sondern auch darauf, wie andere über Sie denken. Wenn Sie müde, wütend oder traurig sind, werden Sie ein negatives Gesicht machen, das Sie noch schlechter fühlen lässt. Wenn Sie sich dagegen selbst anlächeln, bevor Sie zur Arbeit oder zur Schule gehen, zaubert das wahrscheinlich den ganzen Tag über ein Lächeln auf Ihr Gesicht.

Die Forschung hat bewiesen, dass die Art und Weise, wie Sie sitzen, stehen, Ihren Kopf halten, Ihre Hände bewegen und gehen, auf Ihre Vertrauenswürdigkeit oder Kompetenz schließen lässt. Ihr Körper sendet auch Gesichtssignale aus, die andere aufgreifen, ohne dass Sie sich dessen bewusst sind. Eine offene Körpersprache - die Arme nicht gekreuzt, die Handflächen sichtbar - sagt: "Ich bin ehrlich und ansprechbar. Die meisten Menschen, selbst diejenigen mit hohen Kommunikationsfähigkeiten, sind sich nicht bewusst, wie viel sie ihrem Gegenüber signalisieren. Sie reagieren vielleicht über- oder untertrieben auf die Mimik eines anderen. Ihre Körpersprache könnte gemischte Botschaften senden und Sie nervös oder aggressiv erscheinen lassen, auch wenn Sie sich gar nicht so fühlen. Sie sind sich vielleicht nicht bewusst, wie sehr Sieandere verärgern, wenn Sie zu direkt sind. Woher wissen Sie, wasjemand anderes denkt?

Ihr Gesicht und Ihr Körper sind wie ein Fenster in die Psyche, die beide Botschaften aussenden, die für sich genommen schwer zu entschlüsseln sind. Je besser Sie wissen, wie Sie Menschen lesen und ihr Verhalten vorhersagen können, desto effektiver wird Ihre Kommunikation sein.

Körpersprache lesen

Sie sollten die Körpersprache Ihrer Mitmenschen kennen, um ihre Gedanken und Gefühle besser verstehen zu können. Wenn Sie die Körpersprache anderer Menschen kennen, können Sie sie besser verstehen, ihre Handlungen und ihr Verhalten vorhersagen und starke Beziehungen aufbauen. Sie können dieses Wissen auch nutzen, um sich als Gesprächspartner attraktiver zu machen.

Menschen senden ständig Signale aus, von der Mimik über die Körperhaltung bis hin zu Gesten. Die Person kann finster dreinblicken, den Kopf hochhalten, die Hände fest zusammenballen, auf den Boden oder die Decke schauen und den Körper eindrehen. Es werden ständig viele Signale gesendet, die für Sie schwer zu lesen und zu verstehen sein können.

Sie müssen kein Sozialpsychologe oder Experte für menschliches Verhalten sein, um die Körpersprache anderer Menschen richtig zu deuten. Hier sind einige einfache Richtlinien, die Ihnen helfen, sie zu interpretieren und effektiv zu reagieren. Menschen fühlen sich oft ängstlich oder unbehaglich, wenn sie mit anderen interagieren müssen. In der Regel atmen sie mehrmals tief durch und spannen ihren Körper an. Beobachten Sie, wie Menschen ihre Arme, Beine und Füße verschränken. Sie können ihre Hände unter den Achseln verschränken oder ihre Beine vor sich überkreuzen. Achten Sie darauf, was Menschen mit ihren Händen machen, denn sie senden notwendige Signale aus, wenn sie sie in bestimmte Positionen bringen.

Auf und ab gehen ist ein Zeichen von Nervosität oder Vorfreude. Wenn Sie sehen, dass jemand im Raum herumläuft, können Sie davon ausgehen, dass er wegen etwas Bevorstehendem ängstlich ist. Wenn Sie während eines Vorstellungsgesprächs aufstehen, um auf die Toilette zu gehen, achten Sie darauf, wie sich die Körpersprache und das Verhalten des Gesprächspartners ändern, sobald Sie den Raum verlassen.

Übersehen Sie nicht, wie wichtig die Körperhaltung und der Gesichtsausdruck sind, um anzuzeigen, was jemand denkt. Menschen neigen dazu, sich unbewusst an den anderen zu orientieren. Wenn Ihr Chef also hinter seinem Schreibtisch sitzt und die Beine übereinander schlägt, werden Sie es ihm gleichtun und dasselbe tun. Sie wissen, dass es jetzt Zeit für ein geschäftliches Gespräch ist, nicht für eine lockere Unterhaltung. Wenn Sie das nächste Mal an einem öffentlichen Ort wie einem Restaurant oder Theater sind, achten Sie darauf, wie die Leute reagieren, wenn sie in eine Gruppe kommen. Normalerweise suchen sie sich einen Platz in der Mitte zwischen den dominierenden und den schwächsten Personen. Wenn Sie sich in einer Sitzung befinden, versuchen Sie, die Sitzordnung zu beobachten. Die Leute sitzen normalerweise neben Leuten, die sie mögen oder mit denen sie sich wohlfühlen.

Wenn Sie das nächste Mal auf einer Party sind, hören Sie genau hin, was die Leute sagen, wenn sie sich jemandem vorstellen. Nur sehr wenige Menschen werden etwas Negatives über sich selbst sagen, auch wenn sie vielleicht negativ über andere reden. Beobachten Sie, wie lässig sich die Leute die Hand geben. Je fester der Griff, desto dominanter und selbstbewusster fühlen sie sich beim Händeschütteln - was ein Hinweis darauf sein kann, wie hart sie wirklich sind.

Sie können die gleiche Technik auch aus einem anderen Grund anwenden: um herauszufinden, wie zuversichtlich die Leute über ein bestimmtes Thema oder einen bestimmten Gegenstand sind. Wenn Sie wissen, in welcher Stimmung eine Person ist, fällt es Ihnen leichter zu erraten, worüber sie bei der Vorstellung sprechen könnte.

Bevor Sie das nächste Mal mit Freunden ausgehen, beobachten Sie, wie viel Gewicht eine Person beim Gehen gleichmäßig auf ihre Füße und Hände verteilt, so dass ihr Schwerpunkt schön gleichmäßig ist. Er wird gehen, als ob er nichts zu beweisen hätte. Wenn Sie jemals in einen Streit mit jemandem geraten und er versucht, eine Ihrer Hände am Handgelenk zu fassen, zeigt Ihnen das, dass er sich wegen etwas verletzlich und unsicher fühlt.

Schauen Sie bei der Begrüßung auf die Füße und achten Sie darauf, wie sie ausgerichtet sind. Wenn sie Ihnen zugewandt sind, ist das ein Zeichen von Offenheit und Vertrauen; wenn sie von Ihnen weg zeigen, ist das ein Zeichen von Ablehnung oder Abwehrhaltung. Achten Sie darauf, wie aufrecht eine Person steht, wenn sie mit jemandem spricht, zu dem sie sich hingezogen fühlt. Er wird viel geradliniger stehen als sonst, weil er versucht, so attraktiv wie möglich auszusehen.

Wenn Menschen mit verschränkten Armen vor sich stehen, ist

das ein Zeichen dafür, dass sie sich von der Welt abkapseln. Sie fühlen sich von dem, was um sie herum geschieht, abgetrennt und sind nicht daran interessiert, sich auf irgendetwas einzulassen, was passieren könnte. Menschen, die ihre Arme vor sich verschränken, tun dies oft, weil sie sich verletzlich, unsicher oder wegen etwas unsicher fühlen.

Eine Person, die sich mit dem Gesicht zu Ihnen neigt, um zu sprechen, versucht vielleicht, Ihnen körperlich näher zu kommen, oder sie unterstreicht nur, was sie sagt, indem sie sich nach außen streckt. Das Gegenteil ist der Fall, wenn eine Person sich von Ihnen wegzieht und die Arme fest verschränkt und die Hände zu Fäusten ballt. Dies sind Anzeichen dafür, dass diese Person für Ihre Ideen nicht empfänglich ist.

Hier sind fünf Tipps zur Körpersprache:

1) Bleiben Sie mit den Füßen auf dem Boden, wenn Sie mit jemandem sprechen, es sei denn, Sie müssen gehen. Je bequemer und selbstbewusster Sie auftreten, desto mehr werden sich andere zu Ihnen hingezogen fühlen.

2) Lächeln und lachen Sie oft, auch wenn Ihnen nicht danach zumute ist. Selbst wenn Sie keinen guten Tag haben, sollten Sie sich bewusst dazu zwingen, mehr zu lächeln. Ein Lächeln ist eines der besten Mittel, um anderen ein gutes Gefühl zu vermitteln und Sie als warmherzigen, fürsorglichen Menschen zu zeigen.

3) Achten Sie darauf, dass Ihre Augen auf die andere Person gerichtet sind und dass Ihr Kopf schräg ist (nicht gerade nach oben oder unten). Diese beiden Dinge zeigen Ihr Interesse an dem, was die andere Person sagt, und tragen dazu bei, dass das Gespräch reibungsloser verläuft.

4) Wenn Sie sich in Situationen befinden, in denen die

Körpersprache eines anderen negative Signale aussendet, spiegeln Sie diese nicht wider. Wenn Sie sich wehren, indem Sie die Arme verschränken, sich von jemandem weglehnen oder Ihren Hals und Ihren Gesichtsausdruck nach unten drehen, lassen Sie sich nur als weniger selbstbewusste Person erscheinen. Damit erschweren Sie es der anderen Person, sich zu Ihnen hingezogen zu fühlen und sich wohl zu fühlen.

5) Achten Sie auf die Art und Weise, wie die Leute in einem leichten und freundlichen Ton sprechen (verwenden Sie niemals das Wort "wie" oder "als ob"). Denken Sie daran, dass niemand kleine Änderungen, die Sie selbst vornehmen, bemerken wird. Das Wichtigste ist, dass Sie aufmerksam zuhören und nicht nur hören, was andere sagen.

Die Körpersprache lässt sich in drei allgemeine Kategorien einteilen: Verhalten, Rituale und Emotionen. Hier ist ein Beispiel dafür, wie jede Kategorie zu lesen wäre:

Verhalten - Eine Person dieser Kategorie nähert sich Ihnen mit einem freundlichen Lächeln, einer offenen Haltung, die Hände in die Hüften gestemmt, leicht nach vorne gebeugt und mit dem Fuß wackelnd oder im Rhythmus klopfend.

Rituale - Diese Person schlendert möglicherweise umher, um sich Ihrem Gespräch mit übertriebenen Handgesten oder Fingernagellackierung zu nähern. Vielleicht reibt er sich während des gesamten Gesprächs das Kinn und dreht seinen Kopf langsam hin und her wie ein Vogel, der nach Würmern sucht.

Emotional - Die Person, die in diese Kategorie fällt, rückt möglicherweise näher an Sie heran, neigt ihr Gesicht zu Ihnen oder legt ihre Hände auf Ihren Arm, wenn sie mit Ihnen spricht. Sie hat vielleicht Angst vor etwas oder ist unsicher, was sie sagt.

Der Schlüssel zum Lesen der Körpersprache liegt darin, sich auf alle drei Kategorien einzustellen, indem man auf Zeichen jeder Art achtet. Natürlich wollen wir sicherstellen, dass wir die nonverbalen Hinweise aufgreifen und nicht das, was jemand gesagt hat. Wenn Sie diese Konzepte verstehen, können Sie besser einschätzen, was um Sie herum geschieht, und wissen besser, wie Sie die Stimmung und die Reaktionen der Menschen einschätzen können.

Achten Sie darauf, wie sich der Mund bewegt, wenn jemand spricht. Bewegt er sich zu schnell oder zu langsam? Wird er in bestimmten Abständen weit geöffnet? Was machen die Hände während des Gesprächs? Bewegen sich die Arme der Person koordiniert zum Sprechen oder schwingen sie wild hin und her, während sie spricht?

Sie sollten auch darauf achten, ob die Mimik zu den Worten passt, die sie sagen. Scheint ihr Mund zu grinsen, die Stirn zu runzeln oder zu lächeln? Welche Augenbrauenmuster verwenden sie? Verändert sich ihr Gesichtsausdruck plötzlich?

Eine Person, die viele Emotionen zeigt, während eine andere Person mit ihr spricht, lehnt sich oft nach vorne oder wendet sich von Ihnen ab und macht plötzlich laute Geräusche. Wenn das Gesicht der Person rot wird oder eine andere Farbe annimmt, ist das ein klares Zeichen dafür, dass sie in Ruhe gelassen werden möchte.

Dieses Zeichen ist für Wissenschaftler und Forscher, die Stereotypen untersuchen, leicht zu erkennen. Sie haben festgestellt, dass es einen Zusammenhang gibt zwischen der Zeit, die eine Person braucht, um etwas perfekt zu machen, und der Zeit, die sie braucht, um gut darin zu werden. Wenn eine Person etwas zehn Jahre lang gemacht hat und immer noch nicht sehr gut darin ist, ist das ein Zeichen dafür, dass sie sich nicht darauf konzentriert hat.

Hier sind die wichtigsten Dinge, die Sie beim Lesen der Körpersprache beachten sollten:

1. Seien Sie skeptisch gegenüber allem, was Sie lesen. Ihre erste Reaktion, wenn Sie einen Ratschlag zur Körpersprache hören, wird sein, dass Sie ihm vollkommen zustimmen. Wenn Sie sich selbst aus dem Bild nehmen und versuchen, dieselbe Information auf eine andere Person anzuwenden, werden Sie jedoch feststellen können, ob sie nützlich ist.

2. Konzentrieren Sie sich nicht auf eine Person und erwarten Sie nicht, dass diese den ganzen Tag über bestimmte körpersprachliche Signale von sich gibt. Seien Sie stattdessen sensibel und nehmen Sie wahr, was um Sie herum passiert, während Sie gleichzeitig daran arbeiten, Ihre Körpersprache unter Kontrolle zu halten.

3. Lassen Sie sich nicht auf Stereotypen ein. Dies ist ein großes Tabu beim Lesen von Körpersprache, denn Stereotypen sind gefährlich. Wenn Ihnen jemand aufgrund seiner Hautfarbe, seines Geschlechts, seiner sexuellen Orientierung oder einer anderen Art von Voreingenommenheit sagt, dass etwas wahr ist, dann sollten Sie das nicht glauben.

4. Achten Sie sowohl auf nonverbale als auch auf verbale Hinweise. Alles, was gesagt wird, kann auch nonverbal ausgedrückt werden. Wenn Sie in der Lage sind, diese Hinweise aufzugreifen, wird es für Sie viel einfacher zu verstehen, wie die Körpersprache einer Person funktioniert.

5. Lassen Sie die Leute sprechen, wenn sie es wünschen, und hören Sie mehr zu als zu reden. Wenn jemand zu Ihnen spricht, unterbrechen Sie ihn nicht, es sei denn, Sie haben etwas Wichtiges hinzuzufügen. Wenn jemand spricht, bewegen Sie Ihren Körper und Ihre Gesichtsmuskeln, um zu zeigen, dass Sie zuhören.

6. Denken Sie immer daran, dass jeder eine Geschichte zu erzählen hat. Sie haben vielleicht eine Meinung zu dem, was mit einer anderen Person passiert, aber wenn diese Person nicht mit Ihnen sprechen oder keinen Augenkontakt herstellen möchte, dann sollten Sie sie nicht zu Informationen drängen. Das wird sie nur daranhindern, ihre Geschichte in ihrer eigenen Zeit zu erzählenund sie wahrscheinlich ruinieren.

7. Beobachten Sie Berührungen nur, wenn Sie sich dabei wohl fühlen. Wenn Sie sehen, wie jemand eine andere Person berührt, ist das ein klares Zeichen dafür, dass er oder sie mit ihr zufrieden ist und sich in ihrer Nähe sicher fühlt. Das ist nicht etwas, was jeder tun möchte und was nicht jeder tun sollte. Zwingen Sie sich also nicht zu körperlichem Kontakt mit jemandem, von dem Sie das Gefühl haben, dass er nicht bereit ist, Ihnen diesen zu geben.

8. Urteilen Sie nicht über Menschen, bevor Sie nicht ihre Hintergründe kennen und wissen, warum sie so handeln, wie sie es tun. Denken Sie daran, dass jeder eineGeschichte zu erzählen hat, aber nur er weiß, wie sie für ihn in der Zukunft enden wird.

9. Lassen Sie alles Gepäck los, das Sie vielleicht haben. Wenn Sie eine Vergangenheit mit jemandem haben, geben Sie ihm oder ihr die Gelegenheit, sich Ihnen von einer neuen Seite zu zeigen, auch wenn er oder sie nicht mehr dieselbe Person zu sein scheint, die er oder sie einmal war, oder sogar dieselbe Person, die Sie einmal kannten.

10. Wenn Sie etwas Falsches sehen, scheuen Sie sich nicht, es anzusprechen. Haben Sie eine Meinung zu dem, was um Sie herum oder mit einer Person vor sich geht, und sagen Sie etwas, anstatt sich selbst ein Urteil zu bilden. Denken Sie daran, dass jeder Mensch Fehler hat.

In der heutigen Zeit ist es wichtig, das nonverbale Verhalten von Menschen zu verstehen. Das Lesen von Gesichtern und die Vorhersage von Verhalten auf der Grundlage von nonverbalen Hinweisen kann schwierig sein, aber es lohnt sich, wenn Sie Ihre zwischenmenschlichen Interaktionen verbessern wollen. Andernfalls könnten Sie viele Fehler machen, die vermeidbar gewesen wären. Der Schlüssel zum erfolgreichen Lesen der Körpersprache liegt darin, sich zu vergegenwärtigen, was man selbst sieht und was andere sehen, und dass verschiedene Menschen unterschiedlich auf dieselbe Situation reagieren werden. Jede Person hat ihre eigene Version der Wahrheit, und Sie müssen lernen, sich darauf einzustellen, ihre Körpersprache effektiv zu lesen.

Nonverbale Signale sind wichtig, denn sie sind eines der wichtigsten Mittel, mit denen Menschen miteinander kommunizieren. Wenn Sie ihre nonverbalen Signale lesen, können Sie die Situation verstehen und wissen, wie Sie darauf reagieren müssen. Sie können auch erkennen, wie sich die Person fühlt und was sie als nächstes sagen wird. Auch wenn es zunächst entmutigend erscheinen mag, ist die Fähigkeit, die Körpersprache zu lesen, nicht so schwierig, wie es aussieht. Wenn Sie sich erst einmal verbessert haben, werden Sie feststellen, dasses sich viel natürlicher anfühlt, die Körpersprache anderer Menschen zu verstehen. Sie werden in der Lage sein, die versteckten Hinweise zu erkennen und ihre Reaktionen sofort zuverstehen, ohne dass es zu Schwierigkeiten oder Missverständnissen kommt. Sie werden sich in Ihrer Fähigkeit, Körpersprache zu lesen, sicher fühlen und genau wissen, wie Sie sich auf der Grundlage Ihrer nonverbalen Signale verhalten müssen.

Kapitel 4: Feedback geben und erhalten

Feedback ist ein wesentlicher Bestandteil einer effektiven Kommunikation. Es ist von zentraler Bedeutung, um zu verstehen, was in dem Gespräch passiert, und um sicherzustellen, dass beide Parteien vertreten sind. Wenn Feedback schwierig wird, liegt das an mangelndem Vertrauen und fehlender Übung. Ihre Fähigkeit, Feedback zu geben und zu empfangen, macht den Unterschied aus, wenn es darum geht, ein besseres Geschäft zu verhandeln, einen Auftrag zu erledigen oder einen Verkauf abzuschließen. Es ist die Fähigkeit, die Ihnen hilft, Ihre Fähigkeiten zu verbessern und Sie zu einem besseren Verkäufer zu machen.

Feedback ist für eine effektive Kommunikation mit anderen unerlässlich, denn es ermöglicht Ihnen, angemessen zu reagieren. Feedback ist der Unterschied zwischen "Ich glaube, du liegst falsch" und "Du liegst falsch". Durch das Feedback, das Ihnen jemand gegeben hat, können Sie lernen, wie andere Situationen anders wahrnehmen als Sie selbst. Außerdem ermöglicht es Ihnen, sich an das Gesagte zu erinnern, anstatt davon auszugehen, dass der andere die Wahrheit sagt, was sich bei Verhandlungen als nachteilig erweisen kann.

Feedback ist eine Fähigkeit, die man nicht von heute auf morgen perfektionieren kann, aber mit etwas Übung wird es zu einem festen Bestandteil Ihres Kommunikationsstils.

Schritt 1: Kritisieren Sie die Leistung der anderen.

Lernen Sie aus Ihrem Feedback und denken Sie daran, wenn Sie Ihre nächste Bewertung vornehmen. Es mag schwierig sein, sich selbst zu kritisieren, aber wenn Sie beginnen, andere zu kritisieren, vermeiden Sie es, Ihre persönlichen Gefühle einzubringen, und konzentrieren Sie sich bei Ihrer Bewertung auf die Fakten ihrer Leistung. Bewerten Sie sie nach ihre Leistungen, nicht ihre Persönlichkeiten.

Schritt 2: Lernen Sie, anderen effektiv zuzuhören.

Lernen Sie zuzuhören, um mehr Informationen und eine klare Kommunikation zu erhalten, die Sie für eine erfolgreiche Interaktion benötigen. Zuhören ist eine wichtige Fähigkeit, die man in der Zusammenarbeit mit anderen erlernen sollte, da sie es einem ermöglicht zu verstehen, was die andere Person sagt. Wenn Sie zuhören, sollten Sie: 1) auf Unterbrechungen achten, 2) keine Urteile aus Ihrer Perspektive fällen und 3) sich Zeit nehmen, um zu verstehen, was gesagt wird. Wenn jemand zum Beispiel sagt: "Die Besprechung war schrecklich. Der Raum war zu kalt." Sie reagieren vielleicht emotional und fragen: "Welcher Raum?" oder "Was war an der Besprechung falsch?" Die Person könnte sagen, dass der Kunde sich eine wärmere Umgebung gewünscht hat und Sie dies nicht erfüllt haben. Diese Aussage kann eine Bitte um Feedback sein, das Sie nutzen können, um Ihre nächste Interaktion zu verbessern.

Schritt 3: Üben Sie sich im aktiven Zuhören.

Aktives Zuhören ist eine weitere wichtige Fähigkeit, die Ihnen hilft, Informationen über das Geschehen in der Interaktion zu erhalten. Durch aktives Zuhören können Sie verstehen, ob das, was jemand sagt, wahr ist. Wenn zum Beispiel jemand spricht, sollten Sie: 1) sich voll und ganz auf das Gespräch einlassen, 2) Augenkontakt mit dem Sprecher aufnehmen, 3) seine Gefühle und Meinungen verstehen, indem Sie sie ihm wiedergeben, und 4) sich Notizen zu dem Gesagten machen. Um Ihre Ideen effektiv zu kommunizieren, ist es wichtig, gut zuzuhören.

Schritt 4: Beteiligen Sie sich voll und ganz an dem Gespräch.

Wenn Sie sich ganz auf Ihr Gegenüber einlassen, hat dieser das Gefühl, dass Sie ihm zuhören und ihm Ihre volle Aufmerksamkeit schenken. Es kann auch dazu führen, dass die Leute denken, dass Sie nicht wollen, dass

sein und es wird keine produktive Interaktion geben. Auf das Telefon zu starren oder auf die Uhr zu schauen, ohne sich zu bemühen, sich an der Diskussion zu beteiligen, kann als Desinteresse und Abwesenheit ausgelegt werden.

Schritt 5: Verstehen Sie ihre Gefühle und Meinungen, indem Sie über sie nachdenken.

Wenn Sie einfühlsam zuhören, hat die andere Person das Gefühl, dass sie gehört wurde. Wenn die Person ihre Gefühle in Worte fasst, kann sie nicht anders, als diese Worte auf sich selbst zu übertragen. Sie sollten spiegeln oder nachempfinden, was der Sprecher sagt, indem Sie "Ich sehe" oder "Ich verstehe" sagen. Dies gibt dem Sprecher das Gefühl, verstanden zu werden, und beseitigt die Möglichkeit, dass er etwas missverstanden oder falsch interpretiert hat.

Schritt 6: Machen Sie sich Notizen zu dem, was gesagt wird.

Wenn Sie sich während eines Gesprächs Notizen machen, um das Gesagte zusammenzufassen, können Sie sich besser an das Gespräch erinnern und sich auf das Gesprochene konzentrieren. Wenn Sie sich Notizen machen, können Sie sich besser auf das Gespräch konzentrieren und Ihre Fähigkeiten zum aktiven Zuhören verbessern. Außerdem können Sie so die getroffenen Vereinbarungen überprüfen, was für die weitere Kommunikation mit der Person hilfreich sein kann.

Wann sollte man Feedback verwenden?

"Wann sollte man jemandem sagen, dass er sich geirrt hat? Es ist wichtig, dass man immer erkennt, dass Menschen Fehler machen. Sie sollten immer ein Feedback geben, wenn sie etwas falsch machen. Das Schlimmste, was man tun kann, ist, nicht zu erkennen, wenn jemand einen Fehler macht, oder kein Feedback zu bekommen, wenn man sich verbessern will. Der richtige Zeitpunkt hängt von der jeweiligen Situation ab, aber er sollte innerhalb der ersten paar Interaktionen mit jemandem liegen."

Die Entgegennahme von Feedback ist wichtig, um ein besserer Kommunikator zu werden. Wenn Sie Feedback erhalten, können Sie verstehen, wie andere Menschen Situationen anders sehen, und Sie können besser definieren, was bei ihnen funktioniert und was nicht funktioniert. Feedback kann Ihnen auch helfen, Ihre Fähigkeiten zu verbessern und Sie zu einem besseren Kommunikator zu machen.

Denken Sie über das Feedback nach, wenn Ihnen jemand ein Feedback gibt, und bitten Sie ihn um Klarstellung. So können Sie verstehen, was die Person meint. Wenn Sie sich die Zeit nehmen, über das Feedback nachzudenken, können Sie Ihre Kommunikationsfähigkeiten verbessern.

Hier sind einige Dinge, die Sie tun sollten, um Feedback zu erhalten:

1) Verfolgen Sie vor und während des Treffens einen bestimmten Zweck. Machen Sie sich klar, warum Sie mit dieser Person sprechen werden. Wenn Sie sich beispielsweise mit einem Kundenbetreuer treffen und mit seiner Leistung unzufrieden sind, können Sie Ihre Interaktion verbessern, wenn Sie wissen, warum diese Person unbedingt anwesend sein muss.

2) Wenn Sie andere Personen um etwas bitten, achten Sie darauf, dass Ihre Bitte eine bestimmte Handlung betrifft, um eine genaue Antwort zu erhalten. Es kann hilfreich sein, den Vorfall oder die Situation zu definieren, um zu klären, was die andere Person tun soll, und um Fehlinterpretationen Ihrer Bitte zu vermeiden. Zum Beispiel: "Ich möchte, dass meine Bestellung bis zum Mittag geliefert wird. Es ist Abend, und ich habe weder eine Versandbestätigung noch eine Sendungsnummer erhalten.

3) Hören Sie sich an, was die andere Person zu sagen hat. Ihre Vorschläge und Kommentare können Ihnen Informationen liefern, die Sie nicht über die Situation wussten.

4) Fassen Sie zusammen, was Sie von der anderen Person gehört haben, um die Botschaft zu verdeutlichen, die Sie von ihr gehört haben. Nachdem Sie zugehört haben, fassen Sie das Gehörte zusammen, damit Ihr Gesprächspartner Ihre Zusammenfassung bestätigen oder verneinen kann. Dies ermöglicht ein klares Verständnis der Gedanken und Meinungen der anderen Person.

5) Wiederholen Sie alle wichtigen Informationen, damit der Gesprächspartner überprüfen kann, ob Sie verstanden haben, was er sagen wollte oder nicht. Durch die Wiederholung können Sie verhindern, dass Sie wichtige Informationen übersehen.

6) Vergewissern Sie sich, dass die Person damit einverstanden ist, dass das Problem gelöst wurde, indem Sie sie fragen: "Habe ich mit diesem Feedback gute Arbeit geleistet?" oder "Können wir uns darauf einigen, dass das Problem gelöst ist?" Auf diese Weise kann die andere Person überprüfen, ob Sie ihr Problem wirklich verstanden und "gelöst" haben oder nicht.

7) Danken Sie der anderen Person für ihre Zeit und ihr Feedback, um Ihre Dankbarkeit für die Zusammenarbeit zu zeigen. Dankbarkeit hilft Ihnen, eine positive Beziehung zu dieser Person aufrechtzuerhalten, und es ist wahrscheinlicher, dass sie wieder mit Ihnen arbeiten wird.

Wie und wo kann man Feedback geben?

"Bei der Zusammenarbeit mit anderen Menschen ist es wichtig zu wissen, wie man Feedback gibt. Wenn Sie wissen, wie Sie Feedback geben sollten, können Sie sicher sein, dass Sie Ihren Standpunkt gut vermitteln und dass die andere Person weiß, dass Sie versuchen, das Unternehmen oder die Situation, in der Sie sich befinden, zu verbessern. Feedback muss nicht immer positiv sein, aber es ist wichtig, um sich beruflich weiterzuentwickeln und sicherzustellen, dass Ihre Arbeit ihren Zweck erfüllt."

Wir geben und erhalten in unserem Alltag an vielen Stellen Feedback. Feedback kann überall gegeben werden, vom Klassenzimmer bis zu Online-Interaktionen in sozialen Medien. In unserem Alltag kommunizieren wir oft auf schriftlichem und mündlichem Wege. Mündliche und schriftliche Kommunikation kann zum Beispiel bei der Arbeit Feedback geben.

Die Art und Weise, wie Sie Ihr Feedback geben, hängt davon ab, ob Sie ein informelles oder ein formelles Treffen organisieren. Ein formelles Treffen erfordert möglicherweise mehr Fragen als die entspannte, freundliche Atmosphäre der Mitarbeiter. Wenn Sie sich Notizen für ein Forum machen, in dem der Input gegeben wird, achten Sie darauf, dass Sie die Situation der anderen Person und den Ton der Diskussion berücksichtigen. Wenn Sie ein Feedback erhalten, freuen Sie sich vielleicht über Ihre

Fortschritte und haben das Gefühl, dass Sie gute Arbeit geleistet haben, aber es ist wichtig, daran zu denken, dass es nicht immer das Ziel ist, ein Feedback zu erhalten. Sie können trotzdem dankbar für die Rückmeldung sein und sich nicht davon ablenken lassen, was in Ihrem Leben passiert.

Hier finden Sie einige Tipps, wie Sie Feedback geben können:

1.) Suchen Sie nach der besten Art und Weise, Feedback zu geben, damit es von der anderen Person richtig aufgenommen wird. Hier sind einige Möglichkeiten, wie Sie Feedback geben können:
a.) Bringen Sie Ihre Gedanken direkt in die Welt, damit sie von der anderen Person gehört und verstanden werden.
b.). Veranschaulichen Sie Ihre Gedanken und Bedenken anhand von Beispielen aus einer Situation, an der Sie gerade arbeiten.

c.) Der Austausch schriftlicher Notizen über Dinge, die Sie beobachtet oder getan haben, hilft Ihnen, Ihr Verständnis der Situation auszudrücken. Sie können diese Tweets oder E-Mails der anderen Person vorlesen und sie durch diese Notizen über Ihre Beobachtungen zu ihrer Arbeit oder Ihr Feedback zu ihrer Arbeit, das Sie für wichtig halten, informieren.
2.) Lesen Sie die Reaktion jeder Person - um zu sehen, ob sie verstanden hat, was gesagt wurde oder nicht. Wenn nicht, formulieren Sie das Gesagte so um, dass es für die andere Person klar und leicht verständlich ist.
3.) Fragen Sie, ob die andere Person das Gleiche denkt. Dies ist wichtig, um sicherzustellen, dass Sie auf derselben Seite stehen und wirklich verstehen, was die andere Person sagen und wollen will.
4.) Danken Sie ihnen für ihre Zeit und ihre Meinung. Damit zeigen Sie Ihre Dankbarkeit für das, was sie gesagt und getan haben.
5.) Denken Sie darüber nach, was zu Ihnen gesagt wurde, und reflektieren Sie es. Nutzen Sie dies als Möglichkeit, sich in Zukunft

als Kommunikator zu verbessern, indem Sie Ihre eigenen Fehler erkennen und darauf achten, wie andere Menschen mit Ihnen kommunizieren.

6.) Denken Sie daran, dass Feedback nicht nur bei der Arbeit vorkommt, sondern dass Sie auch in Ihrem täglichen Leben Feedback geben und erhalten. Kritisieren Sie Ihre Kommunikation mit anderen, um ein besserer Zuhörer und Kommunikator zu werden.

7.) Wie geben Sie Feedback? Welche Tipps würden Sie gerne mit anderen Menschen teilen?

Feedback wird in den meisten Situationen als notwendiges Übel angesehen, obwohl es ein wertvolles Instrument sein kann. Es gibt viele Möglichkeiten, wie Feedback effektiv sein kann, sowohl positiv als auch negativ. Im Folgenden werden wir erörtern, wie man Feedback in verschiedenen Situationen effektiv einsetzen kann.

Positives Feedback

Positives Feedback ist eine großartige Möglichkeit, jemanden zu loben, der seine Arbeit gut macht und einen guten Kundenservice bietet. Positives Feedback ermutigt die andere Person auch dazu, ihre beste Arbeit zu leisten, weil Sie ihr gegenüber eine positive Einstellung haben. Diese Art von Beziehung zu Ihren Mitarbeitern kann Ihnen dabei helfen, ein stärkerer Teamplayer und eine Führungspersönlichkeit innerhalb eines Unternehmens zu werden. Nutzen Sie diese Situation, um Ihren Mitarbeitern eine positive Note zu vermitteln, indem Sie gleichzeitig positives und negatives Feedback verwenden. Es ist wichtig zu beachten, dass beide Arten von Feedback mit einer freundlichen Einstellung und Verständnis für die Situation gegeben werden sollten.

Wenn Sie positives Feedback geben, ist es eine gute Idee, Beispiele dafür zu nennen, was die betreffende Person für andere in Ihrem Unternehmen und für Kunden gut gemacht hat. Damit zeigen Sie Ihren Mitarbeitern und Teammitgliedern, dass Sie ihrer Arbeit Aufmerksamkeit schenken und ihnen dennoch zeigen, dass Sie ihre täglichen Bemühungen zu schätzen wissen.

Durch negatives Feedback zeigen Sie, dass Sie sich nicht scheuen, Ihre Meinung zu sagen und Ihre Bedenken über das Produkt, den Prozess oder den Mitarbeiter ehrlich zu äußern. Negatives Feedback sollte sowohl auf freundliche als auch auf professionelle Art und Weise ausgesprochen werden. Negatives Feedback wird oft verwendet, um sicherzustellen, dass die Mitarbeiter ihre Arbeit korrekt ausführen und das tun, was man ihnen aufträgt. Daher sollte negatives Feedback immer mit dem Verständnis dafür gegeben werden, dass einige Produkte oder Dienstleistungen auf lange Sicht zu einem Problem für die Kunden werden können.

Dementsprechend kann negatives Feedback für ein Unternehmen entscheidend sein, um zu verstehen, warumbestimmte Produkte bei den Kunden nicht funktionieren. Außerdem ist es dann einfacher, das Problem zu beheben und die Produkte zu verbessern, damit sie in Zukunft richtig funktionieren. Negatives Feedback kann in vielen Formen gegeben werden: mündlich, schriftlich oder über soziale Medien.So können Sie zeigen, dass Sie sich die Zeit nehmen, Ihren Mitarbeitern während einer Besprechung, aber auch durch andere Kommunikationsmethoden Feedback zu geben.

Bitte beachten Sie, dass negatives Feedback für Mitarbeiter manchmal schwierig sein kann. Versuchen Sie, negatives Feedback nicht per E-Mail oder Telefon zu geben, da diese Medien den Eindruck erwecken können, dass Sie einfach nicht an ihnen oder ihrer Arbeit interessiert sind. Außerdem reagieren die meisten Mitarbeiter auf Kritik defensiv, weil sie sich selbst im

Vergleich zu ihren Kollegen so hoch einschätzen. Es kann eine gute Idee sein, negatives Feedback nicht persönlich zu geben.

Eine der besten Möglichkeiten, um zu verstehen, wie Sienegatives Feedback geben sollten, ist, Ihre Freunde oder Kollegenzu fragen, was sie von Ihnen oder anderen in Ihrem Unternehmen erlebt haben. Bitten Sie sie, Ihnen sowohl die positiven als auch die negativen Aspekte ihrer Arbeit mitzuteilen, damit Sie sehen können, welche Art von Dingen, die Sie tun, für das Unternehmen akzeptabel sind und welche nicht. Auf diese Weise können Sie bei der Erteilung von kritischem Feedback effektiver vorgehen, da es nicht den Anschein hat, als würden Sie sich nur negativ über die Leistung eines Mitarbeiters äußern, während es in Wirklichkeit viele verschiedene Möglichkeiten gibt, wie die Mitarbeiter ihre Arbeitsprodukte verbessern können.

Wenn Sie negatives Feedback mit Ihren Mitarbeitern besprechen, versuchen Sie, in Ihrer verbalen Kommunikation nicht zu viele Emotionen zu zeigen. Dies kann dazu beitragen, dass sich Ihre Mitarbeiter bei dem, was Sie sagen, nicht so defensiv fühlen und dass Sie besser zuhören können. Eröffnen Sie das Gespräch zwischen Ihnen und Ihrem Mitarbeiter über das negative Feedback, indem Sie ihn fragen, was er von seiner Arbeit, seinen Produkten oder Dienstleistungen hält, die er für die Kunden erbringt. Auf diese Weise können Sie einen Dialog mit ihm eröffnen, bevor Sie ihm Ihr Feedback geben, damit er sich nicht überrumpelt fühlt. Auf diese Weise können sie Sie auch als Führungskraft besser verstehen und dem Mitarbeiter helfen, zu erkennen, wo seine Leistung in bestimmten Situationen nicht stimmt.

Kapitel 5: Beziehungen, Vernetzung undeine einzigartige Persönlichkeit aufbauen

Rapport ist eine wichtige Kommunikationsfähigkeit. Sie erfordert, dass Sie Ihrem Gegenüber Ihre volle Aufmerksamkeit schenken und Interesse zeigen. Außerdem geht es darum, die Körpersprache, die Haltung und den Tonfall des Gegenübers zu treffen. Rapport sorgt dafür, dass sich die andere Person wohl fühlt, und hilft ihr, frei zu sprechen. Man lernt sie besser kennen, sie mögen einen mehr und sind eher bereit, ihre wahren Gedanken und Gefühle mitzuteilen. Menschen, die sich gut verstehen, geben sich oft gegenseitig ehrliches Feedback und sind effektivere Führungskräfte. Das richtige Verhältnis kann Ihnen auch helfen, neue Kunden, Freunde oder ein Vorstellungsgespräch zu gewinnen, ein entspanntes Arbeitsumfeld zu schaffen und Sie sogar attraktiver erscheinen zu lassen.

Der Aufbau von Beziehungen ist eine Fähigkeit, die man lernen kann. Sie können aktiv zuhören, Fragen stellen und sich für die andere Person interessieren, indem Sie Aussagen auf der Grundlage ihrer Äußerungen machen. Rapport erfordert Übung, aber es lohnt sich.

Rapport beruht auf der Ebene des Vertrauens zwischen zwei Menschen. Je mehr Rapport Sie haben, desto tiefer ist das Vertrauen. Sie sollten sich darüber im Klaren sein, dass Vertrauen missbraucht werden kann und schnell schwindet, wenn jemand merkt, dass er getäuscht wurde.

Rapport wird aufgebaut, indem man direkte Antworten gibt,

ehrlich ist und nichts verspricht, was man nicht halten kann. Auf diese Weise fühlen sich die Menschen bei Ihnen sicher, was dazu beiträgt, dass sie sich in Ihrer Gegenwart wohlfühlen und bereit sind, Ihnen ihr Feedback zu geben.

Um das Beste aus der Beziehung zu machen, sollten Sie Ihr Publikum kennen und wissen, welche Arten von Menschen Sie wahrscheinlich treffen werden. Nutzen Sie die gewonnenen Informationen, um einen hervorragenden ersten Eindruck zu hinterlassen. Passen Sie Ihre Körpersprache und Ihren Tonfall an das Verhalten Ihres Gegenübers an. Verwenden Sie ihre Worte, wenn Sie Fragen stellen, und spiegeln Sie ihre Gestik, Mimik und Mimik, um eine Verbindung zu ihnen herzustellen.

Nutzen Sie das Gespräch als Gelegenheit, um Ihr Gegenüber einzuschätzen. Wenn er abgelenkt wirkt oder den Blickkontakt vermeidet, könnte das daran liegen, dass ihm nicht gefällt, was er von Ihnen hört, oder dass er keinen oder nur einen geringen Wert in dem sieht, was Sie ihm anzubieten haben. In diesem Fall sollten Sie dem Gesprächspartner zuhören und Ihr Verhalten entsprechend anpassen. Scheuen Sie sich nicht, kurz zu antworten und dann weiterzugehen, es sei denn, der Gesprächspartner stellt eine Frage, die Sie näher erläutern müssen.

Der beste Weg, um herauszufinden, wie jemand reagieren wird, ist, ihn zu beobachten, ohne dabei zu interessiert zu wirken - seien Sie nicht aufdringlich oder versuchen Sie es nicht zu sehr. Der beste Weg, etwas über Menschen herauszufinden, ist, Fragen zu stellen und den Antworten aufmerksam zuzuhören. Auf diese Weise können Sie wichtige Informationen über die Person herausfinden, aber erst nachdem sie gesprochen hat. Wenn Sie mehr Informationen benötigen, fragen Sie später noch einmal nach, wenn die Person entspannter oder offener ist. Ihre Fragen müssen nicht kompliziert sein. Ein einfaches "Wie geht es Ihnen?" wird die andere Person dazu bringen, frei mit Ihnen zu sprechen. Sie können Folgefragen stellen, z. B. "Was gefällt Ihnen an Ihrer Arbeit am besten?". Hören Sie dann aufmerksam zu, was Ihr Gegenüber antwortet.

Der beste Weg, eine Beziehung aufzubauen, besteht darin, mit Ihrer Familie, Ihren Freunden oder anderen Personen, die Ihnen wichtig sind, zu üben. Wenn das nächste Mal jemand eine neue Person in die Gruppe bringt - jemand, der schüchtern oder unbeholfen wirkt -, fragen Sie sie nach ihrer Person und beziehen Sie sie sofort in das Gespräch ein. Je mehr Erfahrung Sie sammeln, desto leichter wird es Ihnen fallen, bei der Arbeit oder im Privatleben ein gutes Verhältnis zu Menschen aufzubauen.

Rapport ist eine wichtige Kommunikationsfähigkeit, die nicht nur dazu dient, dass sich andere wohler fühlen, sondern auch Sie selbst. Wenn Sie die andere Person besser kennenlernen und eine enge Beziehung zu ihr aufbauen können, wird sie sich öffnen und ihre Gefühle und Gedanken offener mitteilen. Das wird Ihnen helfen, die Dinge aus ihrer Perspektive zu sehen, ihre Gefühle oder Ideen zu beurteilen und bessere Entscheidungen zu treffen. Mit Ihrem neu gewonnenen Einblick können Sie dann mit Ihren Kunden oder Klienten auf einer viel tieferen Ebene in Kontakt treten als zuvor.

Rapport ist einfach, aber komplex. Sie aufzubauen erfordert Übung und Geduld. Am besten ist es, wenn Sie daran arbeiten und oft üben. Je mehr Sie es anwenden, desto leichter wird es. Zu verstehen, was in einem Menschen vorgeht, ist schwierig, denn viele Menschen sind verschlossen und teilen ihre Gefühle nicht offen mit. Das kann daran liegen, dass sie sich von jemandem bedroht fühlen, der etwas von ihnen will, oder dass sie ihr Privatleben für sich behalten wollen.

Der beste Weg, eine Beziehung zu Menschen aufzubauen, besteht darin, aktiv zuzuhören, aufmerksam zu sein, Ihre Gestik und Ihren Tonfall auf die jeweilige Person abzustimmen und dann diese Gestik und Körpersprache im Gespräch mit ihnen zu spiegeln.

Vorteile des Aufbaus von Beziehungen.

- Das erhöht Ihre Chancen, das zu bekommen, was Sie wollen.
- Es hilft Ihnen, besser miteinander auszukommen und bei der Arbeit produktiver zu sein.
- Es verbessert Ihr Stressniveau, indem es Ihnen ein gutes Gefühl gibt.
- So lassen sich neue Beziehungen leichter verwalten und ausbauen.
- So können Sie in kürzerer Zeit mehr erreichen, weil die Menschen Ihnen mehr vertrauen und bereit sind, Ihnen zuzuhören, wenn Sie sprechen.

Daher ist der Aufbau von Beziehungen von entscheidender Bedeutung, um in jeder geschäftlichen oder persönlichen Beziehung erfolgreich zu sein.

Der erste Schritt zum Aufbau einer Beziehung besteht darin, unsere Körpersprache, unsere Mimik und unsere Körperhaltung an das Verhalten der anderen Person anzupassen. Wir müssen darauf achten, dass wir unsere Stimme kontrollieren, damit wir nicht die Kontrolle über unsere Emotionen verlieren, denn das ist ein mächtiges Werkzeug, das wir in unserem Arsenal haben.
Der zweite Teil des Aufbaus einer Beziehung zu Menschen besteht darin, dass sie sich wohl genug fühlen, um sich zu öffnen

und uns zu sagen, was sie denken, was sie mögen und was nicht, was sie hoffen und träumen und sogar, was sie nicht mögen, damit wir zum Kern ihrer Persönlichkeit vordringen können. Schon in der Antike haben die Menschen die Körpersprache genutzt, um eine Beziehung zu anderen aufzubauen. Wenn Sie dieses Verhältnis herstellen, ist es wahrscheinlicher, dass Sie das bekommen, was Sie von Ihrem Gegenüber wollen, und Ihre Kommunikation wird effektiver. Wenn Sie also Ihre Stimme, Ihre Körpersprache und Ihre Körperhaltung auf Ihr Gegenüber abstimmen, fällt es ihm leichter, sich zu öffnen und sich zu äußern. Ihre Körpersprache ist ein wirksames Mittel, um diese Beziehung aufzubauen.

Im nächsten Teil geht es um aktives Zuhören. Beginnen Sie damit, dass Sie aufstehen und Ihre Hände locker an den Seiten halten. Sie müssen sich dem Gespräch zuwenden und guten Augenkontakt mit der anderen Person halten, sie nicht anstarren, sondern ihr in die Augen schauen und dann den Kopf wegdrehen, um die Zeit, in der Sie sie ansehen, zu verlängern.

Vernetzung
Unter Networking versteht man das Kennenlernen von oder den Aufbau von Kontakten zu Menschen, um Möglichkeiten zur Förderung von Wissen, beruflichen Fähigkeiten und der eigenen Karriere zu erkunden.

Der Hauptvorteil des Networking besteht darin, dass Sie die Möglichkeit haben, Ihr Kontaktnetz zu erweitern. In diesem Fall erhalten Sie Informationen, Ratschläge oder Empfehlungen, die sonst wahrscheinlich außerhalb des Kreises Ihrer Kontakte liegen würden. Durch die Erweiterung Ihres Netzwerks erhöht sich auch die Wahrscheinlichkeit, Mentoren und Beschäftigungsmöglichkeiten zu finden. Indem Sie Ihr soziales Umfeld erweitern, vergrößern Sie auch Ihre Reichweite in vielen

Bereichen des Lebens und in persönlichen Beziehungen.

Es gibt viele Methoden der Vernetzung. Eine der gebräuchlichsten ist eine Kombination aus persönlichem, telefonischem und Online-Networking. Online- und Telefon-Networking werden oft in Verbindung miteinander genutzt, während persönliche Treffen bei Bedarf mit Telefon- und Online-Treffen kombiniert werden. Die Menschen können eine oder alle drei Methoden nutzen, die ihren Bedürfnissen und ihrem Zeitplan am besten entsprechen, aber es gibt keine Methode, die effektiver oder produktiver ist als eine andere.

Die Erweiterung Ihres Netzes hat unter anderem folgende Vorteile:

- So können Sie in Ihrer eigenen Zeit arbeiten.
- Förderung von persönlichen Gesprächen anstelle von Telefongesprächen.
- Erweitern Sie Ihren sozialen Kreis.
- Neue berufliche Kontakte knüpfen (oder alte pflegen).
- Erhöhen Sie Ihre Sichtbarkeit und Ihre Möglichkeiten.
- Sie lernen neue Leute kennen, die im gleichen Geschäft oder Bereich wie Sie tätig sind.
- Sammeln von Informationen und Beratung.
- Die Fähigkeit, Kontakte zu knüpfen, die diejenigen beeinflusst haben, die für Ihre beruflichen Ziele am wichtigsten sind (einflussreiche Personen können Ihnen helfen, einen Job zu bekommen, in Ihrer Karriere voranzukommen oder erfolgreicher zu sein).

Wenn Sie Ihr Kontaktnetz erweitern, können Sie eine Fülle von Informationen und Beziehungen entdecken, die Ihnen in allen Lebensbereichen zugute kommen können. Die Erweiterung Ihres sozialen Umfelds erleichtert es Ihnen zum Beispiel, neue berufliche Kontakte zu knüpfen oder bei Bedarf die bestehenden zu pflegen.

Networking wird von vielen Menschen jeden Alters betrieben, einschließlich Unternehmern, Fachleuten, Arbeitssuchenden und Studenten. Ganz gleich, ob Sie in Ihrer Karriere vorankommen oder aus anderen Gründen ein berufliches Netzwerk aufbauen wollen, Networking ist eine großartige Möglichkeit, Ihre Kreise zu erweitern und neue Kontakte zu knüpfen.
Beim Networking ist es wichtig, sich auf den Aufbau von Beziehungen und nicht nur auf geschäftliche Transaktionen zu konzentrieren. Menschen, die sich nur auf geschäftliche Transaktionen konzentrieren, neigen dazu, unaufrichtig und uninteressiert an der Beziehung selbst zu wirken, was dazu führen kann, dass sie Türen schließen, anstatt sie zu öffnen.

Das bedeutet nicht, dass Sie immer derjenige sein sollten, der Ratschläge gibt, anstatt Ratschläge von anderen anzunehmen; es bedeutet, dass Sie geben sollten, ohne eine Gegenleistung zu erwarten. Am besten wäre es, wenn Sie sich auf die Beziehung und nicht nur auf sich selbst konzentrieren würden. Durch Ihr Handeln, z. B. indem Sie anderen Ratschläge erteilen, bei Projekten mithelfen und Ihre Fähigkeiten freiwillig zur Verfügung stellen, können Sie ihr Vertrauen gewinnen. Außerdem ist es wichtig, dass Sie einen ständigen Kontakt zu anderen Mitgliedern der Netzwerkgemeinschaft pflegen.

Am besten wäre es, wenn Sie es mit dem Networking nicht übertreiben, um ein gutes Image und professionelle Kontakte zu pflegen. Um glaubwürdig zu sein und ein solides berufliches Netzwerk aufzubauen, müssen Sie viele Dinge tun, die sich nicht am Telefon oder per E-Mail erledigen lassen.

Eine erfolgreiche Vernetzung ist auf verschiedene Weise möglich:

- Stellen Sie sicher, dass Sie den Kontakt zu den Mitgliedern Ihres Netzwerks aufrechterhalten, indem Sie regelmäßig telefonieren oder E-Mails schreiben.
- Stellen Sie eine Liste mit Ihren Kontakten und deren Kontaktinformationen zusammen.
- Achten Sie darauf, dass Sie Ihre Liste und Ihre Kontaktinformationen auf dem neuesten Stand halten, damit es für andere leicht ist, mit Ihnen in Kontakt zu treten.
- Informieren Sie Ihre Mitmenschen über Ihr Netzwerk, indem Sie sie mit Personen bekannt machen, die Sie getroffen haben und die ihnen helfen könnten.
- Nutzen Sie Social-Media-Websites wie Facebook oder Linkedin, um mit anderen in Kontakt zu treten.
- Veröffentlichen Sie einen allgemeinen Aufruf für neue Kontakte über eine oder mehrere berufliche Netzwerkseiten, wie z. B. LinkedIn.
- Nutzen Sie Networking-Gruppen, um sich vorzustellen und Kontakte in der geschäftlichen, sozialen oder beruflichen Gemeinschaft zu knüpfen.

Networking ist ein großartiger Weg, um die Unterstützung zu erhalten, die Sie brauchen, um Ihre Karriere voranzutreiben. Es kann eines der lohnendsten Dinge sein, die Sie in Ihrem persönlichen und beruflichen Leben tun. Wenn Sie mit dem Networking beginnen, sollten Sie unbedingt daran denken, dass es beim Networking darum geht, Beziehungen zu anderen aufzubauen. Wenn Sie diese Beziehungen aufbauen, müssen Sie auf sich selbst achten und dürfen keine Brücken abbrechen, indem Sie zu aufdringlich oder unausstehlich gegenüber anderen sind.

Persönlichkeiten und Vorhersageverhalten
Kommunikation ist einer der wichtigsten Aspekte für den Erfolg

am Arbeitsplatz. Wirksame Kommunikation ist auch ein wichtiger Faktor für Beziehungen am Arbeitsplatz. Kommunikation kann oft zum Aufbau besserer Beziehungen am Arbeitsplatz beitragen, aber sie kann diese Beziehungen auch täglich zerstören. Wir Menschen sind nicht alle gleich, und wir alle haben eine einzigartige Persönlichkeit. Viele Faktoren, wie z. B. die Erziehung in der Familie und Erfahrungen in der Kindheit, haben unsere Persönlichkeit von Geburt an geprägt. Die Persönlichkeit spielt eine große Rolle dabei, wie Menschen sich selbst sehen und andere wahrnehmen. Ihre Persönlichkeit wirkt sich auch auf Ihren Kommunikationsstil aus, was einen erheblichen Einfluss darauf haben kann, wie andere Sie bei der Arbeit und außerhalb der Arbeit wahrnehmen.

Die Persönlichkeiten der Menschen, mit denen Sie zusammenarbeiten, können eine wichtige Rolle dabei spielen,wie Sie Ihre Beziehungen am Arbeitsplatz erleben. Im Laufe der Jahre haben sich vier Persönlichkeitsmerkmale herauskristallisiert: Gewissenhaftigkeit, Offenheit für Erfahrungen, Extraversion und Verträglichkeit. Offenheit für Erfahrungen ist ein Faktor, der mit Neugierde, Kunstfertigkeit und Toleranz in Verbindung gebracht wird. Diese Eigenschaft hatauch mit abstraktem Denken, Intellekt und dem Wissen, waseinen glücklich macht, zu tun. Extraversion ist gekennzeichnet durch soziale Fähigkeiten und Kontaktfreudigkeit in der Öffentlichkeit oder im Umgang mit anderen.

Extravertierte Menschen sind oft selbstbewusst und begeistert von ihrer Persönlichkeit und ihrem Umfeld. Weitere Eigenschaften, die mit der Extraversion zusammenhängen, sind gesprächig, durchsetzungsfähig und energisch. Dann gibt es noch die Verträglichkeit, die sich dadurch auszeichnet, dass man anderen gegenüber kooperativ, freundlich und hilfsbereit ist.

Verträgliche Menschen neigen dazu, anderen gegenüber höflich und kooperativ zu sein, während sie vielleicht nicht so durchsetzungsfähig oder selbstbewusst sind wie extrovertierte Menschen.

Diese Persönlichkeitsmerkmale können Ihre Beziehungen am Arbeitsplatz stark beeinträchtigen, vor allem wenn sie nicht zu den Persönlichkeiten Ihrer Kollegen passen. Bestimmte Persönlichkeitsmerkmale, wie z. B. ein hohes Maß an Gewissenhaftigkeit, Offenheit für neue Erfahrungen und eine schwache soziale Kompetenz, wirken sich negativ auf Ihre Arbeitsleistung aus. Alle diese Eigenschaften können Sie dem Risiko von Stress am Arbeitsplatz aussetzen.

Sehr gewissenhafte und pflichtbewusste Menschen haben im Allgemeinen einen guten Charakter und brauchen nicht viel Hilfe beim Erlernen neuer Dinge. Sie lernen oft schnell und ziehen es vor, allein zu arbeiten, anstatt mit anderen am Arbeitsplatz zusammenzuarbeiten. Sie haben auch eine starke Arbeitsmoral, die sich oft in einem hohen Respekt vor der Bedeutung der Arbeit, die sie am Arbeitsplatz verrichten, äußert. Daher ist die Schaffung einer einzigartigen Persönlichkeit am Arbeitsplatz einer der wichtigsten Faktoren, die es zu berücksichtigen gilt.

Ein hohes Maß an Gewissenhaftigkeit bedeutet nicht, dass man ein Workaholic ist, sondern lediglich, dass man verantwortungsbewusst und rechenschaftspflichtig damit umgeht, wie man seine Zeit einteilt. Menschen, die sich für ein hohes Maß an Moral entscheiden, können bei der Arbeit schnell in Stress geraten, wenn kein strategischer Plan für sie umgesetzt wird. Diese Personen sind fleißig und haben außergewöhnliche Fähigkeiten, auf persönliche Ziele hinzuarbeiten.

Sehr gewissenhafte Menschen können sich leicht langweilen, wenn sie keinen Aktionsplan vor sich liegen haben, an dem sie arbeiten können. Eine der besten Methoden, um motiviert zu bleiben, besteht darin, sich selbst Ziele zu setzen, die Ihnen helfen, diese Ziele zu erreichen. Beziehen Sie Ihre Mitarbeiter in Ihre Ziele mit ein, denn ihre Ideen und ihre Unterstützung könnendazu beitragen, Sie zu motivieren, diese Aufgaben mit weniger Aufwand oder Stress zu erledigen.

Wenn Sie mit einer gewissenhaften Person an Ihrem Arbeitsplatz zusammenarbeiten, versuchen Sie, ihr Aufgaben zu übertragen, die ihr Wachstum bei der ihr zugewiesenen Tätigkeit fördern.

Wenn Arbeitnehmer Fragen zu ihren Pflichten oder der Aufgabe haben, an der sie arbeiten, müssen sie so lange Fragen stellen, bis alle Details geklärt sind.

Wenn Sie es mit sehr gewissenhaften Menschen zu tun haben, sollten Sie die Sitzungen kurz halten. Sie sind vielleicht zögerlich, wenn es um Besprechungen geht, weil sie lieber unabhängig von anderen als in Gruppen oder Teams arbeiten. Dies kann problematisch sein, da sie nicht in der Lage sind, ihre Ideen und Meinungen mit anderen zu teilen, was zu einer ineffektiven Arbeitsbeziehung zwischen Ihnen führt.

Kapitel 6: Die Grundlagen der Kommunikation, ihre Formen und die Elemente, aus denen sie sich zusammensetzt

Kommunikation ist schwierig. Es gibt viele Möglichkeiten der Kommunikation, aber wir alle wissen, dass es nicht so einfach ist, eine bestimmte Sprache zu lernen und zu üben. Kommunikation ist komplex und umfangreich. Es erfordert viel Arbeit, Mühe und Planung, um sie gut zu beherrschen.

Was sind die Grundlagen der Kommunikation?

Die Grundlagen der Kommunikation sind die Techniken, Fertigkeiten und Verhaltensweisen, mit denen man seine Gedanken, Ideen oder Gefühle einer anderen Person vermitteln kann. Sie sind die Dinge, die wir lernen und täglich üben, um gut und effektiv zu kommunizieren. Die Grundlage der Kommunikation ist erstens, wie man zuhört, zweitens, wie man die Mimik eines anderen liest, und drittens, wie man sagt oder schreibt, was einem durch den Kopf geht.

Anhören

Der erste Schritt in der Kommunikation ist das Zuhören. Man kann nicht kommunizieren, wenn man nicht weiß, von wo aus man spricht. Eine der wichtigsten Fähigkeiten, die wir für eine effektive Kommunikation benötigen, ist die Fähigkeit, zuzuhören. Zuhören ist nicht leicht, aber es ist auch nicht unmöglich. Am besten ist es, wenn Sie aufmerksam sind und darauf achten, was Ihre Mitmenschen sagen oder tun. Vorsicht und Zurückhaltung helfen beim Zuhören, aber Präsenz ist der Schlüssel zur Kommunikation. Sie müssen auch in der Lage sein, sich zur

Verfügung zu stellen, das heißt, Sie müssen verfügbar sein, wenn man Sie braucht. Bekannt zu sein ist eine wesentliche Fähigkeit, um jederzeit effektiv kommunizieren zu können.

Man muss sich in die Lage des anderen hineinversetzen, um wirklich zu verstehen, was er einem sagen will. Außerdem müssen Sie in der Lage sein, das, was die andere Person sagt, in Ihre eigenen Worte zu fassen. Und schließlich müssen Sie sich beim Zuhören an Ihre Manieren erinnern. Dazu gehört, dass Sie ruhig bleiben, während Ihr Gesprächspartner spricht, dass Sie nicken, wenn er fertig ist, dass Sie respektvoll sind, usw.

Effektiv zu kommunizieren bedeutet manchmal auch, zu kontrollieren, wie viel wir reden. Es sollte nicht nur um unsgehen, sondern vielmehr um einen gegenseitigen Austausch von Ideen und Verständnis zwischen zwei Menschen. Wir sollten doppelt so viel zuhören, wie wir sprechen, um beide Seiten zufrieden zu stellen.

Mimik lesen

Der zweite Schritt in der Kommunikation informiert den Leser darüber, was eine Person denkt oder fühlt, indem er ihre Mimik liest. Das Gesicht ist ein Instrument, das wir alle nutzen, um mit anderen zu kommunizieren. Es ist ein mächtiges Werkzeug, aber es wird auch sehr missverstanden. Die Mimik besteht aus Muskeln, die den Mund, die Augen und die Nase umgeben. Diese Muskeln spielen uns manchmal einen Streich und stellen die Gefühle und Gedanken, die mit ihnen verbunden sind, falsch dar. Wenn man sich zum Beispiel mit jemandem unterhält und das Gesicht rot anläuft, nehmen viele an, dass die andere Person wütend oder verärgert über sie ist. Es gibt jedoch viele Gründe für ein gerötetes Gesicht, z. B. Temperaturkontrolle (es könnte in einem Büro oder einem anderen Bereich heiß sein), Alkohol (wenn die Person betrunken ist), Verlegenheit (wenn die Person sich für etwas schämt) usw. Wenn wir warten, bis wir das Gesicht lesen und unsere Intuition einsetzen, laufen wir Gefahr, wichtige Dinge zu übersehen, die uns jemand mitteilen möchte.

Das Lesen der Mimik einer Person ist eine wesentliche Fähigkeit, um mit verschiedenen Menschen effektiv zu kommunizieren. Damit wir dies erfolgreich tun können, müssen wir in der Lage sein, das Gesicht einer Person zu betrachten und zu erkennen, was es bedeutet. Man muss sich in die Lage der Person versetzen und sich in ihre Perspektive hineinversetzen, um zu verstehen, was sie einem sagen will. Auch hier müssen wir jederzeit aufmerksam und wachsam sein, unseren Geist offen halten und die möglichen Emotionen einer anderen Person verstehen.

Sprechen oder schreiben Sie über das, was Ihnen auf dem Herzen liegt

Im dritten Schritt der Kommunikation geht es darum, mit anderen zu kommunizieren. Die Menschen um uns herum können keine Mimik lesen, aber sie können unsere Gedanken lesen. Wenn wir unsere Gedanken und Ideen durch Worte mitteilen könnten, wäre es an den anderen, zu entscheiden, wie wir uns ausdrücken. Auch dies erfordert, dass wir immer aufmerksam und wachsam sind, aber es erfordert auch, dass wir in der Lage sind, uns auszudrücken. Sich ausdrücken zu können, ist eine wichtige Fähigkeit, um effektiv zu kommunizieren. Sie müssen in der Lage sein, klar und deutlich zu sprechen und zu schreiben, wenn Sie wollen, dass Ihre Mitmenschen verstehen, was Sie sagen wollen. Um dies zu erreichen, müssen wir Geduld mit uns selbst haben und unsere Fehler von Zeit zu Zeit akzeptieren. Wir sollten immer bestrebt sein, unsere schriftlichenund mündlichen Fähigkeiten zu verbessern, aber wenn wir uns zusehr anstrengen oder frustriert sind, kann das das Gegenteil von dem bewirken, was wir eigentlich wollen.

Effektive Kommunikation mit anderen ist wichtig, um unsereWelt zu einem besseren Ort zu machen. Kommunikation ist in unserem täglichen Leben unerlässlich, aber nicht einfach. Es erfordert viel Arbeit und Mühe, aber eine gute Kommunikation kann sehr lohnend sein.

Welche Formen die Kommunikation annimmt
Kommunikation kann formell oder informell sein. Ein richtiges Gespräch erfordert eine Struktur, wenn zwei oder mehr Personen miteinander sprechen. Ein informelles Gespräch wird zwischen zwei Parteien geführt, wenn sie sich gut genug kennen, um zu wissen, wie sie kommunizieren werden.

ϒ Formalität: Die Formalität ist der Grad der Förmlichkeit einer Kommunikationssituation. Sie beeinflusst, wie das Ergebnis der Kommunikation von den Anwesenden und den Zuschauern im Fernsehen wahrgenommen wird.

ϒ Informalität: Informalität ist der Grad der Informalitätoder Unförmlichkeit, in dem die Kommunikation stattfindet. Dies kann durch die Situation, das Publikum, die Formalität der Situation und die Kommunikationspartner beeinflusst werden.

ϒ Formell vs. Informell: Formell ist die Art und Weise, wie Sprache strukturiert ist; es ist die Standardsprache, die in jeder Kommunikationssituation zwischen zwei oder mehreren Personen verwendet wird. Der informelle Charakter der Kommunikation kann ein wichtiger Faktor sein, der das Ergebnis der Kommunikation beeinflusst. Informelle Gespräche finden zwischen Menschen statt, die sich sehr gut kennen und ihre Gedanken, Ideen und Gefühle gerne mitteilen.

Die Elemente, aus denen sich Kommunikation zusammensetzt Im Folgenden werden Kommunikationselemente und ihre Anwendung in verschiedenen Situationen beschrieben.

Fünf Elemente der Kommunikation:

1) Verbale und nonverbale Kommunikation: Verbale/nonverbale Kommunikation liegt immer dann vor, wenn eine Person mit einer anderen Person verbal spricht und ihr zuhört (Worte). Nonverbale Kommunikation findet statt, wenn eine Person nicht spricht oder zuhört, aber dennoch durch Berührung, Gestik und Körpersprache kommunizieren kann. Das bedeutet, dass zur nonverbalen Kommunikation mehr gehört als nur die Stimme. Sie erfordert auch eine bestimmte Einstellung, Körperhaltung und Bewegung.

2) Informationsaustausch: Der Informationsaustausch bezieht sich auf die Art der Information, die übermittelt wird, von wem sie kommt und worum es geht. Die ausgetauschten oder übermittelten Informationen können verbal (Worte), schriftlich (Briefe, E-Mails, Texte usw.) oder nonverbal sein. Je nach Situation kann der Informationsaustausch auch formell, informell oder formell und informell sein. Die Art der Informationen, die man von anderen erhält, wird als Feedback bezeichnet.

3) Nachricht: Eine Nachricht ist jede Form der Kommunikation, die Sie einer anderen Person übermitteln, entweder mündlich (persönlich), schriftlich (per Papier, E-Mail oder SMS) oder nonverbal (Körpersprache). Der Absender sendet die Nachricht aus, und der Empfänger empfängt sie. Der Empfänger sieht nicht, welche Nachricht gesendet wurde, bis er sie öffnet und selbst liest. Dann interpretiert und versteht er die Nachricht und kann darauf reagieren. Die Antwort kann verbal oder nonverbal sein. Es hängt davon ab, wie sie das Gelesene oder Gehörte interpretieren und verstehen. Die Antwort kann Zustimmung, Unterstützung, Ablehnung oder sogar Verwirrung sein.

4) Rückmeldung: Das Feedback ist die Reaktion auf den Absender oder die Person, die die Nachricht ursprünglich initiiert hat. Sie entscheidet darüber, wie effektiv Sie als Kommunikator sind. Sie sollten sich dieses Feedback immer anhören und es für bare Münze nehmen, denn es ist ein wesentlicher Bestandteil des Kommunikationsprozesses. Feedback sollte immer dazu genutzt werden, Ihre Kommunikationsfähigkeiten zu verbessern.

5) Formell vs. Informell: Das formelle vs. informelle Kommunikationselement bezieht sich auf den Formalitätsgrad, mit dem eine Nachricht gesendet und empfangen wird. Der Grad der Formalität hängt von der Situation, der Zielgruppe und der Art der Informationen ab, die zwischen den Personen ausgetauscht werden. Formelle Kommunikation findet statt, wenn Sie mit jemandem kommunizieren, den Sie nicht gut kennen oder noch nie zuvor getroffen haben. Sie tritt auch auf, wenn Sie mit jemandem kommunizieren, der Macht über Sie hat(z. B. Vorgesetzter, Lehrer, Arzt usw.). Informelle Kommunikation findet zwischen Menschen statt, die sich sehr gut kennen und frei über alles reden können, was sie in diesem Moment besprechen möchten. Der informelle Charakter der Kommunikation kann ein wichtiger Faktor sein, der das Ergebnis der Kommunikation beeinflusst.

Kommunikation ist für unser tägliches Leben unerlässlich. Esliegt an uns, uns die Zeit und Mühe zu nehmen, um sicherzustellen, dass wir gut miteinander kommunizieren können. Es erfordert Geduld, Taktgefühl und viel Übung, aber einguter Kommunikator zu sein, wird Ihnen in Zukunft sehr zugute kommen.

Seien Sie diskret und höflich, wenn Sie mit anderen kommunizieren. Das Schlimmste, was Sie tun können, ist, jemanden zu beleidigen oder ihm ein schlechtes Gewissen zu machen, während Sie sprechen. Seien Sie immer geduldig und hören Sie aufmerksam zu, denn Kommunikation ist für jeden anders, deshalb ist es wichtig, die Dinge nicht persönlich zu nehmen, wenn Sie mit anderen Menschen kommunizieren.

Üben Sie, wann immer Sie können, Smalltalk zu führen. Wann immer Sie zu einer gesellschaftlichen oder geschäftlichen Veranstaltung gehen, nutzen Sie die Gelegenheit, neue Leute kennenzulernen.

Kapitel 7: Die GRÖSSTEN Fehler, die Menschen beim Kommunizieren machen

Bei der Kommunikation mit anderen Menschen tun wir oft Dinge, die unsere Kommunikationsbemühungen sabotieren. Wenn Sie die folgenden Dinge tun, werden die Menschen defensiv und beginnen, sich abzuschotten und Sie auszublenden, was den Zweck des Kommunikationsversuchs völlig zunichte macht. Aber wenn Sie Ihre eigenen Emotionen unter Kontrolle haben und die Bedürfnisse anderer Menschen klar verstehen, können Sie mit jedem und mit allem besser reden.

Sie machen Fehler in der verbalen Kommunikation. Die häufigsten Fehler in der verbalen Kommunikation, die die meisten von uns machen, sind die folgenden:

Fehler Nr. 1. Sie hören nicht zu, wenn Sie sich mit jemandem unterhalten, und neigen dazu, Ihre Gedanken und Gefühle als Geiseln in das Gespräch einzubringen, anstatt sie sprechen zu lassen. Das hat zur Folge, dass Ihre Gedanken in Zukunftspläne oder andere Ideen abschweifen.

Fehler Nr. 2. Sie nehmen ihre Körpersprache nicht auf. Sie denken, Sie hören ihnen nicht zu, wenn Sie ihre Körpersprache nicht wahrnimmst. Es ist wichtig, die verbale und nonverbale Kommunikation von Menschen zu lesen. Fehler Nr. 3. Sie klären Ihre Gedanken nicht. Wenn Sie mit jemandem sprechen, ist es wichtig, dass Sie genau wissen, was Ihre Absichten sind - und Sie müssen sich über Ihre Gedanken sehr klar sein. Andernfalls weiß die Person nicht, woran sie denkt, was dazu führt, dass sie über andere Dinge nachdenkt.

Fehler Nr. 4. Sie sind ihnen gegenüber nicht einfühlsam. Wenn Sie kein Mitgefühl für sie aufbringen, haben sie das Gefühl, dass sie Ihnen gegenüber nicht offen sein und ihre ehrlichen Gedanken und Gefühle nicht mitteilen können. Das führt dazu, dass sie sich abkapseln und dazu neigen, Mauern zwischen sich und anderen aufzubauen, um ihre wahren Absichten zu verbergen.

Fehler Nr.5. Sie haben kein solides Verständnis für die Bedürfnisse der Person. Wenn Sie die Bedürfnisse der Person nicht genau kennen, wissen Sie nicht, was Sie sagen oder wie Sie sich verhalten sollen, wenn Sie mit der Person sprechen. Es kann passieren, dass Sie etwas sagen, das die Person völlig beleidigt, ohne es zu merken.

In der Kommunikation mit anderen Menschen tun wir oft Dinge, die unsere Kommunikationsbemühungen sabotieren. Aber wenn Sie Ihre eigenen Emotionen unter Kontrolle haben und die Bedürfnisse anderer Menschen klar verstehen, können Sie mit jedem und mit allem besser reden.

Fehler Nr. 6. Sie haben kein solides Verständnis für Ihre eigenen Bedürfnisse. Wenn Sie Ihre Bedürfnisse nicht verstehen, können Sie Gefühle entwickeln, die eine große Spannung in Ihrem Körper hervorrufen. Wenn Sie sich mit jemandem unterhalten und es emotional wird, können Sie die Kontrolle über Ihre Emotionen verlieren und etwas sagen, das den anderen beleidigen oder seine Gefühle verletzen könnte.

Fehler Nr. 7. Sie sind sich der Emotionen der anderen Person nicht bewusst. Wenn Sie sich der Emotionen Ihres Gegenübers nicht bewusst sind, wird es für ihn schwierig, Ihnen zu erklären, was er fühlt, denn er kann nie das gleiche Bewusstsein für seine

Gefühle in seinem Umfeld entwickeln. In einem solchen Fall neigen Menschen dazu, ihre Gefühle zu verteidigen, weil sie sie nicht vollständig verstehen.

Fehler Nr. 8. Sie sind sich nicht im Klaren darüber, was Sie mit der Person erreichen wollen. Wenn es darum geht, mit jemandem zu sprechen, gibt es zwei Hauptziele, die wir im Auge behalten müssen:

a. Bringen Sie sie dazu, sich zu öffnen und sich ihrer Gefühle und Gedanken bewusst zu werden.
b. Damit sie uns so sehen können, wie wir sind.
c. Um dies zu erreichen, müssen wir ein solides Verständnis für unsere Ziele bei anderen haben und wissen, wie wir so reden können, dass wir sie von diesen Zielen überzeugen können.

Wir müssen sicherstellen, dass wir in unserer Kommunikation Fortschritte machen. Wir müssen von dem Wunsch ausgehen, der anderen Person zu helfen und das bestmögliche Ergebnis zu erzielen, und nicht nur um etwas zu bitten.

Irrtum #9. Dies ist einer der größten Fehler, die wir bei der Kommunikation mit anderen machen. Man versteht nicht genau, welches Ergebnis man erreichen will. Das Produkt sollte für beide Parteien von Nutzen sein. Andernfalls hat es keinen Sinn, überhaupt mit ihnen darüber zu sprechen.

Fehler Nr. 10. Sie wissen nicht genau, wie Sie mit Menschen kommunizieren sollen, die anders sind als Sie selbst. Wenn Sie mit Menschen kommunizieren, die anders sind als Sie selbst, müssen Sie sich darüber im Klaren sein, dass diese Menschen eine andere Art zu denken und zu fühlen haben als Sie - und dass sie möglicherweise mehr Zeit brauchen, um ihre Entscheidungen zu überdenken, als diejenigen, die eher mit Ihrer Denkweise übereinstimmen.

Wie können Sie diese Fehler am besten vermeiden?
Wenn Sie mit jemandem kommunizieren, müssen Sie sich über Folgendes im Klaren sein:

Sie müssen wissen, welche Bedürfnisse sie haben, damit Sie verstehen, wie und wo Sie mit ihnen kommunizieren können. Sie müssen wissen, wie und woher sie kommen, damit Sie mit ihnen auf eine Weise kommunizieren können, die sie motiviert.

Wenn Ihr Geist und Körper entspannt sind, gibt es keinen Widerstand zwischen Ihnen und anderen Menschen - sie können von Anfang an wissen, was Sie wollen und wie Sie es wollen. Wenn Ihr Geist entspannt ist und Ihre Emotionen unter Kontrolle hat, hält nichts das zurück, was herauskommen möchte.

Man muss sich selbst sehr gut kennen, damit man versteht, was man von anderen will und wie man mit ihnen kommuniziert, damit sie wissen, was man von ihnen will, denn dann gibt es keine Verwirrung zwischen euch beiden.

Man muss sich seiner eigenen Emotionen bewusst sein, um zu verstehen, wie andere Menschen sich fühlen und was sie mitteilen - und an dieser Stelle müssen wir jedem gegenüber einfühlsam sein. Man muss ein klares Verständnis für seine eigenen Bedürfnisse haben, um zu wissen, welche Bedürfnisse man hat - und hier müssen wir sicherstellen, dass unsere Bedürfnisse nur anderen dienen.

Wir müssen uns über das Ergebnis im Klaren sein, das wir erreichen wollen, damit wir wissen, was wir von den Menschen wollen. Das Produkt muss allen zugute kommen. Sonst hat es keinen Sinn, mit ihnen darüber zu sprechen. Sie müssen wissen, wie Sie mit Menschen kommunizieren können, die anders sind als Sie, denn andere Menschen haben andere Denkweisen und Gefühle als Sie selbst. Sie müssen sich dieses Unterschieds bewusst sein, wenn Sie mit ihnen sprechen, damit sie sich frei und offen Ihnen gegenüber fühlen.

Nachdem wir nun die Fehler aufgezählt haben, die Menschen bei Gesprächen mit anderen machen, wollen wir nun einige wichtige Punkte besprechen, was man stattdessen tun sollte.

Hier sind zwei grundlegende Richtlinien für die Kommunikation mit anderen:

a) Menschen haben andere Bedürfnisse als Sie. Wenn wir mit ihnen kommunizieren, müssen wir uns bewusst sein, wie sie sich fühlen und denken, um zu verstehen, wie es ihnen in ihrer eigenen Welt geht, damit wir für sie da sein können, wenn sie uns brauchen.

b) Wenn Sie mit jemandem sprechen wollen, müssen Sie eine klare Vorstellung davon haben, was Sie von ihm wollen. Am besten wäre es, wenn Sie ein klar definiertes Ziel hätten und mit dem Gesprächspartner so kommunizieren würden, dass er sich auf dieses Ziel hin bewegt.

Die Fehler, die Menschen bei der Kommunikation mit anderen machen, resultieren daraus, dass sie nicht wissen, wie Menschen denken und fühlen, dass sie ihre Bedürfnisse nicht kennen, dass sie nicht verstehen, was sie von ihnen wollen, und dass sie nicht in der Lage sind, mit anderen Menschen auf eine Weise zu kommunizieren, die sie motiviert.

Um mit anderen effektiv zu kommunizieren, muss man wissen, was sie von einem wollen, und man muss verstehen, wie sie mit einem kommunizieren, damit man angemessen reagieren kann.

Um diese Fehler zu vermeiden, müssen wir uns all dieser Dinge ständig bewusst sein. Wenn wir unsere Kommunikationsfähigkeiten nie üben und weiterentwickeln, wird es für uns sehr schwierig sein, mit anderen Menschen auf eine Weise zu kommunizieren, die zu Ergebnissen führt.

Kapitel 8: Wie Sie Menschen lesen undsich mit verschiedenen Persönlichkeitstypen verbinden können

Ob Sie nun versuchen, Freunde zu finden, Ihre Beziehung zu verbessern oder Menschen dazu zu bringen, das zu tun, was Sie wollen - wenn Sie wissen, wie die verschiedenen Persönlichkeitstypen funktionieren und wie Sie mit ihnen reden können, wird Ihnen das ungemein helfen. Zu wissen, wie die verschiedenen Persönlichkeitstypen funktionieren, ist nur die Hälfte der Geschichte. Wie beim Wetter gibt es auch bei Gesprächen kein Patentrezept. Jedes Gespräch ist ein wenig anders. Jede Person, mit der Sie sprechen, ist anders und hat ihre eigenen Vorlieben. Das bedeutet, dass Sie in der Lage sein müssen, Menschen zu lesen und eine individuelle Verbindung zu ihnen herzustellen.

Das erste, was man bei Gesprächen mit Menschen verstehen muss, ist, dass man nicht einfach mit ihnen spricht - man kommuniziert mit ihnen. Jeder Mensch ist anders, also wird auch jedes Gespräch anders verlaufen. Die meisten Menschen sind sich dessen nicht bewusst, aber man kann fast alles über eine Person herausfinden, wenn man einfach nur aufmerksam ist.

Denken Sie daran, dass jedes Wort, das Sie sagen, einen bestimmten Zweck hat (das Gespräch voranzubringen) und dass jede Emotion, Reaktion oder Bewegung einer Person dazu beiträgt, wie sich das Gespräch entwickelt. Wenn Sie lernen, Menschen und ihre Muster zu lesen, können Sie besser vorhersagen, was sie als Nächstes tun werden und wie sie reagieren werden.

Menschen sind fest dazu verdrahtet, in Mustern zu denken. Wenn Sie die Muster der Menschen verstehen, können Sie vorhersagen, wie sie in einer bestimmten Situation reagieren werden. Zu wissen, wie Menschen funktionieren, ist für viele Situationen im Leben hilfreich, denn es hilft uns zu verstehen, was sie motiviert und warum wir Dinge auf eine bestimmte Weise tun sollten.Wenn jemand etwas von Ihnen will und es für Sie nicht vorteilhaftist, es ihm zu geben, wird in seinem Kopf ein bestimmtes Denkmuster entstehen. Wenn Sie diese Muster kennen, können Sie Situationen vermeiden, die für Sie oder andere nicht vorteilhaft sind.

Wenn Sie lernen, Menschen zu lesen und mit ihnen in Kontakt zu treten, werden Sie im Leben, im Geschäftsleben, in Beziehungen und sogar in sozialen Umgebungen wie Partys oder Networking-Veranstaltungen viel erfolgreicher sein. Es wird Ihre Kommunikationsfähigkeiten auf ein neues Niveau heben und Ihnen erlauben, in jeder Situation viel selbstbewusster aufzutreten. Wenn Sie wissen, wie Menschen denken, können Sie Situationen mit Ihrer Persönlichkeit und Ihren Fähigkeiten meistern. Es gibt viele verschiedene Persönlichkeitstypen, aber sie alle folgen den gleichen Mustern.

Die Menschen verwenden immer wieder die gleichen Denkmuster und sind überzeugt, dass sie damit richtig liegen. Tatsache ist aber, dass sie es oft nicht tun. Sie folgen Praktiken, die sich in ähnlichen Situationen bewährt haben, und übersehen oft, dass es andere Möglichkeiten gibt, die besser funktionieren könnten.

Wenn Sie zum Beispiel charmanter sein wollen, werden Sie schnell herausfinden, dass es Ihnen nicht hilft, zu ernst zu sein. Sie müssen eine Verbindung zu den Menschen aufbauen, sich in ihrer Nähe entspannen und ihnen das Gefühl geben, dass sie sich

Ihnen gegenüber öffnen können, ohne sich von Ihnen bedroht zu fühlen (woran viele ernsthaftere Menschen scheitern). Wenn Sie ernsthaft sind und versuchen, als eine Art Autoritätsperson oder eine Person, die besser ist als andere, aufzutreten, werden Sie feststellen, dass die Leute Sie nicht sehr mögen werden. Wenn Sie dagegen charmant und sympathisch sein wollen, müssen Sie freundlich, aufgeschlossen und verständnisvoll wirken. Die Menschen müssen sich in Ihrer Nähe wohlfühlen - vielleicht sogar ein bisschen verletzlich sein -, denn das wird sie dazu bringen, sich Ihnen zu öffnen.

Diese "Moves" funktionieren in fast jeder Situation, in der Menschen miteinander in Kontakt treten müssen. Strengere und formalere Menschen finden es oft schwierig, sich mit Menschen anzufreunden, die nicht so sind wie sie. Sie werden versuchen, in der Beziehung Freunde zu sein und erwarten, dass die andere Person ihre Denkweise akzeptiert. Das Problem ist, dass es den Menschen schwer fällt, dies zu tun, so dass sie am Ende meistens allein dastehen. Wenn Sie lernen, wie Persönlichkeitstypen funktionieren, werden Sie viele Möglichkeiten finden, mit anderen zu kommunizieren und Beziehungen aufzubauen, von denen alle Beteiligten profitieren.

Menschliche Probleme

Persönlichkeitstypen neigen zu Konflikten, weil wir alle in jeder Situation etwas anderes wollen. Viele Menschen da draußen wollen dazugehören und beliebt sein. Dennoch neigen sie dazu, besser mit Menschen auszukommen, die ihnen ähnlicher sind als mit denen, die anders sind. Das kann für diejenigen, die zu ihrer Gruppe gehören, eine Menge Probleme verursachen, vor allem, wenn die Person am Ende negative Aufmerksamkeit von denen bekommt, die nicht zu ihrer Gruppe gehören

Wenn es Ihr Ziel ist, Beziehungen zu Gruppen von Erwachsenen und jüngeren Menschen aufzubauen, ist es gut, herauszufinden, wie sehr Sie mit verschiedenen Persönlichkeitstypen in Konflikt geraten werden. Wer zum Beispiel eine strenge Persönlichkeit hat, wird sich oft mit denjenigen streiten, die eher entspannt und lebenslustig sind. Diese Unterschiede führen zu Konflikten, weil keine der beiden Personen bereit ist, ihren Standpunkt zu ändern. Wenn Sie zum Beispiel eine eher ernste Person sind, die versucht, Freundschaften mit lustigen und aufgeschlossenen Menschen zu schließen, werden Sie sich oft entfremdet fühlen. Diese Menschen feiern gerne, hängen gerne ab und haben eine gute Zeit. Andererseits sind Sie vielleicht auf der Suche nach etwas Ernsterem und Bedeutungsvollerem. Sie möchten jemanden finden, mit dem Sie tiefgründig über Dinge reden und sich auf einer tieferen Ebene mit ihm verbinden können.

Die andere Person macht vielleicht mit, ist aber innerlich verärgert, weil sie die Dinge nicht so sieht wie Sie. Das Beste, was Sie tun können, ist zu verstehen, dass die andere Person die Dinge anders sieht als Sie, so dass sie auch anders reagieren wird. Das bedeutet, dass Sie sich so verhalten müssen, dass es mit der Sichtweise der anderen Person übereinstimmt, damit sie sich so wohl wie möglich mit Ihnen fühlt.

Ernstere Menschen reagieren negativ, wenn andere sich nicht wie erwartet verhalten. Das kann bei Meinungsverschiedenheiten zwischen zwei Gruppen von Menschen passieren, aber auch zwischen zwei Einzelpersonen. Wenn Sie z. B. eine ernsthafte Person sind und mit einer lebenslustigen Person ins Gespräch kommen, nimmt diese Sie vielleicht nicht so ernst, wie Sie es gerne hätten. Das kann dazu führen, dass Sie sich isoliert fühlen oder das Gefühl haben, dass Ihr Anliegen für die andere Person keine Rolle spielt. Dies kann sich auch darin äußern, dass Menschen launisch und unberechenbar sind.

Am besten wäre es, wenn Sie eine Verbindung zu der anderen Person aufbauen, indem Sie sich auf ihre Ebene begeben - was für ernsthaftere Menschen oft schwierig ist, weil sie nicht loslassen wollen, dass alles einen Sinn haben muss.
In diesem Fall müssen Sie aufhören, sich in ihrer Gegenwart streng zu verhalten, und anfangen, sich so zu verhalten, wie sie es von jemandem erwarten würden, der die Dinge nicht allzu ernst nimmt. Wenn Sie jedoch lernen, die Unterschiede in der Denkweise der Menschen zu erkennen, werden Sie in der Lage sein, sich mit ihnen auf einer tieferen Ebene zu verbinden, eine Verbindung aufzubauen und viel mehr Spaß bei IhrenGesprächen zu haben.

Dies ist ein Beispiel dafür, dass Menschen je nach dem, mit wem sie zusammen sind, unterschiedlich handeln können. Es ist immer wichtig zu verstehen, dass andere die Dinge aus ihrer Perspektive sehen, auch wenn wir damit nicht einverstanden sind. Wenn Sie diese grundlegende Tatsache über die menschliche Natur und die Funktionsweise von Persönlichkeiten verstehen, werden Sie in der Lage sein, bessere Beziehungen zu anderen aufzubauen, so dass sich jeder in der Nähe des anderen wohl fühlt.

Es gibt Möglichkeiten, Ihre Gesprächsfähigkeiten zu verbessern und Ihren Gesprächspartner zu beruhigen:

1) Seien Sie immer positiv, auch wenn Sie Kritik üben

Wenn Sie jemanden kritisieren, fühlt er sich oft in die Defensive gedrängt. Sie werden nicht zuhören wollen, was Sie sagen, und werden nicht glücklich sein. Anstatt direkt anzugreifen, versuchen Sie, positiv zu sein und Kritik zu vermeiden. Wenn Sie möchten, dass jemand etwas tut und er es nicht richtig oder auf die richtige Weise tut, erklären Sie, wie Sie es gerne hätten oder schlagen Sie vor, wie es Ihrer Meinung nach getan werden sollte. Wenn Sie dies tun, wird Ihr Gesprächspartner sich weniger leicht in die Defensive gedrängt fühlen und eher bereit sein, sein Verhalten so zu ändern, dass es dem entspricht, was Sie sich wünschen.

2) Schaffen Sie Vertrauen bei allen, mit denen Sie sprechen

Vertrauen ist ein wichtiger Bestandteil der Kommunikation. Die Menschen sind unterschiedlich, und so wird die Art und Weise, wie Sie mit jemandem Vertrauen aufbauen, anders sein als die Person neben Ihnen. Wenn Sie mit jemandem sprechen, versuchen Sie, eine gemeinsame Basis zu finden oder etwas, das Sie beide gemeinsam haben. Ein Beispiel: Wenn Sie versuchen, Ihren Partner dazu zu bewegen, in eine andere Wohnung zu ziehen, versuchen Sie ihn zu fragen, wann er umziehen musste und was ihm das Leben schwer gemacht hat (Gemeinsamkeiten). Menschen fühlen sich wohler, wenn sie Dinge aus ihrer Vergangenheit mit dem verbinden können, was jetzt um sie herum geschieht. Wenn Sie Vertrauen zu Menschen aufbauen, können Sie gleichzeitig mehr von dem erreichen, was Sie wollen und was sie wollen.

3) Nehmen Sie sich die Zeit, den Menschen zuzuhören

Diese Frage ist etwas schwieriger. Wenn Sie versuchen, mit jemandem zu reden, aber er nicht antwortet oder über etwas spricht, das nichts mit Ihnen zu tun hat, fragen Sie die Person, was ihr durch den Kopf geht. Hören Sie zu und passen Sie auf! Das kann schwierig sein, denn oft wollen Menschen nicht unterbrochen werden, wenn sie reden. Aber wenn Sie fragen, was in ihrem Kopf vorgeht, erfahren Sie viel über sie und können besser mit ihnen in Kontakt treten.

4) Orientieren Sie sich an Ihren Grundwerten/Interessen

Wenn Sie wissen, wer jemand ist und wo seine Interessen liegen, wird es Ihnen leichter fallen, seinen Persönlichkeitstyp und seine Denkweise zu verstehen. Wenn Sie dies wissen, können Sie sich selbst erklären und besser mit ihnen in Kontakt treten. Wenn Sie z. B. ein Künstler sind und jemand anderes das weiß, wird er eher bereit sein, auf Ihren Rat zu hören und seine Ansichten zu teilen. Wenn Sie mit jemandem sprechen, der dieselben Interessen hat, sollten Sie versuchen, diese Interessen mit etwas zu verbinden, das in Ihrem Leben wichtig ist. Wenn Sie die Grundwerte der Menschen mit dem verbinden, was
Das gibt ihnen das Gefühl, dass sie sich mehr für das interessieren, was um sie herum geschieht.

5) Nutzen Sie die Körpersprache zu Ihrem Vorteil

Führen Sie Buch über alles, was Sie mit Freunden, Verwandten und geliebten Menschen tun. Achten Sie darauf, wie sie sitzen, stehen oder sich bewegen, und nutzen Sie diese Informationen. Oft fällt es den Leuten gar nicht auf, wenn Sie etwas geringfügig anders machen (z. B. sich nicht mehr so stark auf den Schreibtisch stützen),

aber mit der Zeit werden diese Kleinigkeiten immer deutlicher. Die Menschen haben jahrelang geübt, auf eine bestimmte Art und Weise zu sitzen und zu stehen, bis sie sich in eine bestimmte Situation begeben haben. Aber was für den einen wichtig ist, ist für den anderen vielleicht nicht so wichtig und umgekehrt.

6) Verstehen Sie den Bedarf an Status

Die Menschen wollen sich wichtig fühlen. Wenn man das versteht, ist es einfacher, mit anderen in Kontakt zu treten und sich zu engagieren. Gruppenmitglieder (z. B. Teammitglieder, Vereinsmitglieder oder Familienmitglieder) wollen das Gefühl haben, dass sie wichtig sind. Sie wollen, dass die anderen denken, sie seien "auf dem Laufenden" und wüssten, was in der Gruppe passiert. Menschen, die sich in der Gesellschaft und im Leben schwer tun, überkompensieren oft, indem sie versuchen, andere zu beeindrucken oder sich einen Status zu verschaffen, indem sie die Illusion erwecken, sie wüssten mehr als sie tatsächlich tun. Wenn Sie verstehen, wie Gruppen (seien es Familienmitglieder oder Freunde) funktionieren, können Sie besser unterscheiden, ob jemand wirklich wichtig ist oder nicht.

7) Nehmen Sie die Dinge nicht persönlich

Die meisten Menschen nehmen Dinge persönlich. Sie sehen, was Sie sagen (selbst wenn Sie erkennen, dass es kein persönlicher Angriff ist), und sie werden sofort anfangen, über sich selbst nachzudenken, ob die Sache
über die Sie sprechen, gut oder schlecht für sie ist. Dies kann sehr wichtig sein

Das ist frustrierend für Menschen, die mit anderen in Kontakt treten wollen, dies aber nicht können. Wenn Menschen sich negativ über etwas äußern, das sie nicht betrifft, versuchen Sie zu verstehen, warum sie das sagen. Sie müssen in der Lage sein, den Grund für ihr Verhalten herauszufinden; das wird es Ihnen erleichtern, mit anderen Menschen in Kontakt zu treten und Ihre Beziehungen zu verbessern.

Warum Menschen unterschiedlich auf einander reagieren

Um besser mit anderen kommunizieren zu können, muss man ihre Persönlichkeiten verstehen. Wie jemand die Welt sieht, unterscheidet sich von der Sichtweise einer anderen Person. Das liegt daran, wie Menschen denken; diese Unterschiede wirken sich auf ihre Gefühle aus. Wenn Sie verstehen, wie Menschen denken, können Sie eine persönlichere Verbindung zu ihnen aufbauen und ihre Beziehungen verbessern. Auf diese Weise können Sie Menschen besser verstehen und die Fehler vermeiden, die die meisten Menschen machen. Sie werden auch in der Lage sein, sich besser auszudrücken und mit anderen in Kontakt zu treten. Indem Sie die Persönlichkeit anderer Menschen verstehen, können Sie besser mit ihnen kommunizieren und Ihre Beziehungen ausbauen.

Der Mensch ist von Natur aus ein geselliges Lebewesen. Wir alle haben bestimmte Muster in uns verankert, so dass wir in einem bestimmten Umfeld auf bestimmte Weise funktionieren können. Es ist jedoch nicht immer einfach zu verstehen, wie Menschen denken oder was sie motiviert, wenn sie Entscheidungen treffen oder sich auf Situationen einlassen, mit denen sie nicht einverstanden sind. Indem wir diese Muster kennen lernen, können wir anfangen, Menschen besser zu verstehen und ihnen zeigen, dass unsere Meinung zählt.

Wenn wir die Bedürfnisse anderer vor unseren eigenen berücksichtigen, werden unsere Beziehungen viel effektiver. Wir können auch anfangen, die Körpersprache anderer Menschen zu lesen und ihre Beweggründe besser zu verstehen. Wenn Sie darauf achten, was andere tun, und zuhören, was sie zu sagen haben, können Sie eine Verbindung zu ihnen aufbauen und ein viel effektiveres Gespräch führen.

Machen Sie sich klar, dass alle Menschen unterschiedlich sind und dass wir alle eine andere Art haben, über die Welt zu denken. Zu wissen, wie Menschen sich fühlen, ist wichtig, um andere zu verstehen, aber es ist nicht etwas, das Sie zu sehr versuchen sollten, zu entwickeln oder zu beherrschen. Nehmen Sie sich also einen Moment Zeit, um herauszufinden, welchem Persönlichkeitstyp Sie angehören, und bauen Sie Verbindungen zu Menschen auf, die auf dieser Persönlichkeit basieren. Die Vorteile sind enorm. Befolgen Sie diese Tipps, um mit anderen in Kontakt zu treten, und Sie werden Ihre Fähigkeit verbessern, in jeder Situation effektiver zu kommunizieren, unabhängig von Ihrem Persönlichkeitstyp.

Kapitel 9: Die unsichtbaren Hindernisse für eine wirksame Kommunikation und wie man sie beseitigt

Es ist schwer vorstellbar, wie viele Barrieren zwischen zwei Menschen an unterschiedlichen Orten und mit unterschiedlichen Wegen bestehen. Es können Freunde, Kollegen, Geschäftspartner, Fremde auf der Straße usw. sein, und sie wollen vielleicht miteinander reden oder sogar eine Verbindung herstellen. Dennoch stehen immer unsichtbare Barrieren im Weg, und dann wundern wir uns, warum es so schwer ist, sie zu überwinden. Es ist wie bei zwei Menschen, die etwas Wichtiges sagen wollen, aber aus irgendeinem Grund keine gemeinsame Sprache finden können. Sie wollen es vielleicht, aber sie wissen nicht wie. In diesem Buch geht es um die Kommunikationsbarrieren, auf die man stößt, wenn man gerade mit jemandem reden muss, und darum, wie man mit ihnen umgehen kann.

Was sind die Hindernisse für eine effektive Kommunikation?

Es gibt viele Hindernisse für eine effektive Kommunikation, aber eines hält die meisten Menschen davon ab, überhaupt zu kommunizieren. Sie können nicht sagen, was sie wollen, und zwar so, dass andere es hören oder verstehen können. Es handelt sich um eine Art sprachliche Behinderung, die als Kommunikationsangst definiert werden kann. Man fühlt sich verletzlich und unsicher, wenn es darum geht, auf andere zuzugehen, ihre Aufmerksamkeit zu erlangen und dann die Botschaft zu übermitteln, damit sie verstehen, was man will.

Sie denken vielleicht, dass etwas mit Ihrer Persönlichkeit nicht stimmt und Sie deshalb Angst vor der Kommunikation haben, aber das ist nicht wahr. Wenn Sie solche Gefühle oft haben, ist es keine Überraschung, dass Sie täglich mit der Kommunikation zu kämpfen haben. Nicht Sie sind für dieses Gefühl verantwortlich, sondern die Art und Weise, wie die Gesellschaft aufgebaut und konditioniert wurde. Wir leben in einer Gesellschaft, in der die Menschen Angst haben, direkt und offen zu kommunizieren. Deshalb verwenden wir so wenig Worte und wissen oft nicht, wie wir das, was wir sagen wollen, klar ausdrücken können.

Zu den unsichtbaren Hindernissen, die einer wirksamen Kommunikation im Wege stehen, gehören:

1. Die Tendenz, die eigene Identität in der Menge zu verlieren: Zum Beispiel spricht jemand gleichzeitig zu einer großen Gruppe, und niemand weiß, über wen er spricht. Es ist leicht, seine Identität zu verlieren, wenn man mit vielen verschiedenen Menschen gleichzeitig in einem Raum kommuniziert. Die Identitäten der Menschen (Elemente ihrer selbst oder Personas) verschieben sich zwischen den Interaktionen mit anderen Menschen, und deshalb haben sie kaum eine Chance zu wissen, was sie wollen und es umzusetzen. Dies kann am Arbeitsplatz ein Problem sein, wenn Menschen nicht sagen können, was sie wollen, weil sie Angst vor Konflikten haben, schlecht dazustehen oder falsch zu liegen. Dieser Mangel an Kommunikationsfähigkeit führt wahrscheinlich zu Problemen.

2. Man erwartet von Ihnen, dass Sie die Initiative ergreifen, und dann tun Sie es nicht: Es gibt viele solche Situationen, in denen man ein Gespräch beginnen oder das erste Wort ergreifen muss, aber man tut es nicht. Zum Beispiel sitzt jemand allein auf einer Parkbank und liest ein Buch, steht

allein in der Schlange im Supermarkt oder wartet allein an der Bushaltestelle. Es mag den Anschein erwecken, als wolle sich niemand auf ein Gespräch einlassen, aber denken Sie einmal kurz darüber nach. Ergibt das einen Sinn? Wir alle sind soziale Wesen, die die Interaktion mit anderen suchen, um als Individuen zu wachsen. Wir sind alle ziemlich gleich. Wir alle wollen mit anderen in Kontakt treten, sei es für 5 Minuten oder für immer.

3. Sie haben Angst, zu viel von sich preiszugeben: Manchmal haben wir Angst, unser wahres Ich zu offenbaren, weil es als beleidigend empfunden werden könnte. Zum Beispiel sagen wir anderen, wer wir sind, was wir wollen und was uns motiviert. Wir haben Angst, von anderen kritisiert, gescholten oder verurteilt zu werden. Anstatt mit jemandem wie mit einer Person zu sprechen, versuchen wir daher meist, unsere wahren Absichten und Gedanken über uns selbst zu verbergen, um nicht zurückgewiesen oder verletzt zu werden. Wir haben Angst davor, was andere von uns denken könnten, wenn sie unsere Gedanken und Absichten kennen. Es ist einfacher, Menschen auf Distanz zu halten, indem wir nicht zu ehrlich und direkt über uns selbst sprechen. Stattdessen wird von uns erwartet, dass wir uns weniger als unser normales Ich präsentieren. Wenn wir das tun, ist es schwer, eine Verbindung zu anderen aufzubauen.

4. Wir wissen nicht, wie wir verletzlich sein können: Sich Schwächen einzugestehen und um Hilfe zu bitten, ist das Wichtigste, was man tun kann, wenn man mit Menschen in Kontakt treten will, die einem wichtig sind oder mit denen man regelmäßig zu tun hat. Es ist wie die Wurzel der Kommunikation, der Anfang jeder Kommunikation. Man

kann es an vielen Stellen lernen, z. B. in der Psychologie, der Soziologie oder auch einfach durch Beobachtung anderer Menschen, z. B. beim Sport, beim Gitarrenspiel oder beim Tanzen. Es ist nur so, dass viele Menschen nicht wissen, wie sie es hilfreich einsetzen können, wenn sie mit anderen sprechen. Es ist wie mit unserer Mutter Natur. Wir alle sind von dem Moment an, in dem wir auf die Welt kommen, verletzlich und verbringen unsere ganze Zeit damit, zu lernen, wie wir verletzlich sein können, unabhängig von unserer Rasse, Kultur oder Herkunft.

5. Furcht vor Konflikten: Dies ist vielleicht das größte Hindernis für eine wirksame Kommunikation, denn die Menschen fürchten Konfrontation und Streit. Sie wollen etwas sagen, haben aber Angst, nicht die richtigen Worte zu finden, wütend zu werden oder sogar vor anderen Menschen etwas Dummes zu sagen. Deshalb sprechen sie lieber nicht über wichtige Themen, als etwas Falsches zu sagen. Deshalb ist es wichtig, dass Sie taktische Kommunikationsfähigkeiten in Ihr Kommunikations-Toolkit aufnehmen.

6. Das fehlende Selbstvertrauen: Die Menschen haben Angst, sich zu äußern und ihre Meinung zu sagen, weil sie sich nicht selbstbewusst genug fühlen und denken, dass das, was sie sagen, nicht angemessen oder interessant genug sein könnte. Sie glauben, andere würden sie verurteilen, wenn sie etwas Falsches, Dummes oder Unwichtiges sagen. Deshalb müssen Sie wissen, was die Menschen an Ihrer Meinung interessiert und wie Sie sie so vortragen können, dass die Menschen Ihnen zuhören und sie verstehen wollen, anstatt Sie zu kritisieren.

7. Mangelndes Interesse: Dies ist ein weiteres Hindernis, mit dem Menschen konfrontiert sind, wenn sie versuchen, mit

anderen zu kommunizieren. Menschen wollen nicht über Dinge sprechen, die nicht wichtig oder interessant genug sind, seien es ihre Probleme, Arbeitsprobleme oder irgendetwas anderes. Deshalb müssen Sie in Ihrem

Kommunikationstraining lernen, wie Sie Barrieren beseitigen und eine sinnvolle und wertvolle Kommunikation für andere ermöglichen können.

Was hindert Sie daran, effektiv zu kommunizieren?

Unsere Gesellschaft ist so aufgebaut, dass uns beigebracht wird, schüchtern zu sein und Konflikte zu vermeiden. Wir sind nicht so aufgewachsen, sondern so konditioniert worden, dass wir so denken. In manchen Fällen kann die Angst als guter Selbstschutz vor potenziellen Risiken dienen. Anstatt offen und ehrlich zu anderen zu sein, ziehen wir es vor, zu schweigen, damit jeder weiß, was wir wollen, ohne dass wir es ihnen sagen oder laut aussprechen müssen. In anderen Situationen kann die Angst jedoch gegen uns eingesetzt werden, um unser Leben zu kontrollieren. Konflikte können als Drohungen benutzt werden, um uns in einer niedrigeren Position in der Hierarchie zu halten. In diesem Fall sind wir daran gewöhnt zu denken, dass wir nichts dagegen tun können, sondern nur die Strafe hinnehmen und stillschweigend leiden müssen. Wenn wir nicht bekommen, was wir wollen, weil jemand es blockiert, dann ist das ein guter Zeitpunkt, die Dinge selbst in die Hand zu nehmen, anstatt passiv zu bleiben. Wir sind genauso gut wie alle anderen, also verdienen wir es, das zu bekommen, was wir wollen und brauchen.

Wenn wir nicht wir selbst sein können, ist es sinnlos zu versuchen, mit anderen in Kontakt zu treten. Wir sind nicht dieselben Menschen, mit denen wir geboren wurden; wir wachsen und verändern uns im Laufe unseres Lebens. Deshalb müssen wir die Person akzeptieren, die wir geworden sind, und in dieser Person verweilen, anstatt zu versuchen, jemand anderes zu sein. Die einzige Möglichkeit, effektiv zu kommunizieren, besteht darin, im Augenblick ganz präsent zu sein und sich keine

Gedanken darüber zu machen, was andere von einem denken könnten. Warum sollten Sie sich darüber überhaupt Gedanken machen? Es wäre am besten, wenn Sie sich nur darum kümmern würden, wie gut oder schlecht ein Gespräch mit einem anderen Menschen verläuft.

Die Art und Weise, wie Sie kommunizieren, lässt Sie sich selbst und andere anders betrachten. Es ist wie eine Glasscheibe, die zwischen Ihnen und anderen steht, so dass Sie nicht wahrnehmen können, was geschieht. Manchmal muss man durch dieses Glas schauen, um das genaue Bild zu sehen und zu verstehen, wie andere es sehen.

Das Wichtigste, was man in der Kommunikation lernen kann, ist, anderen Menschen zuzuhören, nicht nur um sie zu verstehen, sondern um mit ihnen kommunizieren zu können. Klingt das zu einfach? Es ist so, wie wenn man sich selbst besser versteht. Man kann andere nur verstehen, wenn man sich selbst zuerst versteht. Wenn Sie also etwas laut sagen, müssen Sie sich dessen bewusst sein, was Sie sagen, indem Sie Ihr Verhalten, Ihre Körpersprache und Ihre Worte sowie die Emotionen der anderen wahrnehmen. Andernfalls werden Sie nicht erreichen, was Sie sich für Ihr Kommunikationstraining vorgenommen haben.

Wie überwindet man die unsichtbaren Barrieren, die einer effektiven Kommunikation entgegenstehen?

Dies ist die einzige Frage, auf die wir uns in diesem Buch konzentrieren werden, denn es ist das grundlegendste Problem, mit dem Menschen konfrontiert sind, wenn sie versuchen, mit anderen zu kommunizieren. Keine Zauberpille, die Sie einnehmen können, wird automatisch die Barrieren beseitigen und Sie zu einem effektiven Kommunikator machen.

Kommunikation ist etwas, das man lernen und immer wieder üben muss. Die gute Nachricht ist, dass Sie, wenn Sie einmal wissen, wie Sie effektiv kommunizieren können, dies für immer behalten und Ihre Kommunikationsfähigkeiten täglich anwenden werden. Sie werden auch in der Lage sein, Ihre Kommunikationsfähigkeiten zu verbessern, indem Sie lernen, wie Sie die Barrieren überwinden können, die eine effektive Kommunikation blockieren und verhindern.

Hier finden Sie Tipps, wie Sie die unsichtbaren Hindernisse für eine effektive Kommunikation überwinden können:

Wie können wir Kommunikationsprobleme überwinden?

Zuallererst müssen Sie lernen, wie andere Menschen kommunizieren. Wenn Sie sich für einen anderen Menschen interessieren, stehen die Chancen gut, dass Sie gute Freunde werden, wenn Sie ihn verstehen, wie er tickt und was ihn motiviert. Warum ist das so? Weil das Verstehen eines anderen Menschen dazu beiträgt, Vertrauen zwischen zwei Menschen aufzubauen. Je mehr Vertrauen zwischen zwei Menschen besteht, desto leichter wird es für zwei Menschen sein, sich zu verbinden und eine sinnvolle Beziehung oder, mit anderen Worten, eine Freundschaft aufzubauen, die für immer hält.

1. Stellen Sie sich auf Ihre eigenen Gefühle ein: Wenn Sie nicht wissen, wie Sie sich fühlen, wie können Sie dann erwarten, dass Sie die Gefühle anderer lesen können? Es ist wichtig, sich seiner selbst bewusst zu sein und zu lernen, wie man mit sich selbst ruhig kommunizieren kann, damit man dann auch mit anderen Menschen ruhig kommunizieren kann.

2. Seien Sie in diesem Moment präsent: Sie können nicht effektiv kommunizieren, wenn Sie mit Ihren Gedanken

woanders sind. Sie müssen ganz bei der Sache sein und sich auf das konzentrieren, was passiert, wer da ist und

was gesagt wird, damit Sie auf die Bedürfnisse der anderen eingehen können und nicht auf Ihre eigenen. Das gilt auch, wenn Sie mit jemandem telefonieren oder von Angesicht zu Angesicht sprechen.

3. Scheuen Sie sich nicht, Fragen zu stellen: Um jemanden zu verstehen, muss man wissen, was er will, also muss man ihn fragen. Das kann anfangs unangenehm und schwierig sein, aber es ist ein absolutes Muss für eine effektive Kommunikation. Sie müssen sicherstellen, dass Sie gründlich zuhören, sich dafür interessieren, was die andere Person zu sagen hat, und das Gespräch nicht überstürzen, um unangenehme Situationen oder Personen so schnell wie möglich hinter sich zu lassen.

4. Selbstvertrauen ist entscheidend: Selbstvertrauen ist Teil der Art und Weise, wie Menschen kommunizieren, mit anderen interagieren und sich selbst im Leben fühlen. Ihr Kommunikationstraining wird sich zeigen, wenn Sie kein Selbstvertrauen haben. Wenn Sie optimistisch sind, werden sich andere sofort zu Ihnen hingezogen fühlen und mit Ihnen sprechen wollen. Es ist wichtig, sich selbst zu zeigen und spontaner zu sein. Je selbstbewusster und entspannter Sie werden, desto effektiver wird Ihr Kommunikationstraining sein.

5. Machen Sie sich bewusst, worüber Sie sprechen wollen: Bevor Sie das Gespräch beginnen, überlegen Sie, was Ihr Gegenüber zu sagen hat und was Sie ihn fragen möchten. Wenn Sie nicht wissen, was Sie sagen sollen, versuchen Sie, eine Idee zu haben, bevor Sie ein Gespräch beginnen. Versuchen Sie auch, mehr über die Person aus ihren Worten und ihrer Körpersprache zu erfahren, bevor Sie sprechen, um die Person besser zu verstehen.

6. Akzeptieren Sie Ihre Gefühle: Eine der besten Möglichkeiten, die Kommunikation zu verbessern, besteht darin, sich selbst zu akzeptieren. Das bedeutet, gut gelaunt zu sein, alle Gefühle zu akzeptieren und zu wissen, dass man gut genug ist, um mit anderen zu kommunizieren.

7. Lassen Sie sich nicht durch Angst blockieren: Wenn Ihnen jemand daran hindert, etwas zu erreichen, was Sie sich wünschen, dann lassen Sie die Angst los, damit Sie vorankommen und es selbst vollenden können. Beseitigen Sie alles, was Ihnen im Weg steht, lernen Sie, wie Sie Lebenssituationen selbst bewältigen können, und sorgen Sie dafür, dass sich die Dinge zum Besseren wenden.

8. Lernen Sie zuzuhören: Es ist nicht nur wichtig zu hören, was andere sagen; wenn Sie lernen, zuzuhören, fühlen sich andere besser, weil sie spüren, dass Sie sich kümmern. Außerdem können Sie besser mit ihnen kommunizieren, wenn Sie zeigen, dass Sie zuhören.

9. Nehmen Sie die Dinge nicht persönlich: Wenn jemand wütend oder verärgert ist, hat er das nicht nur wegen Ihnen getan. Die Menschen haben ihr eigenes Leben und ihre eigenen Probleme. Machen Sie sich also keine Vorwürfe, weil Sie nicht in der Lage sind, das Problem zu lösen oder zu beheben. Nehmen Sie die Dinge, wie sie sind, und arbeiten Sie daran, Ihre Kommunikationsfähigkeiten zu verbessern.

10. Flexibilität ist wichtig: Wenn Menschen auf eine bestimmte Art und Weise kommunizieren wollen, sollten Sie sich darauf einstellen. Wenn die andere Person ernster sein möchte, dann tun Sie das. Wenn die andere Person die Stimmung auflockern und fröhlich sein möchte, dann folgen Sie ihr und sind zufrieden. Es geht nur darum, flexibel zu sein.

Bei der Kommunikation geht es darum, transparent, offen und ehrlich miteinander umzugehen. Unsichtbare Kommunikationsbarrieren können mit Blöcken verglichen werden, die Menschen daran hindern, sich zu verbinden, zu kommunizieren und zusammenzuarbeiten. Diese Barrieren sind versteckt, aber sie sind sehr wohl vorhanden. Wenn Sie effektiv mit anderen kommunizieren wollen, versuchen Sie, die Kommunikationsbarrieren zu beseitigen, indem Sie anderen zuhören, sie verstehen und respektieren. Sie werden die Ergebnisse Ihres Trainings der Kommunikationsfähigkeiten sehen. Denken Sie auch an die Tipps, die in diesem Buch zur Überwindung unsichtbarer Kommunikationsbarrieren genannt wurden. Dies wird Ihnen helfen, besser mit anderen und im Leben zu kommunizieren und eine bessere persönliche Beziehung zu sich selbst zu entwickeln.

Kapitel 10: Die Geheimnisse, um ein einfühlsamer Zuhörer und Gesprächspartner zu werden

Wenn Sie Schwierigkeiten haben, Beziehungen zu knüpfen und aufrechtzuerhalten, ist die mangelnde Kommunikationsfähigkeit wahrscheinlich einer der Gründe dafür. Es ist wichtig, dass Sie Ihre Gedanken und Ideen nicht nur sich selbst, sondern auch anderen Menschen mitteilen können. Sprechfertigkeit ist der Ausgangspunkt für jede Beziehung. Von klein auf wird uns allen beigebracht, dass Kommunikation unerlässlich ist und dass sie etwas ist, das man immer bei sich haben wird. Das Problem vieler Menschen ist jedoch, dass sie vergessen, wie wichtig und wertvoll sie für sie und andere sein kann, vor allem, wenn sie in einer Beziehung zu einer anderen Person oder sogar zu jemandem am Arbeitsplatz sind.

Kommunikation ist etwas, das man immer erreichen sollte. Egal, ob Sie mit Ihren Freunden, Familienmitgliedern, einer Freundin oder einem Freund sprechen, oder sogar, wenn es um die Kommunikation bei der Arbeit oder in der Schule geht, Kommunikation ist wichtig und etwas, das Sie immer in der Lage sein sollten, mit jeder einzelnen Person in Ihrem Leben zu haben, warum vergessen wir das und warum haben wir Probleme, wenn es um Beziehungen geht? Viele von uns haben zu viel Angst, die Gefühle der anderen Person zu verletzen oder in irgendeiner Weise unangenehm aufzufallen, weil sie nicht in der Lage sind, mit den Menschen, die wir lieben, oder sogar mit denen, mit denen wir arbeiten, gut zu kommunizieren.

Wenn also Kommunikation für jeden Aspekt des Lebens wichtig

ist, warum vergessen so viele Menschen sie und lassen Beziehungen scheitern, weil sie nicht kommunizieren können? Die Antwort auf diese Frage ist ganz einfach: Wir alle wollen von allen gemocht und akzeptiert werden. Wir wollen, dass uns jeder so nimmt und liebt, wie wir sind, ohne Fehler und Unvollkommenheiten. Wir müssen von anderen angenommen werden, um uns sicher und geborgen zu fühlen. Allerdings neigen wir auch dazu, die Menschen um uns herum zu sehr zu verurteilen. Viele von uns neigen dazu, zu vergessen, dass jeder Mensch anders ist, sei es in seiner Persönlichkeit oder einfach in der Art, wie er das Leben betrachtet.

Weil wir wollen, dass man uns so mag, wie wir sind, und nicht auf unsere Fehler oder Unvollkommenheiten hinweisen will, vergessen wir, wie wichtig Kommunikationsfähigkeit für unsere Beziehungen sein kann. Wir wollen so sein wie alle anderen, und wenn wir mit anderen kommunizieren, können wir sie besser verstehen und sie auf einer persönlicheren Ebene kennenlernen. Wenn wir gut mit jemandem kommunizieren, können wir ihm von uns selbst erzählen, uns von ihm erzählen lassen und mehr über diese Person erfahren. Wenn wir nicht gut mit jemandem kommunizieren und uns nicht die Zeit nehmen, ihm zuzuhören, werden wir nie wirklich wissen, wer er ist oder was er denkt oder fühlt. Und wenn wir jemanden nicht sehr gut kennen, dann ist er für uns nur eine weitere Person. Wir werden sie als Fremde, Katzen oder Hunde sehen. Jemand, den wir nicht kennen und der uns nicht wichtig ist.

Kommunikation ist der Ausgangspunkt für jede Beziehung, die Sie in Ihrem Leben haben könnten. Wir müssen in der Lage sein, zuzuhören und mit anderen zu sprechen, damit Beziehungen funktionieren. Wenn Sie nicht in der Lage sind, mit jemandem gut zu kommunizieren, dann werden Sie ihn nicht verstehen und die Beziehung wird nicht lange halten.

Von dem Zeitpunkt an, an dem wir sprechen lernen, wissen wir auch, wie man zuhört; aber in manchen Fällen scheint dies nicht ausreichend gelehrt oder geübt zu werden. Die meisten Menschen hören zu, was andere sagen, aber nur selten können sie dem Gespräch einen Sinn abgewinnen, geschweige denn angemessen darauf reagieren. In einer Beziehung wird dieser Mangel an Einfühlungsvermögen und Verständnis als ein Zeichen von Respektlosigkeit angesehen. Sie wird oft bei der Entscheidung berücksichtigt, ob man mit jemandem eine Beziehung führen kann.

Was sind also die Geheimnisse, um ein einfühlsamer Zuhörer und Gesprächspartner zu werden?

1. Sich verpflichten zuzuhören

Hören Sie anderen zu. Manchmal möchten Sie, dass andere Ihnen zuhören, aber diese Menschen sind vielleicht nicht in der Lage, dem, was Sie sagen, Aufmerksamkeit zu schenken. Wenn dies der Fall ist, dann nutzen Sie diese Zeit, um von ihnen zu lernen. Hören Sie zu und lernen Sie von ihren Erfahrungen, denn in gewisser Weise lehren sie Sie auch, wie Sie nicht dasselbe Leben führen müssen wie sie. Es geht um Geben und Nehmen; nichts ist ohne Anstrengung, und wenn Sie also etwas geben, das es wert ist, dass man Ihnen zuhört, werden Sie etwas daraus lernen.

2. Haben Sie immer ein echtes Interesse an dem, was andere sagen

Aufrichtiges Interesse bedeutet nicht immer, dass Sie mit dem Standpunkt des anderen übereinstimmen, aber es bedeutet, dass Sie bereit sind, ihm zuzuhören und von ihm zu lernen. Wenn Sie nicht aufrichtig an dem interessiert sind, was sie zu sagen haben, werden sie sich ignoriert fühlen und frustriert sein.

3. Zeigen Sie Interesse, indem Sie Fragen stellen

Stellen Sie Fragen, wenn Sie oder jemand anderes einen Standpunkt vertritt. Eine gute Möglichkeit, Fragen zu stellen, besteht darin, den Austausch nicht einseitig werden zu lassen, indem man nach weiteren Informationen darüber fragt, was was die andere Person sagt. Je spezifischer Ihre Frage ist, desto wahrscheinlicher ist es, dass Sie eine Antwort erhalten, und diese Antwort sollte nach Möglichkeit zu einer weiteren Frage führen.

4. Stellen Sie sicher, dass Sie ihnen Ihre volle Aufmerksamkeit schenken

Wenn Sie beschäftigt und in Eile sind, sollten Sie Ihr Gegenüber nicht bitten, Ihnen zuzuhören. Sie müssen mit gutem Beispiel vorangehen, wenn es um Dinge wie Einfühlungsvermögen und Zuhören geht. Die Menschen werden nicht nur Kommunikationsfähigkeiten von Ihnen lernen, sondern auch Ihre Einstellung. Sie können nicht erwarten, dass andere Ihnen zuhören, wenn Sie nicht bereit oder in der Lage sind, im Gegenzug den gleichen Respekt zu zeigen.

5. Machen Sie keine Annahmen über das, was Sie hören

Man muss sehr vorsichtig sein, wenn man Annahmen über das macht, was man hört. Wir neigen dazu zu glauben, dass die ersten Worte aus dem Mund eines Menschen immer richtig sind. Das ist nicht immer der Fall, denn die Menschen kommunizieren nicht immer so, wie sie wollen. Wenn Sie zuhören, stellen Sie Fragen, und denken Sie daran, dass Menschen immer versuchen, Ihnen etwas zu sagen. Manchmal haben sie vielleicht einen anderen Standpunkt als Sie, aber sie werden trotzdem eine Einigung oder einen Kompromiss mit der anderen Person erzielen, wenn sie sehen, dass es sich lohnt, darauf zu beharren.

6. Nicht unterbrechen

Die Kunst des Zuhörens ist einzigartig; manchmal verlangt sie von Ihnen, dass Sie geduldig mit dem Redner sind. Wenn er sich entscheidet zu sprechen, hören Sie weiter zu; es kann nicht Ihre Aufgabe sein, die Dinge zu beschleunigen oder sie zu überstürzen. Sie müssen mit Ihrer vollen Aufmerksamkeit zuhören und

anderen die Möglichkeit geben, zu sprechen oder sich auszudrücken. Das Wesentliche an der Kommunikation ist, dass man dem anderen zuhört, nicht nur was er sagt, sondern auch, was er gerade fühlt.

7. Keine Urteile fällen

Die Kunst des Zuhörens ist ein mächtiges Werkzeug, das man besitzen sollte. Sie kann Ihnen helfen, die Perspektive einer Person zu verstehen und Einblick in ihre Botschaft zu erhalten. Das Problem ist, dass Menschen, die darauf aus sind, sich ein Urteil zu bilden, oft nicht verstehen, worauf der Sprecher hinaus will. Die Kunst des Zuhörens setzt voraus, dass Sie echtes Interesse an dem zeigen, was andere zu sagen haben, unabhängigdavon, ob Sie damit einverstanden sind oder nicht oder ob Sie möchten, dass sie etwas Genaueres sagen. Wir urteilen, weil wir glauben, etwas besser zu können als andere.

Die Kunst des Zuhörens ermöglicht es Ihnen, sich für eineandere Perspektive zu öffnen, die Sie vielleicht überraschendoder sogar erhellend finden.

1. Den Leuten Feedback geben

Die Kunst einer guten Kommunikation besteht darin, nicht nur zu hören, was jemand sagt, sondern ihm auch zuzuhören. Scheuen Sie sich nicht, der anderen Person zu sagen, was Sie von dem, was sie sagt, halten. Wenn es positiv ist, loben Sie sie. Wenn es negativ ist, lassen Sie es sie wissen. Wenn eine Person Ihnen mitteilt, dass sie auf eine bestimmte Art und Weise keine Informationen von

einer anderen Person erhalten kann, lassen Sie es sie wissen; auf diese Weise können Sie Wege finden, um das Problem zu lösen, und es vielleicht lösen, bevor es überhaupt auftritt.

Kommunikation ist eine mächtige Sache. Sie kann unsfantastische Möglichkeiten und Erfahrungen bieten. Kommunikation funktioniert in beide Richtungen; Sie werden feststellen, dass alles, was Sie in das Universum senden, ob positivoder negativ, immer zu Ihnen zurückkommt. Das Gleiche gilt für die Kommunikation: Wenn Sie jemand sein wollen, dem andere vertrauen und dem sie gerne von ihren Problemen oder Lebenserfahrungen erzählen, müssen Sie das Gleiche für sie tun, wenn sie sich Ihnen gegenüber öffnen. Wenn wir bestimmte Signale oder Hinweise aussenden, dass wir nicht bereit sind, zuzuhören, werden sich die Menschen uns gegenüber verschließen. Das bedeutet, dass sie aufhören, uns ihre Ideen und Gefühle mitzuteilen, weil sie das Gefühl haben, dass sie uns nicht genug vertrauen können, um ohne Urteil oder Unterbrechung zuzuhören. Es ist nicht immer leicht, ein guter Zuhörer zu sein, aber es kann eines der lohnendsten Dinge sein, die man je lernen kann. Verpassen Sie nicht Ihre Chance und lernen Sie, mehr zuzuhören, denn es wird den Unterschied in Ihren Beziehungen ausmachen.

Ein einfühlsamer Zuhörer zu sein bedeutet, die Absicht und die Botschaft der anderen Person zu verstehen. Es bedeutet, respektvoll zu sein in dem, was Sie sagen, in Ihrer Stimme und in Ihrem Gesichtsausdruck. Es bedeutet auch, sich auf die Bedürfnisse, Wünsche, Sehnsüchte und Ziele der Person zu konzentrieren. Ein guter Zuhörer nimmt auf, was der andere zu sagen hat, stellt bei Bedarf Fragen und lässt den anderen wissen, dass er an seiner Meinung interessiert ist. Sie werden sich von der anderen Person akzeptiert, geschätzt und gesehen fühlen. Als einfühlsamer Zuhörer geht es nicht nur um Worte, sondern darum, den Menschen zu zeigen, dass sie Ihnen persönlich und beruflich wichtig sind.

Es kostet Zeit und Mühe, ein guter Zuhörer zu sein. Es ist nicht etwas, das man einfach über Nacht erlernen kann. Bei der Kunst des Zuhörens geht es nicht nur darum, die Worte einer anderen Person zu hören, sondern auch die Absicht hinter diesen Worten zu verstehen. Gute Zuhörer nehmen sich Zeit, um zu verstehen, was die andere Person ihnen sagen will. Sie vergewissern sich, dass sie die Botschaft wirklich verstehen, egal wie schwierig oder unangenehm sie anfangs erscheinen mag. Es spielt keine Rolle, wie lange es dauert, bis sie verstehen, was jemand zu sagen versucht; sie werden alles tun, was nötig ist, um die Botschaft richtig zu verstehen.

Ein einfühlsamer Zuhörer zu sein bedeutet, die andere Person in den Mittelpunkt zu stellen. Es spielt keine Rolle, was die andere Person sagt oder wie sie es sagt. Wichtig ist nur, dass ihre Bedürfnisse und Wünsche erfüllt werden. Ihre Gefühle sind wichtiger als Ihre eigenen; es spielt keine Rolle, was Sie wollen, solange Sie ihnen helfen können, das zu bekommen, was sie brauchen. Die Kunst des Zuhörens erfordert die Bereitschaft, einen anderen Menschen so zu akzeptieren, wie er ist, mit all seinen Fehlern, ohne zu beurteilen, wie er sein sollte oder in der Vergangenheit hätte sein sollen.

Ein guter Zuhörer ist offen und urteilsfrei gegenüber allen Mitteilungen anderer. Sie ziehen keine voreiligen Schlüsse und versuchen, bei der Kommunikation ruhig und entspannt zu bleiben. Sie beurteilen nicht, was andere sagen oder wie sie es sagen. Sie nehmen die Gefühle und Gedanken anderer Menschen auf, ohne sich zu verteidigen oder zu verletzen. Ein guter Zuhörer ist daran interessiert zu erfahren, was eine andere Person zu sagen hat, wer sie ist und welche Hoffnungen, Träume, Wünsche und Ziele sie hat.

Geduld und Menschenkenntnis sind Teil der Kunst des Zuhörens. Es braucht Zeit, um die Fähigkeit zu entwickeln, gut zuzuhören. Die Kunst des Zuhörens erfordert die Bereitschaft, dem Gesprächspartner seine volle Aufmerksamkeit zu schenken. Es bedeutet, zu lernen, wie der Verstand des Gesprächspartners funktioniert, das Gesagte aufzunehmen und alle Emotionen zu erkennen, die ihn bei seinen Handlungen und Äußerungen leiten können. Es bedeutet auch, dass man in der Lage sein muss, auf unausgesprochene Botschaften ebenso zu hören wie auf das, was gesagt wird.

Damit Kommunikation funktioniert, braucht es zwei Menschen. Das bedeutet jedoch nicht, dass Sie automatisch ein guter Zuhörer sind. Sie brauchen jemanden, der bereit ist, Ihnen mitzuteilen, was er will, und der es Ihnen ermöglicht, zu verstehen, woher seine Gedanken und Gefühle kommen. Eine Person, die Ihnen Feedback geben kann, damit Sie lernen können, was sie denkt und fühlt, wenn es darum geht, mit anderen zu kommunizieren. Am besten wäre es, wenn Sie jemanden hätten, der Vertrauen in Ihre Fähigkeiten hat, damit Sie sich voll und ganz ausdrücken können, ohne sich Sorgen machen zu müssen, von anderen missverstanden oder falsch interpretiert zu werden. Ein guter Zuhörer sorgt dafür, dass die andere Person versteht, was sie zu sagen versucht, auch wenn es für sie schwierig oder schmerzhaft ist. Sie zeigen ihre Ehrlichkeit und ihre aufrichtigen Bedenken, so dass die Person weiß, dass sie sich kümmert und es keine Zeitverschwendung ist, mit ihr zu sprechen. Damit zeigen sie auch, dass sie den Menschen verstehen wollen, der sie sind. Ein guter Zuhörer ist bereit zuzuhören, was die andere Person zu sagen hat und wie sie es sagt, und bei Bedarf nachzufragen.

Ein guter Zuhörer zu sein bedeutet, zuzuhören und herauszufinden, was die andere Person von Ihnen will und braucht. Es bedeutet, seine Ziele zu verstehen und ihm die Möglichkeit zu geben, sich und seine Gefühle auszudrücken. Es bedeutet auch, sich bewusst zu machen, was die andere Person fühlt. Sie reagiert nicht nur aus Angst oder Wut, sondern vielleicht auch aus anderen Gründen. Sie fühlen etwas anderes, sind sich aber nicht sicher, was sie in diesem Moment tun, denken und fühlen. Ein guter Zuhörer wird dies herausfinden, um seinen Partner besser zu verstehen und ihn zu unterstützen, ganz gleich, was ihm in seinem Leben Unbehagen oder Schmerz bereitet.

Kapitel 11: Wie Sie Ihre Botschaft formulieren, um Ihren Standpunkt effektiv zu vermitteln

Waren Sie schon einmal verwirrt, wie Sie ein Gespräch mit jemandem beginnen sollen? Wenn ja, haben Sie wahrscheinlich großartige Gespräche verpasst. Stellen Sie sich vor, Sie möchten sich mit jemandem unterhalten, der Ihnen nicht in die Augen schaut oder kein Interesse an einem Gespräch zu haben scheint. Vielleicht fühlen Sie sich nicht willkommen und denken, dass es für die Person schwierig ist, sich Ihre Geschichte anzuhören. Oder Sie unterhalten sich mit einer Person und fragen sich, ob Sie ihr von dem neuesten Film oder dem Buch, das Sie gerade gelesen haben, erzählen sollen.

Denken Sie an eine Situation, in der Ihnen jemand nicht in die Augen geschaut hat oder in der seine Antworten langsam erschienen. Wie hat die Person auf Ihre Kommentare reagiert? War ihre Körpersprache hilfreich? Wenn nicht, wie hat sie reagiert?

Erinnern Sie sich daran, wie die Person reagiert hat, und nutzen Sie dieses Wissen in zukünftigen Gesprächen, um die Beziehung zu dieser Person aufrechtzuerhalten. Wenn das nächste Mal ein guter Freund oder ein Familienmitglied auf Sie zukommt, um mit Ihnen zu sprechen, überlegen Sie, welche Vorgehensweise für diese Person in Ihrer aktuellen Situation am besten war. Haben Sie eine interessante Bemerkung gemacht? Haben Sie ihnen einen Witz erzählt? Wie könnten Sie Ihren Ansatz verbessern, damit der nächste Besuch mehr Spaß macht oder mehr Bedeutung hat?

Welche Fehler machen Menschen häufig bei der Kommunikation

mit anderen Menschen? Was tun manche Menschen in ihren Gesprächen, die dazu beitragen, Zuhörer zu vergraulen oder eine unangenehme Situation zu schaffen?

Wir alle haben irgendwann in unserem Leben mit Kommunikationsproblemen zu kämpfen. Selbst wenn wir hervorragende Kommunikationsfähigkeiten entwickelt haben, werden wir manchmal nicht so verstanden, wie wir es uns wünschen. Kommunikation ist eine Straße, die in beide Richtungen führt. Wir müssen also sicherstellen, dass beide Parteien einander verstehen.

Hier finden Sie einige hilfreiche Tipps, wie Sie Ihre Botschaft formulieren können, um Ihren Standpunkt wirksam zu vermitteln:

1) Bitten Sie um eine Klarstellung, wenn Sie eine zweite Chance haben wollen, Ihren Standpunkt darzulegen: Das erste, was einem in den Sinn kommt, wenn man jemanden um eine Klarstellung bittet, ist ein Schüler, der seinem Lehrer immer wieder die gleiche Frage stellt. Es spielt keine Rolle, wie oft Sie diese Person fragen; sie wird sich nicht daran erinnern, was Sie gesagt haben oder wie sie Ihre Fragen beantworten soll. Selbst wenn Sie über etwas so Einfaches wie "Wann wurde Ike Präsident?" sprechen und mehrmals nachfragen, kann es sein, dass die Person immer noch keine Ahnung hat, was passiert ist.

2) Bleiben Sie bei einem Thema: Lehnen Sie sich in einem Gespräch zurück, entspannen Sie sich und hören Sie sich die Antworten Ihres Gesprächspartners an. Reagiert er mit Begeisterung auf Ihre Bemerkungen? Wenn ja, sind Sie in einer guten Position. Wenn die Körpersprache des Gesprächspartners unfreundlich, abwehrend oder uninteressiert ist, sollten Sie das Thema nicht weiter

verfolgen. Je mehr Sie versuchen, ihre Aufmerksamkeit zu erregen und ihren Standpunkt durchzusetzen, desto weniger empfänglich sind sie für das, was Sie sagen.

3) Lassen Sie sie wissen, was Sie von ihnen wollen: "Ich möchte mit Ihnen über etwas sprechen, das unser Leben entscheidend verändern kann." Damit zeigen Sie Ihrem Zuhörer, dass Sie zumindest ein Thema im Kopf haben und bitten ihn um seine Meinung. Es lässt sie auch wissen, dass es für Sie wichtig ist.

4) Hören Sie der anderen Person zu: Menschen, die Wert auf ein Gespräch legen, finden einen Weg, damit sich alle Gesprächspartner wohl fühlen. Achten Sie auf die Worte Ihres Gesprächspartners, wenn Sie daran interessiert sind, was er sagt. Wenn Sie nur darauf bedacht sind, Ihren Standpunkt durchzusetzen, ist es schwierig zu erkennen, was die andere Person will oder wie ihre Gedanken die Ihren beeinflussen könnten. Das kann eine gute Beziehung ruinieren, denn Freunde und Familienangehörige mögen es nicht, wenn jemand in ihren Raum eindringt, und drängen darauf, dass Sie verschwinden.

5) Wissen, wie man "Nein" sagt (ohne unhöflich zu wirken): Lernen Sie, "Nein" zu sagen, sobald Sie merken, dass das Thema für die Umstände und die Menschen um Sie herum nicht spannend oder relevant ist. Der Zweck des "Nein"-Sagens ist es, dem Gesprächspartner mitzuteilen, dass es nicht der richtige Zeitpunkt für dieses Thema ist, und ihm zu helfen, mit etwas anderem weiterzumachen, das vielleicht besser funktioniert.

6) Bereiten Sie vor, was Sie sagen wollen: Was können Sie sagen, das sinnvoll und ansprechend ist? Vielleicht schaffen Sie es nicht einmal, das zu sagen, was Sie eigentlich sagen wollten. Am besten ist es, wenn Sie ein paar vorbereitete Sätze oder Ideen haben, bevor Sie zu

sprechen beginnen. Wenn Sie nichts vorbereitet haben, können Sie leicht in ein mäanderndes Gespräch verfallen, das länger dauert als es sollte.

7) Sie sollten wissen, wann Sie innehalten und die andere Person ausreden lassen müssen: Vielleicht möchten Sie auf das, was Ihr Gegenüber sagt, reagieren, aber Sie sind verpflichtet, zuerst zuzuhören. Manchmal bedeutet dies, dass Sie ein wenig Zeit brauchen, um Ihre Gedanken und Kommentare zu formulieren. Seien Sie nicht in Eile, wenn es darum geht, Ihre Gedanken zu formulieren. Lassen Sie sich so viel Zeit wie nötig, vor allem, wenn die andere Person schnell spricht oder den Eindruck hat, dass sie ihre Worte überstürzt.

8) Vermeiden Sie Unterbrechungen: Die einfache Regel lautet: Wenn die Äußerungen eines Gesprächspartners Sie verwirren oder unangebracht erscheinen, lassen Sie ihm Gelegenheit, seine Gedanken darzulegen, bevor Sie sich mit Ihren Fragen oder Kommentaren einmischen. Die Menschen wissen es zu schätzen, wenn sich jemand die Zeit nimmt, darüber nachzudenken, was er sagen will, Geduld hat und versucht, ihn nicht zu unterbrechen, wenn er etwas Wichtiges sagt.

9) Achten Sie darauf, wie Sie etwas sagen: Die Botschaft, die Sie aussenden, besteht aus zwei Teilen. Der erste Teil ist das, was Sie sagen, und der zweite ist, wie Sie es sagen. Das kann Ihre Körpersprache und Ihr Tonfall sein. Sie sollten darauf achten, dass das, was Sie sagen, mit Ihrem Tonfall und Ihrer Körpersprache übereinstimmt. Wenn jemand verärgert zu sein scheint, sollten Sie darauf achten, dass Ihre Botschaft mit dem Stil seiner Stimme oder Körpersprache übereinstimmt. Wenn jemand fröhlich wirkt, sollten Sie darauf achten, dass Ihre Botschaft zu seinem Gesichtsausdruck und seiner allgemeinen

Stimmung passt.

10) Halten Sie Augenkontakt: Oft sprechen Menschen nicht mit uns, wenn wir keinen Augenkontakt halten. Sie sagen uns vielleicht sogar, dass wir wegschauen sollen, wenn es ihnen unangenehm ist, jemanden anzuschauen. Wenn Sie versuchen, einer anderen Person etwas mitzuteilen, ist es nicht nötig, ihrem Blick auszuweichen und auf den Boden oder in die Mitte ihres Gesichts zu starren. Konzentrieren Sie sich auf die Augen des Gegenübers und halten Sie einen angemessenen Augenkontakt.

11) Seien Sie aufrichtig: Sie können nicht unehrlich sein und ein gutes Ergebnis von Ihrem Gespräch erwarten. Wenn Sie lügen, wird sich das wahrscheinlich in Ihrem Tonfall oder Ihrer Körpersprache bemerkbar machen, so dass sich die Person unwohl fühlt, als wenn Sie von Anfang an ehrlich wären. Eine ehrliche und offene Kommunikation ist der beste Weg, um eine gute Beziehung zu anderen zu pflegen.

12) Vermeiden Sie es, urteilend zu sein: Niemand möchte nach seinen Meinungen, Gedanken und Gefühlen beurteilt werden. Wenn Sie der Meinung sind, dass jemand falsch liegt oder seine Ansichten zu romantisch sind, sollten Sie sich überlegen, wie Sie darauf reagieren wollen. Die beste Art zu antworten könnte sein, einfach zu sagen: "Ich verstehe, woher du kommst, aber ich möchte dich wissen lassen, dass ich anderer Meinung bin". Sie könnten auch sagen: "Ich bin mit diesem Gedanken nicht einverstanden, und zwar aus diesem Grund. "Versuchen Sie, den Gesprächspartner nicht zu verurteilen oder seine Ansichten in einer Weise zu umschreiben, die er als beleidigend empfindet. Wenn Sie das nicht können, ist es besser, wenn Sie Ihre Gedanken für sich behalten undnicht in eine lange, langwierige Erklärung einsteigen,

warum sie falsch sind.

13) Verwenden Sie den Namen der Person: Dies zeigt, dass Sie sich für die Person interessieren. Sie können auch den Namen der Person in Ihren Kommentaren oder Antworten verwenden, um sie wissen zu lassen, dass Sie ihren Worten Aufmerksamkeit schenken. Sie müssen nicht in jedem zweiten Satz den Namen der Person erwähnen,aber achten Sie darauf, dass Sie einige Hinweise einbauen,die die Identität der anderen Person respektieren.

14) Vermeiden Sie Multitasking, wenn Sie sich in einem Gespräch befinden: Seien Sie präsent und konzentrieren Sie sich auf die andere Person. Vielleicht gibt es Dinge in Ihrem Leben, die Sie für den Moment beiseite schieben müssen, um eine intime und bedeutungsvolle Beziehung zu Ihrem Gesprächspartner zu haben. Wenn Sie so tun, als gäbe es etwas Wichtigeres als ein Gespräch, müssen Sie sich nicht wundern, wenn Ihr Gesprächspartner verärgert oder beleidigt wirkt. Sie lassen diese Dinge nicht auf sich beruhen, weil sie eine gute Beziehung zu jemandem haben wollen, der sich um sie kümmert.

Es kann jedes Mal schwierig sein, seinen Standpunkt effektiv zu vermitteln. Es gibt Fälle, in denen Sie wiederholt das Gleiche sagen müssen, um Ihren Standpunkt klar zu machen. Wenn Sie lernen, wie Sie dies effektiv tun können, könnte das bedeuten, dass die Leute bemerken, wer Sie sind und was Sie zu sagen haben. Sie könnten durch die Art und Weise, wie Sie mit anderen kommunizieren, eine überzeugende Persönlichkeit werden.

Versuchen Sie, Ihre Kommunikation persönlicher und bedeutungsvoller zu gestalten, indem Sie bei jeder Gelegenheit ehrlich sind und Integrität zeigen. Sie wollen, dass jeder weiß, dass Sie sich um ihn als Person kümmern und nicht nur als Objekt, das zu Ihrem Vorteil oder Vergnügen benutzt wird, es sei denn, es ist Teil einer einvernehmlichen Beziehung.

Je älter Sie werden und je mehr Sie mit Menschen zu tun haben, desto mehr werden Sie feststellen, dass eine gute Kommunikation dazu beiträgt, dass Sie ein erfülltes Leben führen und gute Beziehungen zu anderen Menschen haben. Sie müssen kein wortgewandter Redner sein, um das, was gesagt werden muss, effektiv zu sagen.

Es wird einige Zeit dauern, aber wenn Sie hartnäckig und geduldig sind, können Sie lernen, wie man ein effektiver Kommunikator wird. Sie werden überrascht sein, wie viele positive Rückmeldungen Sie erhalten, wenn Sie effektiv kommunizieren. Wenn andere Menschen dies sehen, werden sie sich auch an der Kommunikation beteiligen wollen, weil sie sehen, wie fruchtbar sie für Ihre sozialen Beziehungen ist.
Bei der Kommunikation müssen Sie offen sein für Feedback, Kritik und die Möglichkeit, sich zu irren. Manchmal werden Sie sich irren, aber das bedeutet nicht, dass Ihre alternativen Perspektiven nicht gültig sind. Am besten wäre es, andere Optionen in Betracht zu ziehen, bevor man sich für die vernünftigste oder plausibelste entscheidet.

Wenn Sie offen für ein gutes Gespräch sind und bereit sind, den Standpunkt Ihres Gegenübers zu respektieren, wird er Ihnen wahrscheinlich zuhören und Ihnen glauben. Sie stimmen vielleicht nicht immer mit Ihrem Standpunkt überein, aber sie werden zumindest aufmerksam zuhören, um nichts Wichtiges zu verpassen, was Sie sagen könnten.

Je mehr Sie lernen, ein guter Kommunikator zu sein, desto mehr positive Dinge werden die Leute über Sie sagen. Effektive Kommunikation ermöglicht es Ihnen, sich von der Masse abzuheben und Menschen für sich zu gewinnen, indem Sie zeigen, dass Sie ein effektiver Kommunikator sein wollen. Als effektiver Kommunikator sind Sie jemand, auf den sich andere Menschen verlassen können, weil sie wissen, dass Sie vertrauenswürdig und zuverlässig sind. Sie können anderen helfen, wenn sie es am meisten brauchen, weil sie sicher sein können, dass Sie aufmerksam zuhören und das Nötige liefern.

Sie wissen, dass es sich lohnt, Ihren Rat zu beherzigen, auch wenn er nicht immer befolgt wird. Die andere Person wird wahrscheinlich das Gefühl haben, dass das, was Sie sagen, wichtig genug ist, um es zu verstehen und sich anzuhören.

Wenn Sie ein effektiverer Kommunikator werden, können neue Beziehungen in Ihrem Leben aufblühen und wachsen. Ihre Freunde, Familie und Bekannten werden Ihr Wachstum in diesem Bereich bemerken und Sie als jemanden sehen, in dessen Nähe sie sich wohlfühlen können. Sie werden eine Art zu kommunizieren haben, die andere dazu ermutigt, offen mit Ihnen umzugehen, was bedeutet, dass Sie mit größerer Wahrscheinlichkeit täglich motiviert und inspiriert werden.

Wenn Sie herausfinden, wie wichtig eine effektive Kommunikation in einer Beziehung ist, werden Sie die Dinge vielleicht anders angehen wollen. Sie werden Ihren Standpunkt effektiv vermitteln, so dass die andere Person weiß, dass Sie aufrichtig sind und ihr bestes Interesse im Sinn haben. Sie werden daran interessiert sein, zu erfahren, wie es der anderen Person im Alltag geht, und Sie werden ihr zeigen, dass sie Ihnen mehr bedeutet als nur ein Freund oder Bekannter. Wenn Sie lernen, ein effektiver Kommunikator zu sein, werden sich Ihnen ganz neue Horizonte eröffnen. Sie werden sich darauf konzentrieren können, bedeutungsvolle und innige Beziehungen zu den Menschen um Sie herum zu haben. Sie werden auch wissen, dass immer, wenn Sie über etwas Wichtiges sprechen wollen, jemand bereit sein wird, aufmerksam zuzuhören und das Gesagte zu unterstützen. Mit einer effektiven Kommunikation können Sie eine Atmosphäre schaffen, in der andere Ihnen zuhören und Sie bei Ihren Entscheidungen berücksichtigen können. Sie werden feststellen, dass andere zu Ihnen kommen, wenn sie eine durchdachte Sichtweise zu einer Situation wünschen, also stellen Sie sicher, dass Sie immer bereit sind, Ihren Senf dazuzugeben. Wenn alles andere fehlschlägt, sagen Sie das Gleiche immer wieder anders, bis sie verstehen, was Sie sagen wollen.

Kapitel 12: Die Kunst, Ihre Gedanken und Gefühle über verschiedene Medien zu vermitteln

Haben Sie sich schon einmal in einer Situation befunden, in der Sie etwas tun sollten, aber nicht wissen, wie, und es äußerst schwierig finden, diese Tatsache zu vermitteln? Die Person, mit der Sie sprechen, macht es sich auch nicht gerade leicht. Vielleicht fühlt sie sich auch nicht gehört oder ist in einer Situation, in der sie ihre Gefühle nicht verletzen will.

Es überrascht nicht, dass kommunikative Fähigkeiten so wichtig sind - in unserem Beruf kommt es darauf an, dass wir unsere Ideen klar und prägnant formulieren können. Dennoch ist es erstaunlich, wie viele von uns nicht wissen, wie sie dies am besten tun können. Es ist wichtig, den Tonfall und die Körpersprache eines anderen Menschen zu verstehen, um seine Botschaft zu vermitteln. Wenn wir ein Gespräch führen, können unser Tonfall, unsere Wortwahl und unsere Körpersprache der anderen Person verraten, ob wir ihr gegenüber freundlich oder feindselig sind.

Die Kommunikation Ihrer Gedanken und Gefühle über verschiedene Medien, insbesondere während eines Gesprächs, ist äußerst wichtig, aber es gibt zwei Teile, die Sie richtig machen müssen:

Zunächst müssen Sie Ihren Gesprächspartner lesen und sicherstellen, dass er sich in einer ausgezeichneten mentalen und emotionalen Verfassung befindet, um zu sprechen. Dazu beobachten wir die Körpersprache und den Tonfall der Person.

Das vermittelt den Eindruck, dass Sie sich um das Wohlbefinden

Ihres Gesprächspartners kümmern.

Ihr Tonfall ist entscheidend für die Kohärenz Ihrer Kommunikation mit dem, was Sie sagen. Wenn Sie mit monotoner Stimme sprechen oder desinteressiert klingen, wird sich Ihr Gegenüber langweilen oder Sie nicht ernst nehmen.

Zweitens: Wenn Sie beginnen, über dieses Thema zu sprechen, überlegen Sie, was Ihr Gegenüber hören möchte und wie Sie es ihm durch ein Beispiel zeigen können. Am besten gelingt dies durch Geschichten. Wenn wir Geschichten erzählen, verwenden wir Worte, die unsere Emotionen anregen und ein Bild in den Köpfen der anderen entstehen lassen. Die meisten von uns mögen es nicht, wenn man uns sagt, dass wir langweilig sind oder dass unsere Geschichten langweilig sind, also ist es wichtig, ein Bild zu malen und Beispiele zu geben, die Ihre Geschichte interessant machen.

Viele Menschen haben Angst, in Gruppen zu sprechen, weil sie denken, sie seien nicht gut genug oder würden das Falsche sagen. Wenn Sie Ihre Kommunikationsfähigkeiten einmal verstanden haben, müssen Sie sich darüber keine Sorgen mehr machen! Wenn es Ihnen unangenehm ist, vor einer Gruppe zu sprechen, versuchen Sie, vor einem Spiegel oder mit Freunden und Familie zu üben. Wenn Sie sich daran gewöhnt haben und sich sicherer fühlen, können Sie mit anderen üben. Denken Sie daran: Wenn Sie wollen, dass man sich Ihre Meinung/Ihren Vorschlag anhört, sollten Sie sich kurz und bündig fassen. Reden Sie nicht um den heißen Brei herum, sondern kommen Sie direkt auf den Punkt.

Wenn Sie sich mitten in einem Gespräch befinden und das Gefühl haben, dass Ihnen nicht zugehört wird, hören Sie auf zu sprechen, schauen Sie von Ihrem Gesprächspartner weg und überlegen Sie, wie Sie direkter sein können. So wird Ihre Botschaft für die andere Person verständlicher.

Das funktioniert nur, wenn es respektvoll geschieht. Wenn Sie mit den Augen gerollt oder sich über das Gesagte lustig gemacht haben, wird Ihr Gegenüber dies als Zeichen dafür werten, dass es Ihnen egal ist oder dass er eine Pause einlegen sollte, damit seine Gefühle nicht verletzt werden. Denken Sie daran, dass Sie das Gespräch beginnen und es nicht Ihre Aufgabe ist, andere ständig zu korrigieren. Wenn Sie versuchen, jemanden von etwas zu überzeugen, sind Sie dafür verantwortlich, dass derjenige sich dem anschließt, was Sie sagen.

Eine weitere Möglichkeit, Ihre Kommunikationsfähigkeiten zu verbessern, besteht darin, zu sehen, ob Ihr Gesprächspartner sich langweilt. Wenn das der Fall ist, wiederholen Sie das Gesagte mit anderen Worten oder sagen Sie ihm, was Sie davon halten. Die Leute werden sehen, dass Sie sich für sie interessieren, und sie werden eher bereit sein, in Zukunft zu reden.

Themen mit Akronymen sind für Personen, die sich nicht mit dem Thema auskennen, sehr komplex. Es ist ratsam, auf Ihre Erfahrungen zurückzugreifen, um das zu tun, was Sie tun. Wenn Sie versuchen, etwas zu vermitteln, aber viele Adjektive verwenden, geht die Botschaft verloren, da die Wörter keinen Bezug zueinander haben.

Sie müssen ehrlich und aufrichtig sein, wenn Sie mit anderen kommunizieren - Menschen haben einen sechsten Sinn dafür, wenn jemand etwas vortäuscht, was oft dazu führt, dass sie sich unwohl fühlen, wenn sie wieder mit dieser Person sprechen. Dies kann zu Problemen in Ihrer Beziehung führen, wenn sie es falsch interpretieren (sie werden denken, dass Sie sie nicht mögen oder dass sie nicht so viel gesprochen haben).

Eine andere Art, Kommunikationsfähigkeiten zu betrachten, ist, dass jeder Fehler macht und dass wir immer lernen. Es ist wichtig, dass Sie aus Ihren Fehlern lernen und neue Wege der Kommunikation mit anderen finden, die für Sie funktionieren.

Wenn Sie Schwierigkeiten haben, mit jemandem zu kommunizieren, versuchen Sie, ihn nicht vorschnell zu verurteilen. Denken Sie nicht schlecht über sie oder versetzen Sie sich in die Lage der anderen Person, wenn sie unangemessene Worte benutzt oder sich Ihnen gegenüber aggressiv verhält. Viele Menschen, die eine schwierige Kindheit hatten, leiden unter Depressionen und geringem Selbstwertgefühl - dies sind nur einige der vielen psychischen Probleme, die es einer Person schwer machen können, effektiv zu kommunizieren.

Vielleicht steht die andere Person unter großem Stress und hat das Gefühl, dass Sie sie nicht verstehen - das könnte an ihrer Art der Kommunikation mit anderen liegen. Wenn Sie nicht wissen, wie Sie mit jemandem in Ihrem Leben kommunizieren können, dann nehmen Sie sich die Zeit, um sich über das zu informieren, was die Person erlebt. So können Sie lernen, wie Sie effektiv mit dieser Person kommunizieren können, so dass sie sich besser fühlt, wenn sie ihre Gedanken und Gefühle mitteilen kann.

Um effektiv zu kommunizieren, sollten wir zuerst zuhören. Indem wir zuhören, können wir der anderen Person unsere volle Aufmerksamkeit schenken und dürfen nicht zulassen, dass unsere Gedanken unser Urteilsvermögen trüben oder das, was sie sagt, unterbrechen. Die Person muss wissen, dass Sie sich für das, was sie zu sagen hat, interessieren, wenn sie mit Ihnen spricht. Wiederholen Sie dazu das Gesagte und fassen Sie es zusammen, um zu sehen, ob es einen Sinn ergibt.

Es ist auch wichtig, im Gespräch Komplimente zu machen oder

auszudrücken, wie wir uns fühlen, damit die andere Person weiß, dass wir an ihr interessiert sind. Wenn sie nicht zugehört werden und das Gefühl haben, dass niemand sonst für sie da ist, werden sie ihre Gefühle nicht mehr mit anderen besprechen.

Sie können Ihrem Gesprächspartner auch ins Gesicht schauen - das zeigt, dass Sie an ihm interessiert sind, und demonstriert Ihre Körpersprache. Üben Sie diese Techniken und Sie werden feststellen, dass Ihre Gespräche viel effektiver werden und Sie in der Lage sein werden, mit anderen auf eine Weise zu kommunizieren, die sie verstehen werden.

Kommunikationsprobleme sind eine häufige Ursache für Streit und Konflikte, aber sie bieten uns auch die Möglichkeit zu lernen, wie wir besser kommunizieren können. Wenn Menschen unsere Ideen, neue Standpunkte oder das, was wir zu sagen haben, nicht mögen, ist es wichtig, nicht verärgert, wütend oder gereizt zu sein. Denken Sie daran, dass die meisten Menschen nicht verärgert sind, wenn Sie Ihren Standpunkt klar darlegen und ihnen zeigen, warum er für sie der beste Weg ist.

Wir können jemandem zeigen, dass wir an dem, was er sagt, interessiert sind, indem wir das Gehörte wiederholen, paraphrasieren und seinen Standpunkt zusammenfassen. Wenn wir auf das Gesicht und die Körpersprache desGesprächspartners achten, bekommen wir einen besseren Eindruck davon, wie er sich fühlt. Wenn sie die Stirn runzeln oderGesten machen, sollten wir mit ihnen in Kontakt treten, um herauszufinden, ob etwas nicht stimmt, oder sie fragen, warum sie unglücklich sind, anstatt es zu ignorieren.

Wenn jemand etwas sagt, das für uns schwer zu hören oder zu verstehen ist, sollten wir versuchen, nicht so zu reagieren, als ob es uns überraschen würde, denn sonst könnte derjenige unsere Reaktion falsch interpretieren.

Wir sollten auch höflich sein, wenn wir den Standpunkt einer Person in Frage stellen, selbst wenn wir anderer Meinung sind. So können wir erkennen, dass die Person ihren Standpunkt ernst meint und wir sie ernst nehmen können.

Wenn jemand auf ein Argument drängt, sollten wir nicht mit ihm streiten, sondern unsere Worte nutzen, um die Fakten darzulegen und ihm unsere Gründe für seine Ablehnung mitzuteilen. Wenn Menschen ihren Standpunkt vorschnell kundtun, haben sie vielleicht nicht genug darüber nachgedacht. Bevor wir sie vom Gegenteil überzeugen können, müssen wir erst einmal verstehen, warum sie das Thema so wichtig finden.

Wenn jemand uns gegenüber zu aggressiv ist, wenn wir mit seinen Ideen nicht einverstanden sind, sollten wir versuchen, vernünftig mit ihm umzugehen. Wenn Sie ihm zeigen, dass Sie nicht bereit sind, mit ihm zu streiten, können Sie Ihre Botschaft vermitteln, ohne in einen physischen Konflikt zu geraten. Es ist verständlich, dass sie sich verärgert oder feindselig fühlen, wenn sie das Gefühl haben, beleidigt worden zu sein, aber das bedeutet nicht, dass Sie ihnen widersprechen oder ihre Gefühle missachten müssen.

Bei der Kommunikation geht es nicht nur darum, unsere Ideen wirksam auszudrücken und den anderen zu überzeugen, sondern auch darum, als Team zusammenzuarbeiten. Wir sind vielleicht nicht bei jedem Thema einer Meinung, aber wir können uns einig sein in der Überzeugung, dass das, was wir zu sagen haben, das Beste für das Allgemeinwohl ist.

Das Wesentliche an der Kommunikation ist, dass sie transparent, ehrlich und aufrichtig ist. Wenn es Ihnen anfangs an Selbstvertrauen zu fehlen scheint, geraten Sie nicht in Panik. Es ist besser, mit einer effektiven Kommunikation zu beginnen, wenn dies nicht Ihre Stärke ist, als sich zurückzuhalten und jemanden im Unklaren darüber zu lassen, warum Sie nicht reagieren.

Bevor Sie mit jemandem kommunizieren, bereiten Sie sich darauf vor, zu zeigen, wie sehr Sie sich für ihn und seine Ideen interessieren. Um effektiver kommunizieren zu können, müssen Sie darüber nachdenken, was Ihr Gegenüber sagt, während Sie ihm zuhören. Achten Sie auf die Intonation, den Tonfall und den Gesichtsausdruck - so können Sie besser verstehen, was die andere Person sagt.

Wenn man gut zuhört, fällt es der anderen Person leichter, mit uns zu sprechen und uns zu zeigen, was sie fühlt. Wir sollten uns in die Lage der anderen Person versetzen, mit der wir kommunizieren, um zu sehen, wie sie sich fühlt.

Wenn wir aufmerksam zuhören, fällt es uns nicht so schwer, unsere Ideen auszudrücken oder etwas Wertvolles hinzuzufügen, was niemand sonst sagen kann - denn wenn wir gut zuhören, hören wir, was der andere durchmacht.

Welche guten Gründe haben Sie, NICHT mit jemandem zu kommunizieren?
Manchmal sträuben wir uns, mit anderen zu sprechen, aber das ist nicht unbedingt schlecht. Wir sollten nur mit den Menschen sprechen, die hören wollen, was wir zu sagen haben, und wenn wir das nicht für nötig halten, dann ist es egal, ob jemand anderes es tut.

Wir haben zum Beispiel das Gefühl, dass die Menschen um uns herum nicht gut genug zuhören. Wenn sie sprechen, scheinen sie sich nicht für das zu interessieren, was wir zu sagen haben, oder sie unterbrechen uns während unseres Gesprächs. Wenn das der Fall ist, sollten wir uns von ihnen fernhalten, weil sie uns von dem ablenken, worauf wir uns konzentrieren wollen.

Es gibt noch andere Gründe, warum wir nicht mit jemandem kommunizieren sollten, z. B. wenn wir keine gemeinsamen Interessen mit ihm haben oder wenn er nicht zu unserem Lebensentwurf passt. Wenn wir uns nervös fühlen, wenn wir mit jemandem sprechen, weil er zu aggressiv ist, lohnt es sich vielleicht nicht, mit ihm zu sprechen, wenn er mit uns sprechen will.

Was auch immer der Grund dafür ist, mit jemandem nicht zu kommunizieren, meistens ist es besser, sich nicht mit ihm auseinanderzusetzen.
Wenn Sie sich ansehen, wie andere Menschen kommunizieren, können Sie lernen, wie Sie es selbst besser machen können. Wenn Sie jemanden positiv beeinflussen wollen, ist es wichtig zu verstehen, wie Sie das besser machen können.

Wenn Sie das Verhalten einer Person beobachten, sehen Sie, was sie zu interessieren scheint und wofür sie sich begeistert. Sie können auch erkennen, wenn sie eine schwierige Zeit in ihrem Leben hat, aber Sie können zeigen, dass Sie sich um sie sorgen, indem Sie sie fragen, wie es ihr geht, oder ihr in irgendeiner Weise helfen.

Wir können von anderen Menschen lernen, solange wir darauf achten, sie nicht zu kopieren oder zu imitieren - denn das könnte uns in Schwierigkeiten bringen. Wir sollten auf die Worte und die Körpersprache der anderen achten, damit wir unsere eigene nutzen können, um effektiv mit anderen zu kommunizieren.

Es gibt verschiedene Hilfsmittel, die uns helfen, gut mit anderen zu kommunizieren. Eine weitere Möglichkeit, Einblicke in eine gute Kommunikation zu gewinnen, ist das Lesen von Geschichten, Studien und Büchern über berühmte Schriftsteller und Redner. Indem wir ihr Verhalten analysieren und die Dinge so ausdrücken, wie sie es getan haben, können wir unseren Wortschatz erweitern und ausdrucksstärker werden.

Wenn wir bereit sind, mit jemandem zu sprechen, muss unsere Körpersprache offen sein, damit die Person nicht von dem abgelenkt wird, was wir zu sagen versuchen. Wenn wir uns nervös fühlen, sollten wir uns aufrecht hinstellen und lächeln, damit sich die Leute nicht unwohl fühlen.

Wir mögen uns nicht sicher fühlen, wie wir über unsere Ideen und Einflüsse sprechen, aber das heißt nicht, dass wir es nicht zum Besseren ändern können. Es ist leicht, sich von anderen Menschen oder unseren Gedanken ablenken zu lassen, aber wenn jemand versucht, uns etwas klar zu erklären, sollten wir offen sein und zuhören.

Wenn es Ihnen unangenehm ist, wie Sie sprechen, dann sollten Sie mit anderen Menschen sprechen und versuchen, sie in ein Gespräch zu verwickeln. Indem wir mit anderen sprechen, können wir lernen, wie sie ihre Ideen ausdrücken und wie sie reagieren, wenn wir zurücksprechen - wir müssen also Zeit damit verbringen, mit anderen zu sprechen, damit sie uns Feedback darüber geben können, wie effektiv unsere Kommunikation ist.

Wenn wir mit jemandem im Gespräch sind, müssen wir versuchen, ihm genauso viel zuzuhören wie er selbst. Das kann eine Herausforderung sein, weil wir das Gefühl haben, dass sie sich nicht für uns interessieren oder über uns hinweg reden - vor allem, wenn das der Fall ist. Indem wir andere beobachten, können wir unsere Beziehungen zu anderen verbessern.

Wenn unsere Kommunikationsfähigkeiten unklar sind, sollten wir uns nicht bemühen, über ein Thema zu sprechen, denn das könnte die Leute verwirren. Wir sollten diese Menschen ermutigen, damit sie uns helfen, unsere Ideen und Einflüsse besser zu vermitteln.

Wir können nichts ändern, wovon wir nicht überzeugt sind, aber wir können offen für das Feedback anderer sein, um Ermutigung zu bekommen. Das geht am besten, indem wir andere fragen, was sie von unseren Ideen halten. Manchmal sollten wir aber auch zuhören und sie fragen, ob sie Ratschläge oder Tipps haben, wie wir uns ausdrücken sollten.

Wenn die Menschen um uns herum nicht reden wollen, dann ist es wahrscheinlich besser, wenn wir uns nicht darum kümmern. Es spielt keine Rolle, was diese Menschen sagen - wichtig ist nur, dass sie uns in keiner Weise helfen und uns von dem ablenken, worauf wir uns konzentrieren müssen.

Hier sind einige Dinge, die wir tun können, um unsere Gedanken und Gefühle während eines Gesprächs besser zu verstehen und darzustellen:

1. Formulieren Sie Ihre Gedanken. Erstellen Sie eine Liste der Bereiche, die Sie ansprechen müssen, und wie genau Sie dies tun werden. Ihr Freund oder Kollege denkt vielleicht genauso, aber er weiß nicht immer, wie er Ihnen das vermitteln soll, deshalb ist es Ihre Aufgabe, ihm einige Fragen zu stellen.
2. Seien Sie sich der Situation bewusst. Befinden Sie sich in einer Situation, in der sich Ihr Freund oder Kollege bei

dem, was Sie sagen wollen, unwohl fühlen könnte? Sind andere Personen in der Nähe? Lassen Sie sie wissen, dass sie sich auf keinen Fall verurteilt fühlen sollten und dass es manchmal einfacher ist, wenn wir reden können, ohne dass andere um uns herum unsere Probleme kennen.

3. Seien Sie nicht frustriert. Wenn Sie feststellen, dass Ihr Freund oder Mitarbeiter nicht so mitteilsam ist, wie Sie es gerne hätten, versuchen Sie, nicht frustriert zu sein. Das ist einfach keine gute Art, ein Gespräch zu beginnen.

4. Haben Sie keine Angst vor Konfrontation. Wenn jemand zu Ihnen oder anderen herablassend spricht, setzen Sie sich für sich und andere ein! Erheben Sie Ihre Stimme, wenn nötig; das ist besser, als so zu tun, als sei alles in Ordnung, wenn es das nicht ist!

5. Übernehmen Sie ein wenig Verantwortung für die Gefühle der anderen Partei. Wenn sich ein Freund oder ein Familienmitglied bei Ihnen über Sie beschwert, ist es nicht seine Schuld, dass er oder sie Probleme mit der Kommunikation hat. Versuchen Sie ihnen klar zu machen, dass Kommunikation eine wichtige Fähigkeit ist, und versuchen Sie, nicht zu frustriert zu sein, weil sie etwas Zeit brauchen, um zu überlegen, wie sie die Dinge angehen wollen.

6. Sei die größere Person. Wenn sich jemand aufregt und Sie in einem Streit plötzlich beschimpft, nehmen Sie die Sache nicht zu persönlich - es ist hart, wenn man solche verletzenden Bemerkungen von einem Familienmitglied oder einem Freund hört, dem man nahe steht. Versuchen Sie, etwas Positives oder Höfliches zu sagen, nachdem Ihr Streit beendet ist.

7. Hören Sie aufmerksam zu. Wenn Sie sich mit jemandem unterhalten und ihm eine Frage stellen, um die er Sie gebeten hat, die Sie aber nicht ganz verstehen, dann

wiederholen Sie sie, damit er weiß, was Sie zu verstehen versuchen.

8. Stellen Sie beim Sprechen Augenkontakt her. Dadurch fühlen wir uns selbstbewusst und haben die Kontrolleüber das Gespräch. Normalerweise denken wir, dass wir mit unseren Gedanken herausplatzen, bevor wir Zeit haben, sie richtig zu verarbeiten.

9. Seien Sie konkret. Machen Sie keine Verallgemeinerungen - wenn Ihren Freund oder Ihr Familienmitglied etwas stört, dann sagen Sie ihm genau, was Sie stört, damit es sich an die richtige Stelle wenden kann, um den Grund für seine Unstimmigkeiten oder seine Verärgerung über sich selbst zu finden.

10. Hören Sie aufmerksam zu. Wenn sich jemand mit Ihnen unterhält und Sie nicht wissen, wie Sie antworten sollen, hören Sie ein paar Sekunden lang aufmerksam zu, bevor Sie antworten. Wir halten es für das Beste, eine Person nicht zu unterbrechen, wenn sie mit uns spricht, vor allem, wenn das, was sie sagt, nicht sehr hilfreich ist.

Die Übermittlung von Gedanken und Gefühlen über verschiedene Medien ist in unserem Alltag unerlässlich, da wir in allem, was wir tun, erfolgreich sein wollen. Es ermöglicht uns, den richtigen Eindruck zu erwecken und unsere Gefühle, Meinungen und Ideen effektiv auszudrücken, mit anderen in Kontakt zu bleiben und sie über das, was in unserem Leben passiert, auf dem Laufenden zu halten. Die Kunst des öffentlichen Redens hilft uns, unsere Meinung vor anderen Menschen zu äußern, ohne dass uns die Zunge verschlägt. Wir sind täglich auf unsere Kommunikationsfähigkeiten angewiesen, und es können viele Probleme auftreten, wenn wir sie nicht richtig einsetzen. Dies kann sich auf unser Privat- und Berufsleben auswirken, und wir sind oft nicht in der Lage, in bestimmten Situationen effektiv zu kommunizieren.

Kommunikation ist eine wichtige Fähigkeit, die wir alle lernen müssen, egal ob wir aufgeregt oder lethargisch sind, denn sie hilft uns, uns in jeder Situation wohl zu fühlen. Es gibt viele Arten von Kommunikationstraining: Sie können lernen, wie man einen schriftlichen Bericht in einen formellen Brief umwandelt; Sie können auch an einem Körpersprachetraining teilnehmen, bei dem Sie einschätzen können, wie andere Menschen reagieren, wenn Sie bestimmte Bewegungen machen. Die effektivste Art, Ihre Kommunikationsfähigkeiten zu verbessern, ist jedoch das geschriebene Wort. Hier sind einige Dinge, die jeder tun kann, um seine Kommunikationsfähigkeiten zu verbessern.

Formulieren Sie Ihre Gedanken. Ganz gleich, um welches Thema es geht, Sie werden feststellen, dass Sie nicht immer verstehen, was Sie hören. Das liegt daran, dass jedes Gespräch zwei Seiten hat; wir müssen wissen, was sie meinen, wenn wir jemandem zuhören, der mit uns spricht. Machen Sie sich eine Liste mit Punkten oder Problemen, die Sie mit sich selbst oder Ihrem Leben haben, und schreiben Sie diese auf, damit Sie sie später wieder lesen können, wenn Sie sich unwohl fühlen und Hilfe brauchen. Das kann anfangs nicht einfach sein, aber es ist der beste Weg, um eine optimistische Lebenseinstellung zu entwickeln.

Vergewissern Sie sich in einem Gespräch, dass Sie verstehen, was Ihr Gesprächspartner sagt, bevor Sie den Mund aufmachen und antworten. Auf diese Weise kommen Sie nicht als unwissend oder unintelligent rüber und können sich im Gespräch mit Ihren Mitmenschen wohl fühlen.

Wenn es darum geht, was Sie sagen sollen, versuchen Sie, taktvoll zu sein, wenn Sie Ihre Gefühle mitteilen. Wenn Sie jemand verärgert hat, sollten Sie keine Sekunde zögern, bevor Sie es ihm sagen, denn das gibt ihm Zeit, ein Gegenargument vorzubereiten. Es ist immer am besten, zu versuchen, etwas zu sagen, damit sich die andere Partei besser fühlt, und dann weiterzumachen.

Wenn wir neue Fähigkeiten erlernen, hilft uns das, noch selbstbewusster zu werden als zuvor. Eine Sache, die jeder tun kann, um seine Kommunikationsfähigkeiten zu verbessern, ist, sie mit anderen zu teilen. Wenn Sie sich das nächste Mal mit jemandem unterhalten, bitten Sie ihn, aufzuschreiben, was der andere Ihrer Meinung nach ausdrücken will. Stellen Sie ihnen dann eine Frage, um zu klären, was sie meinen. So können Sie Ihre Fähigkeiten vor anderen üben und fühlen sich produktiver, wenn Sie mit anderen kommunizieren.

Kapitel 13: Wie Sie nützliches Feedback geben, ohne andere zu beleidigen

Wenn Sie jemandem ein Feedback geben, möchten Sie konstruktiv sein; dennoch kann Ihr Feedback oft als negativ und sogar verletzend empfunden werden. Es ist leicht, davon auszugehen, dass Menschen negativ reagieren werden, aber es hilft, sich daran zu erinnern, dass wir alle unterschiedliche Wahrnehmungen und Reaktionen haben.

Im Folgenden finden Sie einige Tipps, wie Sie von Ihrem Gesprächspartner ein möglichst sensibles Feedback erhalten können:

1. Konkret sein

Verwenden Sie so oft wie möglich konkrete Beispiele; so können sie besser verstehen, was sie tun, um bestimmte Probleme zu verursachen oder bestimmte Ergebnisse zu erzielen. Je detaillierter und spezifischer Sie sein können, desto geringer ist die Wahrscheinlichkeit, dass Ihr Feedback missverstanden wird. Anstatt zu sagen: "Sie arbeiten schlampig", sagen Sie zum Beispiel: "Sie lassen sich ablenken, indem Sie bei der Arbeit Radio hören". Wenn Sie nicht genügend Details darüber wissen, was oder wie die Person etwas tut, sollten Sie sich nicht die Mühe machen, ihr Feedback zu geben. Das ist es nicht wert.

2. I-Botschaften verwenden

Vermeiden Sie Ich-Botschaften, wenn Sie Feedback geben. Versuchen Sie statt "Sie arbeiten schlampig" lieber "Ich bin frustriert, wenn ich sehe, wie sich Ihre Arbeit auf dem

Schreibtisch stapelt". Überlegen Sie auch, wie die andere Person reagiert hätte, wenn sie dasselbe Feedback erhalten hätte.

Wenn sie sich entschuldigt oder in die Defensive geht, sagen Sie es nicht. Sie sollten die Dinge so sagen, dass sie diese Reaktion nicht hervorrufen.

3. Geben Sie ein spezifisches und nicht wertendes Feedback

Konzentrieren Sie sich darauf, wie etwas gemacht wurde, anstatt darauf, warum es gemacht wurde (es sei denn, Sie wissen, dass der Grund mit einem persönlichen Wert zusammenhängt). Sagen Sie zum Beispiel nicht: "Ihre Arbeit ist schlampig", sondern: "Ich hatte Schwierigkeiten, Ihren Bericht zu verstehen. Ich denke, er könnte klarer geschrieben sein." Die zweite Aussage konzentriert sich darauf, wie die Arbeit gemacht wurde, und nicht darauf, warum sie gemacht wurde. Je weniger urteilend Sie sind, desto eher wird man Ihnen zuhören.

4. Bitte um Klärung

Wenn etwas nicht klar ist, fragen Sie nach weiteren Details und Beispielen, bevor Sie Feedback geben. Damit zeigen Sie, dass Sie daran interessiert sind, sie zu verstehen (anstatt sie einfach nur abzufertigen).

5. Geben Sie Ihre Beobachtungen und Gefühle zu dem fraglichen Vorfall an

Seien Sie ehrlich und besprechen Sie Ihre Gedanken über den Vorfall, wenn Sie Feedback geben. Geben Sie an, was gut funktioniert hat und was verbessert werden könnte. Es ist hilfreich, den Vorfall mit ähnlichen Situationen aus der Vergangenheit zu vergleichen, aber das ist nicht immer möglich.

Wenn es Ihnen schwer fällt, offen über diese Dinge zu sprechen, ohne zu urteilen, fühlen Sie sich nicht schlecht, wenn Sie es auf eine Art und Weise formulieren, die Sinn macht.

6. Versuchen Sie, nicht im Zorn zu reagieren

Wenn jemand etwas tut, das uns stört oder frustriert, ist die Versuchung groß, ihm zu Unrecht böse Absichten zu unterstellen. Versuchen Sie, ruhig zu bleiben und die Situation zu überblicken, indem Sie sich fragen: "Was denkt oder fühlt diese Person wirklich, anstatt das Schlimmste anzunehmen?"
Wenn Sie sich über das Verhalten oder die Einstellung einer Person ärgern, kann es leicht passieren, dass Sie darüber nachdenken, wie es auf Sie zurückfällt. Wenn Sie vor Ihrem Chef stehen und sich darüber beschweren, dass die Küche geputzt werden muss, könnten manche Leute denken, dass er über Ihre Arbeitsgewohnheiten spricht. Sie könnten denken, dass er Sie angreift, wenn Sie anfangen, wütend zu werden.

Wenn sich andere kritisch über Ihr Verhalten äußern, können sie oft auch Ihr Herz und Ihren Verstand fordern. Sie haben vielleicht Schwierigkeiten zu akzeptieren, dass die Person, mit der sie sprechen, auch ihre Arbeit schlecht machen oder Kritik falsch auffassen könnte.

7. Nicht defensiv sein

Wenn Sie defensiv sind, fühlen sich andere unwohl und unbehaglich. Wenn Sie defensiv sind, konzentrieren Sie sich auf das Problem, anstatt Lösungen zu finden.

8. Gönnen Sie sich eine Pause

Wenn jemand unhöflich oder grausam zu Ihnen ist, nehmen Sie eine Auszeit davon. Lassen Sie die Situation hinter sich, und denken Sie nicht darüber nach, wie sehr die Person Sie verletzt hat. Wenn Sie sich nur darauf konzentrieren, was passiert ist, um Sie zu verärgern, werden Ihre Gedanken wahrscheinlich immer weiter in diese Richtung kreisen. Erwarten Sie nicht, dass die Dinge besser werden, wenn sie immer wieder passieren; lassen Sie stattdessen die Gedanken daran los und gehen Sie in Ihrem Leben weiter, um Ihr Ziel oder Ihren Zweck zu erreichen.

9. Keine Ausreden erfinden

Wenn Sie ein Verhalten überkritisch beurteilen oder jemanden negativ wahrnehmen, kann er sehen, dass Sie sich nicht um seine Gefühle oder sein Wohlbefinden kümmern. Das macht es schwierig, weiterzumachen und für die Sichtweise der Person offen zu sein.

10. Glauben Sie nicht Ihren eigenen "Fakten" und Annahmen über jemanden

Wenn Sie glauben, mehr über das Leben einer Person zu wissen als diese, kann es verlockend sein, voreilige Schlüsse zu ziehen und sich zu irren, wenn es um die Dinge geht, die Sie für diese Person halten. Das führt zu einer unnötigen Kluft zwischen dem, was passiert, und den Annahmen, die Sie aufgrund Ihrer Abwehrhaltung über die Person treffen.

11. Vermeiden Sie Streit

Wenn Sie in der Defensive sind und jemand versucht, Ihnen ein Feedback zu geben, kann es schnell zu einem Streit eskalieren. Wenn Sie sich über etwas streiten, konzentrieren Sie sich darauf, anderen zu beweisen, dass sie im Unrecht sind. Sie suchen nach Fehlern, anstatt Lösungen zu finden.

12. Denken Sie daran, dass ein Kompliment keine Beleidigung ist

Wenn Menschen sich nicht gewürdigt oder für selbstverständlich gehalten fühlen, sehen sie das positive Verhalten möglicherweise nicht als Kompliment, Herablassung oder Kritik. Wenn Sie jemanden kritisieren, sagen Sie ihm, dass das, was er tut, falsch, schädlich oder unzureichend ist, obwohl es das nicht ist. Wenn Sie verstehen, wie jemand anderes Ihre Worte sieht, kann ein Kompliment in einem viel positiveren Licht wahrgenommen werden.

Wie man es vermeidet, Dinge zu sagen, durch die sich andere verurteilt oder beleidigt fühlen

Wenn sich jemand auf eine Weise verhält, die uns stört oder verärgert, versuchen wir vielleicht, ihn zu motivieren, indem wir ihn herabwürdigen und ihm Schuldgefühle einreden. Wir könnten ihm sagen, wie schrecklich er ist, ihn herabsetzen oder ihm Schuldgefühle für etwas geben, das er nicht getan hat.
Diese Art von Kommentaren ist zwar manchmal hilfreich und motivierend, kann aber auch dazu führen, dass sich andere Menschen verurteilt fühlen. Wenn Sie jemanden auf diese Weise herabsetzen, projizieren Sie normalerweise Ihre Gefühle und Gedanken auf die Person. Das ist etwas anderes, als wenn man sagt: "Ich bin so frustriert über das, was du getan hast", anstatt der Person genau zu sagen, was einem an dem Vorfall auf dem Herzen liegt.

Wenn Sie über das Verhalten einer Person urteilen, anstatt eine respektvolle Sprache zu verwenden oder sich mit Geduld und Freundlichkeit auszudrücken, versuchen Sie, diese Person als unzulänglich oder unwürdig für Liebe oder Respekt darzustellen. Es ist nichts Falsches daran, sich wütend oder verärgert zu äußern. Manchmal ist Aggressivität eine natürliche und notwendige Reaktion darauf, von jemandem verletzt worden zu sein. Aber es gibt produktivere Wege, mit Widrigkeiten und Situationen umzugehen, die Sie als inakzeptabel empfinden.

Wenn es Ihnen schwerfällt, mit jemandem in Ihrem Leben ehrlich zu sein, sollten Sie sich als Erstes fragen, welche Vorteile Sie davon haben werden. Wenn Sie der festen Überzeugung sind, dass diese Person jetzt über ihr Verhalten Bescheid wissen sollte, können Sie besser zu Ihrem Standpunkt stehen, auch wenn es einfacher wäre, Ihre Gefühle offen zu äußern.

Wenn Sie jemand verletzt oder verärgert hat, ist es nicht nötig, mit Aggression oder Wut zu reagieren, denn dadurch fühlen sich andere nicht genug verletzt oder schuldig. Man muss Mitgefühl haben und diese Dinge ruhig und freundlich sagen, wenn sie ankommen sollen.

Haben wollen, was andere haben
Wenn Sie wütend sind, wollen Sie vielleicht unbedingt etwas oder die Besitztümer und Dinge eines anderen haben. Sie könnten versuchen, andere einzuschüchtern oder sogar zu verletzen, indem Sie ihnen ein schlechtes Gewissen machen, weil sie mehr bekommen als Sie.

Stellen Sie sicher, dass Sie erkennen, wann etwas Ihr Problem ist und nicht das einer anderen Person.

Wenn Sie neidisch auf das sind, was jemand anderes hat, kann es leicht sein, dass Sie darüber nachdenken, wie das auf Sie selbst zurückfällt. Wenn jemand etwas hat, das Sie haben möchten, fühlen Sie sich vielleicht beschämt, unzulänglich oder wertlos. Sie könnten denken, dass alle Probleme in Ihrem Leben darauf zurückzuführen sind, wie unwürdig und unverantwortlich Sie sind. Wenn etwas im Leben nicht so läuft, wie man es sich wünscht, kann es schwer sein zu akzeptieren, dass es andere Erklärungen für die Dinge gibt, als sich selbst oder anderen die Schuld zu geben. Sie denken vielleicht, dass die Dinge nur so sind, wie sie sind, weil Sie sind und was Sie haben.

Wenn eine Person traurig, aufgebracht oder entmutigt ist, kann es schwierig sein, zu akzeptieren, dass das, was in ihrem Leben vor sich geht, nichts mit ihr selbst zu tun hat, sondern damit, wie sehr sie sich im Moment abmüht.

Wenn Sie eine schwierige Zeit durchmachen und keinen Grund finden, sich schlecht zu fühlen, sehen Sie sich selbst genau an und erkennen Sie, wie Sie dazu beitragen, dass Sie nicht bekommen, was Sie wollen. Überlegen Sie dann, wie Sie die Situation ändern können, um sich nicht länger unglücklich zu machen.

Wenn jemand das Gefühl hat, nicht geschätzt zu werden, einsam zu sein oder weniger wert zu sein, versucht er vielleicht, sich selbst zu verbessern, indem er eine Liste erstellt, was mit ihm nicht stimmt und warum er nicht gut genug ist. Sie gehen vielleicht täglich dieselben Gedanken und Gefühle durch, bis sie schließlich zusammenbrechen und weinen.

Das liest sich wie ein Gespräch zwischen den beiden, und ihr Selbstwertgefühl vermittelt den Eindruck, dass alle Probleme in ihrem Leben auf sie selbst zurückzuführen sind.

Wenn die Dinge nicht gut laufen, ist es hilfreich, seine Gefühle über das, was passiert, aufzuschreiben. Es ist auch hilfreich, wenn Sie erkennen, dass Ihr Leben auch auf andere Weise gut läuft. Wenn Sie die guten Dinge in Ihrem Leben sehen, haben Sie nicht das Gefühl, dass sich alles nur um mich, meine Fehler und Probleme dreht.

Das Leben ist schon kompliziert genug, ohne dass man es sich selbst noch schwerer macht, indem man sich auf die möglichen Unzulänglichkeiten anderer konzentriert, anstatt auf das, was in seinem eigenen Leben passiert.

Wenn man sich auf eine schlechte Situation oder einen schlechten Umstand konzentriert, anstatt sie durch eine positive Linse zu sehen, kann es schwer sein, sich nicht als Opfer zu fühlen. Das macht es den Menschen leicht, Witze darüber zu machen, wie schlecht die Dinge sind und wie schrecklich die Welt ist.

Die meisten Menschen, die sich über die Geschehnisse in der Welt beschweren, wollen nicht dazu beitragen, dass sich die Dinge zum Besseren wenden. Die meisten Menschen wollen die Dinge nicht als unfair, ungerecht oder unnötig ansehen. Sie wollen darauf hinweisen, wie schlecht die Dinge sind, damit sie sich selbst besser fühlen und damit die Menschen Mitleid mit ihnen haben können, anstatt zu sehen, wie abhängig und hilflos sie sind.

Es ist nichts Falsches daran, Freude daran zu finden, wie sich eine Situation entwickelt oder wie man sie bewältigt. Das bedeutet nicht, dass alles in Ordnung ist oder dass Sie nicht erkennen sollten, dass es Probleme in Ihrem Leben gibt. Es bedeutet, dass Sie schätzen können, was Sie haben und wo Sie stehen, anstatt sich darauf zu konzentrieren, wie schlecht Ihr Leben im Vergleich zu anderen ist und wie viel Sie nicht haben.

Konzentrieren Sie sich nicht auf die Unzulänglichkeiten Ihres Lebens, sondern denken Sie stattdessen an die guten Dinge, die Sie haben. Denken Sie darüber nach, wie Ihr Leben aussehen könnte, wenn Sie es selbst in der Hand hätten, anstatt sich selbst oder anderen die Schuld für Dinge zu geben, die nicht gut laufen.

Bei der Kommunikation ist es wichtig, ruhig und freundlich zu sein. Anstatt sich besser oder schlechter zu fühlen, weil jemand anderes etwas tut oder getan hat, sollten Sie bemerken, dass die Dinge für Sie nicht gut laufen. Konzentrieren Sie sich darauf, was sich ändern muss, damit es gut läuft.

Wenn Sie sich darauf konzentrieren, was andere Menschen falsch machen, werden Sie sich wahrscheinlich wütend oder nachtragend fühlen. Wenn Sie sich von anderen Menschen und ihren Taten lösen können, können Sie sich darauf konzentrieren, wie Ihr Leben aussehen muss, um positiv zu sein.

Es ist wichtig, Dinge zu vermeiden, durch die sich andere beurteilt oder beleidigt fühlen. Wenn Sie denken, dass Sie etwas Verletzendes oder Beleidigendes sagen könnten, ist es besser, nichts zu sagen. Das ist leichter gesagt als getan, aber wenn es darauf ankommt, ist es immer besser, freundlich und offen zu sein als harsch und verurteilend.

Wenn Sie sich Sorgen machen, dass Ihre Worte andere Menschen vergraulen oder verärgern könnten, ist es am besten, wenn Sie gar nichts sagen. Menschen sind oft eher bereit, jemandem zu verzeihen, der sich für etwas Respektloses entschuldigt hat, als jemandem, der sich nie entschuldigt hat.

Wenn sich Menschen in Ihrer Nähe unwohl fühlen, müssen sie sich vielleicht verteidigen oder Mauern errichten, damit sie sich nicht mehr von Ihnen bedroht fühlen müssen. Wenn Sie den Eindruck haben, dass Menschen Ihnen gegenüber nicht offen sind oder kalt oder feindselig geworden sind, sollten Sie bei der Kommunikation mit ihnen etwas vorsichtiger sein.

Wenn es um Kommunikation geht, müssen Sie nicht vermeiden, alles zu sagen, was Ihnen durch den Kopf geht. Manchmal kann das Festhalten an Ihren Gedanken und Gefühlen es anderen schwer machen, Ihnen nahe zu kommen. Manchmal ist das Ignorieren dessen, was einem durch den Kopf geht, der erste Schritt zu mehr Ausgeglichenheit und Frieden.

Wenn etwas nicht gut für Sie läuft, versuchen Sie, über andere Möglichkeiten nachzudenken, wie die Dinge laufen könnten, anstatt sich darauf zu konzentrieren, wie schlecht die Dinge für Sie jetzt laufen. Es kann helfen, über die positiven Aspekte dessen nachzudenken, wie Sie Ihr Leben im Moment meistern, anstatt darüber nachzudenken, wie es besser laufen könnte.

Es kann schwierig sein, sich ein anderes Lebensgefühl zu wünschen, wenn man von all den Dingen, die schief laufen, überwältigt ist. Wenn Sie sich jedoch darauf konzentrieren, wie die Dinge besser sein könnten, anstatt sich vor Augen zu führen, wie schlecht sie bereits sind, können Sie sich entspannen und mit dem in Kontakt kommen, was Sie haben.

Wenn jemand negative Emotionen empfindet, kann es ihm schwer fallen, eine positive Seite oder einen Silberstreif am Horizont zu sehen. Sie werden nicht die gleichen Chancen sehen wie Menschen, die nicht so emotional involviert sind, weil Sie eine andere Perspektive haben.

Wenn jemand nicht in Kontakt mit seinen Gefühlen ist oder nicht gut mit ihnen umgehen kann, benutzt er vielleicht Humor, um sich nicht aufzuregen oder etwas persönlich zu nehmen. Sie müssen Ihre Gefühle mitteilen, ohne sie zu persönlich zu nehmenoder sie herunterzumachen.

Wenn die Kommunikation gut und offen ist, ist es für alle leichter zu verstehen, was vor sich geht. Wenn Sie verärgert sind oder sich darüber aufregen, wie jemand anderes mit Ihnen kommuniziert, kann es leicht sein, in den Verteidigungsmodus zu gehen und dem anderen die Schuld dafür zu geben, dass Sie sich schlecht fühlen. Es geht jedoch nicht immer um die Absichten oder Wünsche der anderen Person.

Wenn andere Menschen versuchen, mit Ihnen zu kommunizieren, sollten Sie Ihre Gefühle, Gedanken oder Ideen nicht zurückhalten, damit Sie sich selbst besser fühlen können. Wenn es um Kommunikation geht, ist es wichtig, ehrlich und offen zu sein, damit andere wissen, woran sie sind.

Wenn man etwas Schwieriges im Leben durchmacht oder jemanden verloren hat, den man sehr geliebt hat, kann man leicht das Gefühl bekommen, dass alles hoffnungslos ist und dass es nie besser werden wird. Wenn Sie an die guten Dinge in Ihrem Leben denken und daran, wie wertvoll sie sind, anstatt sich mit den negativen Aspekten des Lebens zu befassen und daran, wie sinnlos sie immer sind, wird Ihnen ein Teil der Last von den Schultern genommen. Es wird Ihnen auch helfen, zufriedener und glücklicher mit dem Leben zu werden, das Sie haben.

Wenn Sie sich in Ihrer Umgebung wohlfühlen, haben andere Menschen mehr Freude an Ihnen und die Unterhaltung wird einfacher. Für manche Menschen kann es schwierig sein, freundlich und rücksichtsvoll zu sein. Wenn es jedoch darum geht, geduldig mit anderen Menschen zu sein, kann es einfacher sein, sicherzustellen, dass man in der Kommunikation nicht unhöflich oder verletzend wirkt.

Wenn sich jemand über Sie aufregt oder Ihre Gefühle nicht respektiert, kann es sein, dass er um sich schlägt oder sich so verhält, als wäre es ihm egal, was Sie zu sagen oder zu fühlen haben. Wenn Sie ihr Verhalten jedoch so interpretieren, dass sie sagen, dass sie sich nicht kümmern, werden Sie nicht in der Lage sein, ihr nahe zu kommen.

Wenn Sie darüber nachdenken, was Sie sich von einer Beziehung oder einer anderen Person wünschen und wie Sie sich dadurch besser mit ihr verbunden fühlen können, kann es leichter sein, offen zu bleiben und eine gute Beziehung zu führen. Das wird Ihnen auch helfen, mit Ihren Gefühlen und Emotionen in Kontakt zu bleiben, damit Sie in der richtigen Stimmung sind, um effektiv zu kommunizieren.

Versuchen Sie, die Frustrationen oder Kämpfe anderer Menschen nicht persönlich zu nehmen, wenn sie über Sie oder jemand anderen frustriert sind. Manchen Menschen hilft es, sich besser und friedlicher zu fühlen, wenn sie wütend oder traurig sind, anstatt sich noch mehr aufzuregen.

Wenn Sie in einer Situation sind, in der Sie versuchen, jemandem, der feindselig oder wütend zu sein scheint, positive Gefühle mitzuteilen, kann es leicht passieren, dass Sie verwirrt, unsicher und frustriert sind. Wenn Sie sich jedoch darauf konzentrieren, ruhig und geduldig zu sein, können Sie die Situation schneller überwinden.

Wenn jemand ausstrahlt, wie sehr er ein Perfektionist ist, kann es ihm schwer fallen, mit anderen Smalltalk zu führen, weil er nicht den Eindruck erwecken will, die falsche Person zu sein. Wenn Menschen zu viele Erwartungen an sich selbst stellen und das Gefühl haben, dass alles immer perfekt sein muss, kann das Beziehungen erschweren.

Fazit

Für jeden Menschen kann Kommunikation eine der schwierigsten Fähigkeiten sein. In der heutigen hochgradig vernetzten Gesellschaft sind diejenigen, die über ein solides Fundament an Kommunikationsfähigkeiten verfügen, besser für den Erfolg aufgestellt. Ob durch verbale oder nonverbale Sprache, Kommunikationsfähigkeiten sind die Bausteine für soziale Interaktionen und berufliche Beziehungen. Es ist von großem Wert, effektiv mit anderen zu kommunizieren und Menschen wie ein Buch zu lesen. Nehmen wir an, Sie haben kein Vertrauen in Ihre Fähigkeit, andere zu lesen oder sinnvolle Beziehungen in Ihrem Berufsleben aufzubauen. In diesem Fall ist das Erlernen dieser Fähigkeiten von entscheidender Bedeutung, um sich als Führungskraft weiterzuentwickeln und Karriereziele zu erreichen, die über das bloße Erklimmen der Karriereleiter hinausgehen. Obwohl alle Menschen einzigartige Werte und Fähigkeiten haben, weisen sehr erfolgreiche Menschen einige Gemeinsamkeiten auf. Wenn Sie ein Profi mit hohen Kommunikationsfähigkeiten werden wollen, ist der erste Schritt die Erkenntnis, dass jeder Mensch, dem Sie begegnen, eine gewisse Schwäche hat. Durch diese Erkenntnis und durch die Entwicklung von Einfühlungsvermögen für andere können Sie sich auf einer emotionalen Ebene besser mit ihnen verbinden. Nehmen wir an, Sie können eine Beziehung zu jemandem aufbauen, indem Sie Ihr Interesse an ihm als Person zeigen. In diesem Fall können Sie Ihre Ideen effektiver kommunizieren und Ergebnisse erzielen, die für beide Seiten vorteilhaft sind.

Häufig hört man Menschen sagen, sie seien schlecht in der Kommunikation oder wüssten nicht, wie man mit Menschen spricht. Diese Menschen wissen oft nicht, dass man etwas nicht wissen muss, um es gut zu können. Einige der brillantesten Köpfe der Geschichte haben bewiesen, dass dies wahr ist. Diese Menschen haben praktische Kommunikationsfähigkeiten bewiesen, die man lernen und durch Übung verbessern kann. Bei der Kommunikation geht es darum, sich sinnvoll auf andere einzulassen und den Kontext dessen, was um einen herum geschieht, zu verstehen. Nein

Unabhängig davon, wo Sie sich befinden und was Sie vor sich haben, müssen Sie positive Beziehungen zu Ihren Mitmenschen, Ihrem Mitarbeiterteam und den Abteilungsleitern aufbauen, um beruflich erfolgreich zu sein.

Ausgezeichnete Kommunikationsfähigkeiten erfordern eine Korrelation zwischen dem, was wir sagen, und dem, was wir durch unsere Körpersprache meinen. Einige Kommunikationsexperten verwenden sogar Gesten, wenn sie sprechen, und versuchen, ihre Bedeutung mit ihren Händen genauso zu vermitteln wie mit ihrer Stimme. Wenn Sie sich die Zeit nehmen, zu beobachten, wie andere kommunizieren, können Sie Ihre Körpersprache weiterentwickeln und auch Ihren Sprachstil finden. Es ist wichtig zu wissen, dass Kommunikation nicht immer klar und einfach ist. Sie kann oft komplex und herausfordernd sein, vor allem wenn man mit Menschen aus anderen Kulturen oder mit anderem Hintergrund zu tun hat. Der Aufbau von Beziehungen und das Finden von Gemeinsamkeiten in Gesprächen wird jedoch müheloser, wenn Sie sich bewusster werden, wie andere kommunizieren. Eine hervorragende Möglichkeit, ein Gespräch mit jemandem zu beginnen,

besteht darin, Gemeinsamkeiten zwischen den beiden Gesprächspartnern zu finden, anstatt sich auf die Unterschiede zu konzentrieren, die zwischen ihnen bestehen könnten. Je nachdem, welches Ziel Sie mit dem Gespräch verfolgen, gibt es verschiedene Möglichkeiten, wie Sie diese Aufgabe erfüllen können.

Da zu einer effektiven Kommunikation gehört, dass man den Kontext dessen berücksichtigt, was um einen herum geschieht, kann sie in jedem Umfeld eingesetzt werden, in dem praktische Führungsfähigkeiten erforderlich sind. Wirksame Kommunikation ist für die Führung eines Teams so wichtig, dass sie die Leistung erheblich verbessert hat. Indem Sie starke Kommunikationsfähigkeiten entwickeln und mehr auf den Kontext achten, in dem Sie sprechen, können Sie den Erfolg Ihrer Teammitglieder und deren Leben besser fördern.

Obwohl viele glauben, dass es keine richtige oder falsche Art zu kommunizieren gibt, ist es immer eine gute Idee, seinen eigenen Stil zu entwickeln. Achten Sie darauf, was andere über Sie sagen, und überlegen Sie, wie Sie möchten, dass andere Ihren Kommunikationsstil wahrnehmen. Überlegen Sie, welche Dinge Ihnen im Gespräch mit anderen Menschen ganz natürlich vorkommen. Dann sollten Sie sich auf diese Dinge konzentrieren. Wenn Sie sich dieser Dinge bewusst werden, können Sie besser kommunizieren und dauerhafte Beziehungen zu Ihren Mitmenschen aufbauen.

Wir haben einen Überblick über die verschiedenen Arten der Kommunikation und ihre anderen Bestandteile gegeben. Damit Sie ein grundlegendes Verständnis der in der Berufsweltverwendeten Sprache haben, so dass Sie in der Lage sind, bei der Kommunikation mit Ihren Kollegen und anderen Menschen an jedem beliebigen Ort im Geschäftsleben, sowohl verbal als auch nonverbal, zu verstehen, was Sie vermitteln wollen.

Wir haben einen Überblick über die verschiedenen Arten der Kommunikation und ihre anderen Bestandteile gegeben. Damit Sie ein grundlegendes Verständnis der in der Berufswelt verwendeten Sprache haben, so dass Sie in der Lage sind, bei der Kommunikation mit Ihren Kollegen und anderen Menschen an jedem beliebigen Ort im Geschäftsleben, sowohl verbal als auch nonverbal, zu verstehen, was Sie vermitteln wollen.

Kommunikation ist für jeden Beruf und jede Person von wesentlicher Bedeutung. Sie ist wichtig, um Brücken zu bauen und andere zu verstehen. Wenn wir mit einer anderen Person kommunizieren, gibt es einen Hintergrund, der eine effektive Kommunikation gewährleistet. Es handelt sich nicht um eine einseitige Kommunikation zwischen zwei Menschen. Es handelt sich um eine wechselseitige Interaktion. Das Ziel der Kommunikation ist es, die andere Person zu verstehen. Das beginnt mit dem Verstehen der eigenen Gefühle. Ein gemeinsamer Wesenszug
Ein Merkmal erfolgreicher Menschen ist die Fähigkeit, ihre Emotionen als Vorteil zu nutzen, der ihnen hilft, besser zu verstehen, warum sie tun, was sie tun, und der möglicherweise ein positives oder negatives Ergebnis hat.

Kommunikation kann weiter definiert werden als Ausdruck unserer selbst und unserer Gedanken durch Worte und Gesten, um ein Feedback von anderen zu erhalten,

das uns hilft zu entscheiden, wie wir im Leben (persönlich) oder in unserem Arbeitsumfeld (beruflich) vorankommen wollen. Es ist wichtig zu erkennen, dass Kommunikation nicht nur darin besteht, wie wir uns ausdrücken, sondern auch darin, die Art der Kommunikation zu verstehen, die von anderen verwendet wird. Diese "Kommunikation" findet statt, wenn wir die nonverbale Kommunikation beobachten und verstehen.

Hier sind einige Möglichkeiten, wie Sie Ihre Kommunikationsfähigkeiten verbessern können: Vergewissern Sie sich, dass Sie die Botschaft, die Sie vermitteln wollen, verstehen, bevor Sie mit jemandem sprechen. Seien Sie sich darüber im Klaren, was Sie dem Gesprächspartner vermitteln wollen. Auf diese Weise werden die Nachrichten im Gespräch klar und deutlich rüberkommen und der anderen Person helfen, besser zu verstehen, was Sie von ihr wollen.

Bleiben Sie während eines Gesprächs mit einer anderen Person aufgeschlossen, seien Sie offen für neue Ideen und Meinungen und seien Sie offen für Kritik. Wenn die Botschaft, die Sie jemandem zu vermitteln versuchen, nicht klar rüberkommt, sind Sie auf diese Weise aufnahmefähiger und engagierter in dem Gespräch. Nehmen Sie es nicht persönlich, sondern nutzen Sie konstruktive Kritik als Lektion.

Üben Sie wann immer möglich die nonverbale Kommunikation. Ihre nonverbale Kommunikation ist entscheidend für die Botschaft, die Sie im Gespräch mit anderen vermitteln wollen. Achten Sie bei der Kommunikation auf Ihre Körpersprache, Gesten, Ihren Tonfall und Ihre Mimik, damit deutlich wird, was Sie im Gespräch vermitteln wollen.

Nehmen Sie Augenkontakt auf, wenn Sie sich mit jemandem unterhalten. Das ist ein klares Zeichen für das Interesse an dem, was die andere Person sagt, und eine hervorragende Möglichkeit, sich auf den Austausch zu konzentrieren. Wenn Sie sich über die Botschaft, die Sie einer anderen Person vermitteln wollen, nicht im Klaren sind, erkundigen Sie sich zuerst nach deren Meinung und erklären Sie dann Ihre eigene. So können Sie in Ihrer Kommunikation aktiv zuhören und sich Notizen von Ihrem Gesprächspartner machen. Auf diese Weise können Sie anderen gegenüber freundlicher und fürsorglicher sein.

Immobilien Investitionen aus der Ferne auf Deutsch/ Real estate investments remotely in German

Wie wird man Immobilieninvestor und langfristig Vermögen aufbauen

Christopher Rothchester

Einführung

Immobilieninvestitionen im Ausland können sehr lukrativ sein, bergen aber auch Risiken. Um diese Risiken zu minimieren, ist es wichtig, sich vor der Investition zu informieren. Ein Ferninvestor investiert in Mietobjekte über eine Hausverwaltungsgesellschaft oder ein anderes professionelles Unternehmen wie einen General Partner (GP). Ein GP beauftragt Auftragnehmer mit der Durchführung verschiedener Instandhaltungsarbeiten an mehreren Mietobjekten in seinem Besitz und ist für die Suche nach neuen Mietern verantwortlich, wenn Einheiten frei werden.

Wenn Sie in eine Immobilie investieren, die sich in der Nähe Ihres Wohnortes befindet, kann der Kauf viele unerwartete Kosten (und Kopfschmerzen!) mit sich bringen. So kann es zum Beispiel vorkommen, dass die Mieter nach Feierabend einen Wartungsdienst anfordern und niemand da ist, der sich um ihre Anliegen kümmert. Oder der Generalunternehmer leistet schlechte Arbeit bei der Reparatur und macht die Immobilie unbewohnbar, bis die Arbeiten abgeschlossen sind. Diese Probleme können gemildert werden, indem alle Renovierungsarbeiten vor der Vermietung abgeschlossen werden und ein zuverlässiger Bauunternehmer mit der Verwaltung der Immobilie beauftragt wird. Dies ist jedoch mit einem hohen zeitlichen und finanziellen Aufwand verbunden. Ziehen Sie eine Immobilieninvestition aus der Ferne in Betracht, wenn Sie eine Investition suchen, die zusätzlichen Cashflow generieren kann, aber nicht zu viel direktes Engagement erfordert.

Potenzial für höheren Cashflow. Ein Investor aus der Ferne kann mehr interessante Immobilien finden als ein lokaler Investor, da weniger lokale Investoren um die gleichen Immobilien konkurrieren. Trotzdem sollte man sich bei der Besichtigung des Mietobjekts über den Zustand der Wohnungen informieren und mit den Mietern darüber sprechen, wie sie behandelt werden. Negative Erfahrungen können zu Bußgeldern seitens der Stadt und zu einem weniger begehrten Mieterpool in den kommenden Jahren führen.

Ein Investor aus dem Ausland wird wahrscheinlich eine höhere Mietrendite erzielen können als ein lokaler Investor, da die Mieten in der Regel niedriger sind, wenn die Städte weiter von den Gebieten mit hoher Nachfrage entfernt liegen (z. B. Städte, die bei Touristen beliebt sind oder für ihre große wohlhabende Bevölkerung bekannt sind).

Die größte Herausforderung für Investoren aus dem Ausland besteht darin, zuverlässige Bauunternehmen zu finden, die Reparaturen und Renovierungen rechtzeitig durchführen können. Wenn Sie keinen Zugang zu einem Bauunternehmen haben, das in der Lage ist, wichtige Arbeiten im gleichen Zeitrahmen wie in Ihrer Heimatstadt durchzuführen, sollten Sie Ihre Investition überdenken.

Häufig müssen diese Auftragnehmer das Vertrauen des Eigentümers genießen und Zugang zu dessen Geldern haben - Gelder, die nicht versichert sind. Im Falle eines Unfalls wären diese Gelder gefährdet. Dies könnte zu zusätzlichen Kosten und Verzögerungen führen, wenn Sie versuchen, Reparaturen an einer Immobilie durchzuführen, die Ihnen nicht gehört oder über die Sie aus diesem Grund nicht verfügen können.

Außerdem sind die Instandhaltungskosten für Immobilien, die weit entfernt liegen, oft höher als für ähnliche Immobilien in Ihrer Stadt. Dies ist darauf zurückzuführen, dass die Auftragnehmer, die diese Dienstleistungen in Ihrer Stadt erbringen, möglicherweise bereits Zugang zu den Materialien und Werkzeugen vor Ort haben (und möglicherweise auch mit Ihrer Region besser vertraut sind). Obwohl dies auf einem Markt mit großen Entfernungen immer noch der Fall sein kann, kann es sinnvoll sein, sich zu erkundigen, wie viel es kosten würde, wenn Sie diese Arbeiten selbst ausführen würden.

Unterschiedliche Verträge für unterschiedliche Immobilien. Wenn Sie eine Immobilie über eine Hausverwaltung mieten (z. B. einen Hausarzt oder eine GmbH), müssen Sie sich darüber im Klaren sein, dass die Bedingungen Ihres Mietvertrags von Immobilie zu Immobilie unterschiedlich sein können. Das bedeutet, dass Sie je nach Art des Mieters, den Sie ansprechen möchten, und je nachdem, wie viele Einheiten Sie zu einem bestimmten Zeitpunkt besitzen, unterschiedliche Verträge abschließen müssen. Diese Verträge enthalten häufig Einschränkungen und Anforderungen an das Verhalten und die Verantwortlichkeiten der Mieter, die die Erzielung von Einnahmen aus bestimmten Immobilien erleichtern oder erschweren.

Ähnliche Mietobjekte in unterschiedlichen Gebieten. Informieren Sie sich über konkurrierende Objekte in Ihrer Gegend, die kürzlich vermietet wurden. Achten Sie auch auf Objekte in Ihrer Gegend, die kürzlich renoviert oder verkauft wurden. Auf diese Weise können Sie die allgemeine Mietpreisentwicklung einschätzen, bevor Sie neue Investitionen tätigen.

Durch die Mischung verschiedener Immobilientypen können Sie Ihr Anlageportfolio diversifizieren. Wenn eine Immobilienkategorie an Wert verliert, können Sie in eine andere investieren, die sich gut entwickelt.

Angenommen, Sie suchen nach einer Anlagestrategie, bei der die anfänglichen Investitionskosten und die Erträge niedrig sind. In diesem Fall schlagen einige Ferninvestoren vor, "all-in" zu gehen und so viele Immobilien wie möglich an vielen verschiedenen Standorten zu kaufen. Es kann einfacher sein, Hypotheken und Kredite zu bekommen, wenn man mehrere Einheiten kauft und gute Bauunternehmen beauftragt. Immobilienverwaltungsgesellschaften können leichter zugänglich sein, wenn sie mit größeren Portfolios arbeiten.

Eines der häufigsten Risiken für Investoren aus dem Ausland besteht darin, dass der Wert ihrer Immobilien nicht so schnell steigt wie auf dem lokalen Markt. Selbst wenn Sie Mietwohnungen in gefragten Gegenden kaufen, die mit einem Aufschlag verkauft werden, kann Ihre Anfangsinvestition höher sein, als wenn Sie sie in Ihrer Heimatstadt gekauft hätten. Dies kann bedeuten, dass die Wahrscheinlichkeit, dass die Mieter die Miete nicht pünktlich zahlen, größer ist. Dies kann bedeuten, dass die Wahrscheinlichkeit größer ist, dass die Mieter nicht in der Lage sind, die Miete pünktlich zu zahlen, dass Sie Immobilien besitzen, deren Vermögen nicht ausreicht, um alle Ihre Schulden zu decken, und dass Sie Beschränkungen unterliegen, wie Sie Geld für die Immobilie ausgeben können (z. B. keine Barkäufe).

Wenn Sie sich für den Kauf einer Immobilie im Ausland entscheiden, gibt es einige wichtige Punkte, die Sie beachten sollten. Dazu gehören Ihr Mietmarkt, die Bevölkerung in der Umgebung, grundlegende Informationen über den Immobilienmarkt vor Ort und im Ausland (z. B. Wohnungsknappheit oder Beschäftigungswachstum), die Art der Immobilie, die Sie kaufen möchten (z. B. ein Einfamilienhaus oder ein Mehrfamilienhaus), und von wem Sie die Immobilie kaufen möchten (z. B. von einem privaten Verkäufer, einem Bauträger mit Neubauplänen oder einer etablierten Immobilienfirma). Abhängig von Ihrer individuellen Situation und Ihren Zielen kann es sinnvoll sein, vor Ort zu kaufen anstatt aus der Ferne.

Der Hauptvorteil von Investitionen aus der Ferne besteht darin, dass sie die Flexibilität bieten, Immobilien mit geringerem Kapitaleinsatz zu erwerben und höhere Renditen zu erzielen, wenn sich die Immobilien gut entwickeln. Wie Sie sehen, hat jede Immobilie neben ihren Vorteilen auch ihre eigenen Herausforderungen. Solange Sie jedoch in der Lage sind, diese Herausforderungen zu meistern, können Sie sich eine Zukunft mit passivem Einkommen als Vermieter sichern.

Kapitel 1: Sind Fernabsatzinvestitionen riskant?

Ferninvestitionen sind Investitionen in Wohnimmobilien. Da es sich um eine langfristige Investition handelt, gilt sie als riskant, und nur sehr wenige Personen sind bereit, ein solches Geschäft einzugehen.

Es ist jedoch wichtig, sich über die Risiken im Klaren zu sein, bevor man sich für eine Investition in Fernimmobilien entscheidet. Zu den häufigsten Risiken, mit denen sich Privatpersonen bei Investitionen in Fernimmobilien konfrontiert sehen, gehören die folgenden:

a) Die Investition unterliegt Marktschwankungen - wie jeder andere Vermögenswert kann auch Ihre Immobilie im Wert steigen oder fallen. Diejenigen, die vor Ort investieren, müssen sich darüber keine Sorgen machen, da sie ihre Immobilie im Auge behalten und gegebenenfalls Anpassungen vornehmen können. Wer jedoch aus der Ferne investiert, hat möglicherweise nicht so viel Glück. Sie können zwar mehrere Immobilien aus der Ferne überwachen, aber sie haben nicht die Möglichkeit, sofort zu reagieren, wenn in einer ihrer Immobilien etwas passiert.

b) Hohe Instandhaltungskosten - Die Kosten für die Instandhaltung und Verwaltung Ihrer Immobilie werden viel höher sein als bei einer Immobilie vor Ort. Stellen Sie sich vor, wie viel Zeit, Geld und Mühe es kostet, ein Haus in Ihrer Nähe instand zu halten, verglichen mit einem Haus am anderen Ende des Landes. Zu den Instandhaltungskosten, die Sie zahlen müssen, gehören

Regelmäßige Besuche zur Überprüfung der Immobilie: Sie -

können zwar die Mieter aus der Ferne überprüfen, aber Sie haben keine Möglichkeit, sich persönlich vom Zustand Ihrer Immobilie zu überzeugen oder sicherzustellen, dass sie gut gepflegt ist. Sie müssen einen Fachmann beauftragen, der die Immobilie regelmäßig für Sie inspiziert, damit Sie gegebenenfalls Anpassungen vornehmen können.

Regelmäßige Wartung: Auch wenn Ihr Immobilienmakler einen Wartungsdienst anbietet, müssen Sie jeden Monat zusätzlich dafür bezahlen, dass Ihre Immobilie angemessen gewartet wird. Sie können zwar die Mieter aus der Ferne kontrollieren, aber Sie haben keine Möglichkeit, den Zustand Ihrer Immobilie persönlich zu überprüfen oder sich davon zu überzeugen, dass sie instand gehalten wird. Sie müssen einen Fachmann beauftragen, der die Immobilie regelmäßig für Sie inspiziert, damit Sie gegebenenfalls Anpassungen vornehmen können. Sie können sich nach einem Schädlingsbekämpfungsunternehmen umsehen, das in Ihrer Gemeinde einen guten Ruf genießt. Diese Dienste können Insektensprays und andere hochwirksame Methoden zur Beseitigung von Insekten und anderen Schädlingen in einem Haus oder Wohngebäude umfassen.

Auch wenn Ihr Immobilienmakler einen Instandhaltungsservice anbietet, müssen Sie dennoch jeden Monat eine zusätzliche Gebühr zahlen, um sicherzustellen, dass Ihre Immobilie angemessen instand gehalten wird. Sie können sich nach einem Unternehmen umsehen, das Schädlingsbekämpfung anbietet und in Ihrer Gemeinde einen guten Ruf genießt. Dazu gehören Insektensprays und andere hochwirksame Methoden zur Bekämpfung von Insekten und anderen Schädlingen in Ihrem Haus oder Ihrer Wohnung. Beauftragen Sie einen Schädlingsbekämpfer: Abhängig von der Art der Immobilie, in die Sie investiert haben, kann es in seltenen Fällen erforderlich sein, dass bestimmte Reparaturen von Bauunternehmen durchgeführt werden. Wenn Sie sich für diese Option entscheiden, müssen Sie für die Leistungen der Handwerker bezahlen.

Ein professioneller Reinigungsdienst: Nicht in jeder Stadt und vielleicht nicht einmal in Ihrer Nähe gibt es einen regelmäßigen Reinigungsdienst. Je nach Art der Immobilie, in die Sie investiert haben, müssen bestimmte Reparaturen in seltenen Fällen von Handwerkern ausgeführt werden. Wenn Sie sich dafür entscheiden, müssen Sie jedoch für deren Dienste bezahlen. Aus diesem Grund lohnt es sich oft, eine Immobilie zu wählen, die viele Modernisierungen und Verbesserungen aufweist, da sie für die meisten Mieter geeignet ist. Dies bedeutet jedoch nicht, dass keine Instandhaltungsarbeiten erforderlich sind oder dass Ihre Investition sauber und schön ist, wenn Sie ankommen, und nicht eine totale Katastrophe.

c) Es gibt immobilienspezifische Risiken, die Sie berücksichtigen müssen - unabhängig von Ihrem Standort ist es wichtig, sich über die Risiken im Klaren zu sein, die Sie mit Ihrer Immobilie eingehen. Sie sollten es vermeiden, in eine Immobilie zu investieren, in deren Umgebung nur wenige Menschen leben.Dies ist besonders wichtig, wenn Sie vorhaben, die Immobilie schnell zu kaufen und zu verkaufen, denn Sie wollen nicht mit einer Immobilie enden, die niemand will oder braucht.

d) Es gibt rechtliche Implikationen - Wenn Sie in eine Immobilie investieren, die weit entfernt liegt, ist es wichtig, sich vor dem Kauf über die lokalen Gesetze zu informieren und sicherzustellen, dass diese eine solche Investition zulassen. Beispielsweise gibt es Vorschriften darüber, wie weit Sie von Ihrer Immobilie entfernt wohnen dürfen. Wenn diese Vorschriften je nachdem, ob Sie eine

Immobilie kaufen oder verkaufen, unterschiedlich sind, gelten sie möglicherweise nicht für Sie.

Warum investieren manche Menschen nicht in große Entfernungen?
Langfristige Investitionen sind eine Kunst, die harte Arbeit, Marktkenntnis und Zeit erfordert. Manche Menschen investieren nicht im Ausland, weil sie nicht über das nötige Wissen und die Erfahrung verfügen. Andere haben Angst, ihr Geld in etwas zu investieren, das sie weder sehen noch anfassen können.

Wer über große Entfernungen hinweg investieren will, muss sich gut vorbereiten und sich über die Immobilie informieren, z.B. über Lage, Art, Preisklasse und Leerstand. Es wäre hilfreich, wenn sich die Schulen in einem Gebiet mit niedriger Kriminalitätsrate befinden, damit Ihre Kinder sicher zur Schule gehen können. Sie müssen in der Lage sein, Steuern und Nebenkosten zu bezahlen. Am besten ist es, wenn Sie einen zuverlässigen Anwalt haben, der sich mit den Gesetzen des Landes auskennt. Und Sie müssen mit einem Team von Menschen in Kontakt stehen, die im Ausland investiert haben, damit sie Ihnen bei Problemen helfen können, wenn Sie dort ankommen, und sich um alle Probleme kümmern, die während Ihres Aufenthalts auftreten.

Es gibt mehrere Gründe, die Menschen davon abhalten, in Fernreisen zu investieren, z.B:

a) **Mangel an Fachwissen und Marktkenntnis**Marktkenntnisse sind wichtig, um zu verstehen, wie und warum der Markt schwankt. Dann können Sie mit Zuversicht in Fernreisen investieren. Sie werden wissen, was zu tun ist, wenn eine Rezession eintritt, anstatt emotional zu werden und mitVerlust zu verkaufen.

Wenn Sie nicht über das nötige Fachwissen verfügen, müssen Sie sich über den Markt informieren. Sie können Foren wie Bigger Pockets beitreten und an Seminaren über Immobilieninvestitionen teilnehmen, um von denjenigen zu lernen, die bereits erfolgreich lange Strecken zurückgelegt haben oder gerade erst damit begonnen haben.

b) Mangel an Kapital

Investitionen aus der Ferne sind im Vergleich zu lokalen Immobiliengeschäften teuer. Um mit dieser Strategie erfolgreich zu sein, müssen Sie genügend Geld sparen und für die Investition zur Verfügung haben. Nachdem Sie eine Immobilie im Ausland gekauft haben, können Sie sich nicht einfach zurücklehnen und darauf warten, dass das Geld reinkommt. Sie brauchen einen soliden Plan, um Ihre Ausgaben für die Immobilie zu decken.

c) Zeitmangel

Vor der Investition in eine Fernimmobilie müssen viele Aufgaben erledigt werden. Diese Aufgaben können zwar an andere delegiert werden, aber es besteht immer das Risiko, dass einige Dinge nicht richtig oder nicht rechtzeitig erledigt werden. Wenn Sie beruflich oder familiär stark eingespannt sind, ist dies möglicherweise nicht die beste Option, da Investitionen in Fernimmobilien mehr Zeit in Anspruch nehmen als Investitionen in lokale Immobilien. Immobilieninvestitionen aus der Ferne sind mit den richtigen Mitteln und Werkzeugen möglich.

d) Angst, ein zu hohes finanzielles Risiko einzugehen.

Das finanzielle Risiko muss sorgfältig überwacht werden. Manche Menschen wollen überhaupt kein finanzielles Risiko eingehen. Wenn Sie zu diesen Menschen gehören, müssen Sie einen Weg finden, diese Angst zu überwinden, oder Sie müssen diese Strategie in kleinen Dosen anwenden, bis Sie sich besser damit auskennen. Am besten ist es, einen guten Plan zu haben, der alle Kosten der Immobilie abdeckt und der sofort nach dem Kauf umgesetzt wird.

e) Mangel an angemessener Ausbildung

Im Internet gibt es viele Informationen darüber, wie man richtig über große Entfernungen hinweg investiert, und es wird immer einfacher, sich über Immobilieninvestitionen zu informieren. Viele Investoren kennen sich sehr gut mit lokalen Investitionen aus, da sie sich vor dem Einstieg in diesen Markt über große Entfernungen informiert haben.

f) Angst vor dem Unbekannten

Manche Menschen haben Angst vor großen Entfernungen, weil sie denken, dass es zu kompliziert ist und sich nicht lohnt. Diese Angst ist ein wesentliches Hindernis, das überwunden werden muss, um in lange Distanzen zu investieren.

Mit welchen Komplikationen muss ein Vermieter rechnen, wenn er im Ausland investiert?

Nehmen wir an, Sie sind ein Vermieter, der über große Entfernungen investiert. In diesem Fall sind Sie mit vielen zusätzlichen Komplikationen konfrontiert, die ein lokaler Investor nicht hat - zum Beispiel ist es viel schwieriger, gute Mieter zu halten. Es gibt jedoch einige Möglichkeiten, wie Vermieter ihre Immobilien in gutem Zustand halten und gute Mieter aus der Ferne anziehen können.

Eine mögliche Komplikation bei Ferninvestitionen besteht darin, dass der Wert einer Immobilie im Laufe der Zeit schwankt, was es für einen Vermieter schwierig machen kann, seine Investition zu verkaufen und in Bargeld umzuwandeln. Darüber hinaus kannes für Vermieter schwierig sein, Mieter zu finden, wenn sie potenziellen Mietern ihre Immobilie nicht vor Ort zeigen können. Dies bedeutet, dass sie andere Wege finden müssen, um Interessenten anzuziehen, z. B. durch das Schalten von Multimedia-Anzeigen auf Facebook, die Nutzung von Social-Media-Marketingstrategien wie Content-Marketing und die Erstellung attraktiver Profile auf Websites wie Airbnb.

Für Vermieter können sich weitere Komplikationen ergeben, wie z.B:

a) Inspektionen

Inspektionen durch staatliche und kommunale Behörden können sich abschreckend auf Investitionen auswirken. Viele Vermieter haben die Erfahrung gemacht, dass staatliche und kommunale Inspektoren Gebäude in der Regel nur dann überprüfen, wenn sich jemand über Lärm oder andere Belästigungen beschwert. Ohne die Gewissheit, dass ein Gebäude den Vorschriften entspricht, kann es schwierig sein, Mieter zu finden, die bereit sind, diese Risiken einzugehen.

b) Beauftragung einer Hausverwaltung für Gebäude mit mehreren Wohneinheiten

Die Beauftragung einer Hausverwaltung für Ihre Immobilie kann den Wert Ihrer Investition steigern und Ihren Arbeitsaufwand verringern, da Sie nicht mehr alle Reparaturen selbst durchführen müssen. Je nachdem, wie viele Wohneinheiten Sie besitzen, kann eine Hausverwaltung jedoch nicht alle abdecken. Das bedeutet, dass Sie sich selbst um alle Probleme kümmern oder einen zusätzlichen Verwalter für Ihre weit entfernten Immobilien einstellen müssen.

c) Finanzielle Erwägungen

Wenn Sie Ihre Investition z.B. mit einer Hypothek finanzieren wollen, wird dies problematisch, wenn Sie in einem anderen Staat oder Land leben. Die Banken sind eher bereit, Ihnen eine Hypothek zu gewähren, wenn Sie über ausreichende Vermögenswerte in Ihrer Landeswährung verfügen.

d) Vermietung der Immobilie

Wenn Sie Ihre Immobilie vermieten möchten, muss der Vermieter flexibel genug sein, um den Zeitplan des Mieters einzuhalten. Das bedeutet, dass Feiertage und andere Ereignisse, die die Reisepläne stören könnten, berücksichtigt werden müssen. Bestimmte Dinge können für Fernmieter schwierig sein, z. B. die Bereitstellung eines Kühlschranks oder Herds zum Kochen und eines ausreichenden Vorrats an Reinigungsmitteln und Müllsäcken.

e) Instandhaltung des Gebäudes

Um Probleme wie ein undichtes Dach oder andere gebäudebezogene Probleme zu vermeiden, müssen Vermieter bereit sein, einen Hausverwalter einzustellen und die Immobilie regelmäßig zu besichtigen. Diese Aufgaben erfordern Zeit und Energie, daher ist es wichtig, einen zuverlässigen Dienstleister zu finden.

f) Finanzverwaltung

Als Eigentümer aus der Ferne haben Sie andere Zeitvorgaben als ein lokaler Investor. Wenn Sie außerhalb Ihrer regulären Arbeitszeiten investieren, kann es schwierig sein, Ihr Budget einzuhalten. Die Zusammenstellung neuer Konten kann viel länger dauern als bei Familienmitgliedern oder Investoren, die persönlich anwesend sind.

Es gibt einige Möglichkeiten, diese Komplikationen zu minimieren und Ihre Investition in gutem Zustand zu halten. Wenn Sie sich für ein Mehrfamilienhaus entscheiden, können Sie

Ihre Zeit besser einteilen und die Probleme, die eine einzelne Familie mit sich bringen kann, verringern.

Es kann ratsam sein, ein Unternehmen mit der Instandhaltung der Immobilie zu beauftragen, da dies viele Vorteile mit sich bringt. Ein gutes Unternehmen sollte in der Lage sein, Reparaturen und Instandhaltungsarbeiten durchzuführen, den Mietern bei Problemen zu helfen und dafür zu sorgen, dass die Wohnung sauber ist, wenn neue Mieter einziehen. Dies kann nicht nur den Wert Ihrer Investition steigern, sondern auch Ihre Kosten senken.

Welche Risiken gibt es?

Die Risiken, die mit einer Immobilieninvestition aus der Ferne verbunden sind, sind begrenzt, da der Investor nicht physisch vor Ort ist, wie es bei einer Immobilieninvestition vor Ort der Fall wäre.

Zu diesen Risiken gehören

a) Betrugsrisiko.

Investitionen aus der Ferne sind als Anlageform mit einem hohen Risiko verbunden. Betrügereien werden von vielen Personen begangen, einschließlich Immobilienmaklern, Verkäufern und anderen. In der Immobilienbranche wird Betrug als "Schwindel" und "Diebstahl" bezeichnet.

b) Das Risiko, Geld durch eine falsche Investitionsentscheidung zu verlieren.

Investoren in Gewerbeimmobilien gehen ein Risiko ein, wenn sie Immobilien kaufen, deren Rendite unter den Anschaffungskosten liegt. Bei Wohnimmobilien sind die Möglichkeiten des Investors, seine Ausgaben wieder hereinzuholen, aufgrund der Zeitspanne zwischen dem Kauf einer Immobilie und dem Zeitpunkt, zu dem sie durch Vermietung oder gewinnbringenden Verkauf zu Geld gemacht werden kann, begrenzter.

c) Das Risiko, kein Mitspracherecht bei der Verwaltung der Immobilie zu haben.

Investoren haben kein Mitspracherecht in Bezug auf ihre Immobilie, wenn sie beschließen, die Verwaltung der Immobilie jemand anderem zu übertragen. Wenn die Immobilie z.B. renoviert oder repariert werden muss, kann der Investor dies nicht tun, wenn er nicht vor Ort ist.

d) Das Risiko steigender Kosten.

Das Hauptrisiko besteht darin, dass die mit dem Eigentum und der Verwaltung der Gewerbeimmobilie verbundenen höheren Kosten nicht getragen werden können.

e) Das Risiko eines Wertverlustes aufgrund eines schlechten Managements durch Dritte, z.B. durch den beauftragten Verwalter.

Erhöhte Kosten können zu einem Wertverlust der Immobilie führen. Wenn eine Immobilie an Wert verliert oder unbrauchbar wird, hat der Investor möglicherweise keine Möglichkeit, die Situation zu steuern oder zu korrigieren, da er nicht vor Ort ist.

f) Das Risiko erhöhter Transportkosten.

Die Entfernung kann die Betriebskosten für den Transport erhöhen, insbesondere bei Gewerbeimmobilien, die den Transport von Waren oder Personen zu und von der Immobilie erfordern.

g) Das Risiko, einen schlechten Mieter zu haben.

Mieter können Probleme mit der Immobilie verursachen, z. B. Schäden und ausbleibende Mietzahlungen. Auch die

Zwangsräumung von Mietern, die ihre Miete nicht pünktlich zahlen, birgt Risiken. Dies ist mit Gerichtsverfahren verbunden, die kostspielig sein können, um die Räumung durchzusetzen, wenn sie überhaupt durchgesetzt werden können.

h) Das Risiko des Wertverlustes von Wohnimmobilien.

Ein Wertverlust kann dazu führen, dass der Investor Geld für seine Investition verliert. Dies gilt insbesondere für Wohnimmobilien, die von der Allgemeinheit nicht nachgefragt werden und für potenzielle Mieter wenig attraktiv sind.

i) Das Risiko von Verlusten aufgrund von Fehlbewertungen von Immobilien, z.B. bei Immobilien, die aus der Ferne verkauft werden.

Eine Bewertung aus der Ferne kann aus folgenden Gründen ungenau sein:

1. Mangelnde Kenntnis der Umgebung.
2. Falsche Informationen oder "gutgläubige" Fehler bei der Eingabe von Informationen in Computersoftware oder andere Berichtssysteme, die von Immobiliengutachtern verwendet werden.
3. Von den Gutachtern selbst verursachte Fehler aufgrund einer Vielzahl von Faktoren und Fehlern, die sie während des Bewertungsprozesses machen können.
4. Mangelnde Vertrautheit mit den lokalen Immobilienmärkten.
5. Ungenaue Prognosen aus der Marktforschung, z. B. die Annahme, dass ein Gebiet Jahr für Jahr mit einer bestimmten Rate an Wert gewinnt und dieser Trend unbegrenzt anhält.

Diese Risiken können durch folgende Maßnahmen minimiert werden:

165

a) Angemessene Analyse der lokalen Immobilienmärkte.
Durch die Untersuchung der lokalen Immobilienmärkte und die
Ermittlung des voraussichtlichen Werts jeder Immobilie können
Verluste aufgrund falscher Informationen oder Annahmen
minimiert werden.

b) Beschaffung genauer lokaler Marktdaten.
Genaue Marktdaten über durchschnittliche Verkaufspreise und
Mieten können aus verschiedenen Quellen bezogen werden, z. B.
von lokalen Immobilienfachleuten, Immobilienverbänden und
externen Marktforschungsunternehmen.

c) Anwendung eines genauen Bewertungsverfahrens.
Die Beauftragung eines Gutachters mit soliden
Geschäftspraktiken, der seit einem Mindestzeitraum in der
Immobilienbranche tätig ist und über Fachkenntnisse in Bezug
auf die zu bewertende Immobilie verfügt, ist für die Erzielung
genauer Ergebnisse unerlässlich. Gutachter verfügen über
Erfahrungen und Kenntnisse bei der Durchführung vonGutachten
in den lokalen Märkten, in denen sie tätig sind, wodurch das
Risiko von Fehlern und Ungenauigkeiten in ihren Gutachten
minimiert werden kann.

d) Beauftragung zertifizierter Gutachter.
In einigen Ländern müssen Immobiliengutachter von einer
Aufsichtsbehörde, z.B. der Landesregierung, zertifiziert werden,
bevor sie Immobiliengutachten erstellen dürfen. Diese Gutachter
müssen sich bei ihrer Arbeit an die von den Prüfern ihrer
Zertifizierungsstelle festgelegten Praxisstandards halten, was
einen zusätzlichen Schutz für Investoren darstellt, die sich bei
ihren Entscheidungen über den Erwerb von Gewerbeimmobilien
oder anderen Arten von Anlageimmobilien auf diese Art von
Gutachten stützen.

Wie man es falsch macht

Die meisten Menschen, die in Auslandsinvestitionen investieren, machen es falsch. Das liegt daran, dass sie in der Regel keine Erfahrung mit dieser Art von Investitionen haben und es deshalb falsch machen. Das liegt daran, dass sie aufgrund der Lage in eine Immobilie investieren, was sie nicht tun sollten.

Sie sollten in "Land" oder Immobilien investieren, die strategisch gelegen sind, und nicht in erster Linie in den Standort. Denn wenn Sie in ein Gebiet investieren, investieren Sie in eine Art von Geschäft, das eher auf der Nachbarschaft basieren sollte, und wo das sein wird.

Dann kann man anfangen, in diese Art von Immobilien zu investieren, wenn man die Nachbarschaft identifiziert hat und sieht, was andere tun, um sie zu verbessern. Das ist die Art und Weise, wie reiche Leute in Immobilien investieren, aber sie nennen es "Land".

Wenn jemand dorthin geht und ein neues Unternehmen gründet oder in Immobilien investiert, kann er mehr Geld verdienen als anderswo. Dasselbe gilt für Investitionen aus der Ferne. Man muss etwas reisen, um dorthin zu gelangen, aber die Investition wird sich mehr auszahlen als an den meisten anderen Orten.

Das ist der Grund, warum die meisten Menschen, die im Ausland investieren, etwas falsch machen. Sie wissen nicht, wie sie nach Grundstücken oder Immobilien suchen sollen, mit denen sie ihr Geld schneller zurückbekommen als mit jeder anderen Art von Investition. Um ein Ferninvestor zu werden, müssen Sie zuerst herausfinden, wo Sie in Immobilien investieren möchten. Dann sollten Sie so lange recherchieren, bis Sie die für Sie beste Investition gefunden haben. Gehen Sie nicht blind an die Sache heran, denn es ist ein "Geschäft", das Zeit und Mühe kosten kann. Jeder, der Geld verdienen will, hat seine eigenen Methoden.

Hier sind jedoch einige gute Dinge, die jeder beachten sollte, der mit Immobilien Geld verdienen will:
1) Wissen Sie, wie viel Sie sich leisten können. Es wäre hilfreich, keine Investitionen zu tätigen, die Sie sich langfristig nicht leisten können. Wenn Sie einen Kredit aufnehmen wollen, vergewissern Sie sich, dass Sie alle Papiere haben, die Sie unterschreiben müssen, bevor Sie es tun. Denn wenn zwischenzeitlich etwas passiert und Sie einen Rückzieher machen müssen, können hohe Kosten anfallen, z. B. für die Schätzung.

2) Lernen Sie die Gegend kennen. Bevor Sie sich auf den Weg machen und in irgendetwas in der Umgebung investieren, vergewissern Sie sich, dass Sie alles über Ihre Investition und die Region wissen. Wenn es zum Beispiel ein Unternehmen in der Nähe gibt, das Ihrem Unternehmen helfen könnte, fragen Sie, ob es bereit wäre, Ihnen zu helfen. Wenn es nicht willens oder in der Lage ist, Ihnen zu helfen, versuchen Sie, jemanden zu finden, der es kann.

3) Bleiben Sie in einem Teil der Stadt. Bleiben Sie bei einem Teil der Stadt und investieren Sie nicht in alles, was in der Ferne liegt. Wenn Sie das tun, werden Sie eine Menge Immobilien haben, die Sie nicht verkaufen können, weil sie verstreut sind. Außerdem besteht die Gefahr, dass Ihre Investition von jemandem gestohlen wird, der sie nicht haben sollte.

4) Legen Sie eine Preisspanne fest. Wenn Sie mit Investitionen aus der Ferne beginnen möchten, sollten Sie eine Preisspanne für

168

verschiedene Immobilieninvestitionen festlegen. So wissen Sie, ob es sich lohnt oder nicht.

5) Suchen Sie sich einen guten Anwalt. Wenn Sie in Immobilien investieren, sollten Sie sich einen guten Anwalt suchen, der die Papiere prüft und sicherstellt, dass sie in Ordnung sind. Denn wenn sie nicht in Ordnung sind, kann es passieren, dass Sie auf etwas sitzen bleiben, das Sie nicht verkaufen oder loswerden können.

Wie kann man diese Risiken verringern?
Es ist vielleicht einfacher, als Sie denken, diese Risiken von Immobilieninvestitionen aus der Ferne zu verringern. Es ist kein leichtes Unterfangen und erfordert viel Zeit, aber es gibt Maßnahmen, die Sie ergreifen können, um diese Risiken zu verringern. Eine Möglichkeit, die potenziellen Risiken einer Investition aus der Ferne zu verringern, besteht darin, sich zu vergewissern, dass die Immobilie, die Sie sich ansehen, über Annehmlichkeiten verfügt, in denen Ihre Familie gerne leben würde, z. B. einen Swimmingpool oder ein Fitnessstudio. Außerdem ist es wichtig, nur Immobilien mit einer soliden Vermietungshistorie zu kaufen und die Finanzen zu überprüfen, bevor Sie mit dem Kauf des gesamten Hauses fortfahren.

Diese Risiken können wie folgt verringert werden:

a) Prüfen Sie die Immobilie und den lokalen Immobilienmarkt gründlich. Dies wird Ihnen helfen, in eine Immobilie zu investieren, die eine positive finanzielle Rendite abwirft. Außerdem können Sie so feststellen, ob die Immobilie eine gute Investition ist.
b) Erwägen Sie die Beauftragung eines Maklers, der weiß, was eine gute Immobilieninvestition ausmacht.

c) Prüfen Sie sorgfältig, ob die Immobilie im Laufe der Zeit ein Wertsteigerungspotenzial hat oder nicht. Das Letzte, was Sie wollen, ist, ein Haus ohne Wertsteigerungspotenzial zu kaufen und es zu verkaufen, nur weil auf Ihrem Markt eine plötzliche Nachfrage nach dieser Art von Wohnraum besteht. Nehmen Sie sich die Zeit, mit anderen Immobilieninvestoren in Ihrer Region Kontakt aufzunehmen.

d) Wenn Sie eine langfristige Beziehung zu einem Immobilienverwalter aufbauen möchten, suchen Sie nach einem Immobilienverwalter, der auf die Verwaltung von Ferienwohnungen spezialisiert ist.

e) Bauen Sie ein Netzwerk von lokalen Bauunternehmern, Anwälten und anderen Fachleuten auf, die Ihnen bei der Instandhaltung helfen, die Rendite Ihrer Investition verbessern oder Ihnen helfen können, die Immobilie zu verkaufen oder zu vermieten, wenn sie nicht genügend Rendite abwirft.

f) Vergewissern Sie sich, dass Sie nur Immobilien kaufen, die keine größeren Renovierungsarbeiten erfordern und bei der Ankunft am Zielort nicht mehr als die Reparaturkosten eines Monats kosten.
g) Bewahren Sie sich eine gesunde Skepsis gegenüber jedem Geschäft, an dem Sie beteiligt sind. Dies ist besonders wichtig, wenn Sie mit Immobilieninvestoren aus dem Ausland zusammenarbeiten.

h) Überlegen Sie sich eine Exit-Strategie, bevor Sie Ihre erste Investition tätigen. j) Vergewissern Sie sich, dass die Immobilie, die Sie kaufen, eine ausgezeichnete Vermietungshistorie und einen soliden Cashflow aufweist, bevor Sie ernsthaft Geld in die Immobilie investieren.

i) Stellen Sie sicher, dass Sie die Immobilie vor dem Kauf sorgfältig inspizieren und die Vermietungshistorie überprüfen.

j) Erkundigen Sie sich bei den örtlichen Behörden, ob es in letzter Zeit Beschwerden gegen den Vermieter gegeben hat. Wenn dies der Fall ist, ist es wahrscheinlich das Beste, die Immobilie nicht zu kaufen und weiter zu suchen.

Tipps und Tricks
Einige Tipps und Tricks haben vielen Top-Investoren zum Erfolg verholfen. Sie umfassen

a) Entwicklung eines langfristigen Plans - Investoren müssen einen langfristigen, klaren Plan haben. Im Allgemeinen gilt: Je länger der Anlagezeitraum, desto höher der Einkommensstrom und der potenzielle Gewinn.

b) Aufbau von Beziehungen zu Immobilienmaklern in der Nähe der Immobilie - Investoren müssen Beziehungen zu Immobilienmaklern in ihrer Heimatregion und in geografischer Nähe zu dem Ort, an dem sie investieren möchten, aufbauen.

c) Kosten und Steuern so niedrig wie möglich halten - Immobilieninvestitionen im Ausland sind nicht billig; Investoren sollten daher weniger als erwartet für Steuern und Gebühren ausgeben, da diese Kosten schnell jeden erzielten Gewinn aufzehren können.

d) Suche nach sicheren und stabilen Immobilien - Die proaktive Suche nach sicheren und stabilen Immobilien ist entscheidend für Investoren, die ihre Immobilien aufgrund der Entfernung zu ihrem Wohnort nicht so oft besuchen können, wie sie es vielleicht gerne möchten.

e) Diversifizierung - Diversifizierung ist für Immobilieninvestitionen aus der Ferne von entscheidender Bedeutung, und Investoren sollten sich die Zeit nehmen, verschiedene Optionen zu prüfen, bevor sie sich für eine bestimmte Strategie oder ein bestimmtes Objekt entscheiden. Equity Crowdfunding ist eine Option, die sich zunehmender Beliebtheit erfreut. Es ist ein hervorragendes Instrument zur Diversifizierung in viele verschiedene Märkte und kann eine großartige Möglichkeit zur Diversifizierung zu geringeren Kosten sein.

f) Kreative Wege zur Überwindung der Distanz - Investoren müssen kreative Wege zur Überwindung der Distanz finden, z.B. Telearbeit, Internet- und Videokonferenzen oder die Nutzung von virtuellen Assistenten auf Websites wie Upwork.

g) Reinvestition von Dividenden - Dividendeninvestitionen sind eine der besten langfristigen Investitionsstrategien und sollten als Option in Betracht gezogen werden. Mit dieser Strategie können Anleger Einkommen erzielen, wenn ihre Immobilien nicht genutzt werden, indem sie die Dividenden einfach in Anleihen oder andere Anlagen reinvestieren, die Erträge abwerfen.

h) Geringere Einnahmen als Ausgaben - Immobilieninvestitionen im Ausland können Opfer erfordern, um die Kosten niedrig zu halten.

i) Schulden vermeiden - Obwohl Schulden ein hervorragendes Mittel zur Finanzierung von Auslandsimmobilien sind, können sie riskant sein und sollten nur im Notfall eingesetzt werden.

j) Langfristige Orientierung - Langfristige Investitionen erfordern, dass der Investor langfristig denkt und sich nicht von kurzfristigen Verlusten beeindrucken lässt.

k) Marktbeobachtung - Bei Ferninvestitionen muss der Investor den Markt, Wohntrends und andere Faktoren studieren, bevor er sich für eine bestimmte Immobilie entscheidet.

l) Suche nach einem lokalen Partner oder Team - Für Investoren, die neu im Bereich der Ferninvestitionen sind, kann es eine gute Idee sein, einen lokalen Partner oder ein lokales Team mit Erfahrung in diesem Bereich zu finden.

m) Suche nach einem Partner oder einem Team mit Erfahrung in Ferninvestitionen - Wenn Investoren keinen lokalen Partner finden, ist die Zusammenarbeit mit einem erfahrenen Partner eine gute Möglichkeit, von dessen Erfahrung beim Aufbau erfolgreicher Immobilienportfolios zu lernen.

Kapitel 2: Ein A-Team bilden

Ein A-Team für Ferninvestitionen bedeutet, dass der Investor nicht nur Immobilienmakler, sondern auch Hypothekenmakler, Immobilienverwalter und Anlageberater ist. Der Leiter des A-Teams ist für die Generierung von Leads und die Koordinierung des Verkaufs oder der Vermietung der Immobilie verantwortlich. Da er an mehreren Aspekten des Prozesses beteiligt ist, kann er das Risiko besser steuern als ein typischer Immobilienmakler, da er die Kontrolle über seine Immobilie hat und gleichzeitig ein gewisses Einkommen aus der Vermietung oder dem Verkauf seiner Immobilie erzielt. Der Teamleiter eines A-Teams muss intelligent genug sein, um diese Art von Ferninvestition zu managen, was oft bedeutet, dass er mit den jüngsten Veränderungen auf dem Immobilienmarkt sehr vertraut sein muss.

Ein A-Team besteht aus

a) einem Asset Manager, der für den Betrieb des Teams verantwortlich ist und sicherstellt, dass jedes Mitglied des Verkaufsteams eine angemessene Vergütung erhält

b) einem Verkäufer, einem Immobilienmakler, der für den Verkauf von Immobilien im Namen des Teams verantwortlich ist und alle Verkaufstransaktionen abwickelt

c) Ein Hypothekenmakler, der Hypothekendarlehen verwaltet und diese gerne als Instrument einsetzt, um größere und profitablere Geschäfte abzuschließen.

d) Ein Anlageberater, der sich um alle finanziellen Entscheidungen kümmert und neue Möglichkeiten zur

Verbesserung der Anlagerenditen auslotet. Dies kann durch die Analyse verschiedener Anlagemöglichkeiten bei unterschiedlichen Unternehmen geschehen, einschließlich Aktien, Anleihen, Edelmetallen usw. Der Berater kann eine Einzelperson oder ein Unternehmen sein.

e) Ein Immobilienverwalter verwaltet die Immobilien des Teams und kümmert sich um alle damit verbundenen Aufgaben, Sicherheitsverfahren, Instandhaltung usw.

f) Vermieter und Mieter, die das Geld für den Kauf und die Instandhaltung der Immobilie aufbringen. Der Vermieter vermietet einen Teil seiner Immobilie und beansprucht gleichzeitig das Eigentum an allen anderen Immobilien innerhalb des Teams. Der Mieter kann die Miete auf monatlicher Basis zahlen oder eine Kaufoption erwerben und die Miete über einen bestimmten Zeitraum zahlen. Dies ist eine neue Entwicklung auf einigen Märkten, auf denen es keine langfristigen Mietverträge für die angebotenen Immobilien gibt, so dass die Teams monatliche Mietkonditionen festlegen, die für Investoren in verschiedenen Gebieten mit unterschiedlichen Mietbedürfnissen geeignet sind.

Der Leiter des A-Teams muss so schnell wie möglich eine Hypothek für eine Gewerbeimmobilie aufnehmen. Eine gründliche Due Diligence ist unerlässlich, aber wenn Sie eineBank finden, die bereit ist, eine Hypothek für eine Gewerbeimmobilie zu gewähren, wird es einfacher sein, Mieter zu finden. Die Gewerbeimmobilie kann als Sicherheit für neue Kredite dienen. Man sollte die beiden besten Finanzierungsmöglichkeiten in Betracht ziehen: selbstzertifiziertes Geld und privates Geld. Hier habe ich in meiner Karriere als Immobilieninvestor die größten Erfolge erzielt.

Sobald Sie eine Hypothek erhalten haben, können Sie mit der Suche nach Mietern beginnen. Der Teamleiter sollte ein Immobilienfachmann und Investor sein, der in der Lage ist, Mietern zu helfen, rechtzeitig eine geeignete Wohnung zu finden. Dies bedeutet, dass er Zugang zu guten Datenbanken für die Veröffentlichung von Wohnungsanzeigen und zu guten Referenzen für die Überprüfung von Bewerbern haben sollte. Er sollte auch mit den lokalen Marktbedingungen vertraut sein, um Ratschläge geben zu können, worauf bei Betrugsversuchen zu achten ist, und um Mietern zu helfen, Wohnungen in ihrer Preisklasse zu finden. Der Teamleiter sollte auch mit allen lokalen Vorschriften, Gesetzen und Compliance-Fragen vertraut sein, die seine Arbeit betreffen.

Angebote finden
Um als Immobilieninvestor erfolgreich zu sein, müssen Sie in der Lage sein, Angebote zu finden, die es wert sind, angenommen zu werden, und - was noch wichtiger ist - die Sie schnell genug zu Geld machen können, um einen Gewinn zu erzielen.

Wenn Sie motiviert sind, werden Sie Angebote finden. Das Finden von Angeboten ist eine Frage der Zeit. Es ist viel einfacher, Schnäppchen zu finden, wenn Sie wissen, nach welcher Art von Angeboten Sie suchen.

Wenn Sie nach einem Geschäft mit einfachen Bedingungen suchen, z.B. zwei oder drei Prozent Rendite oder ähnliches, wird es viel schwieriger sein, Angebote zu finden. Der Trick bei Investitionen aus der Ferne besteht immer darin, sicherzustellen, dass man die beste Rendite für das Risiko erhält, das man eingeht.

Es ist viel komplizierter, Geschäfte zu finden, als gute Renditen zu erzielen. Der Deal muss für Sie und Ihren Partner passen. Es muss einen Cashflow von mindestens fünf Jahren haben, und die Zeit, die zählt, ist die Zeit, in der Sie Geld verdienen. Die Rendite kann noch so gut sein, wenn sie zu schnell sinkt, wird es nicht funktionieren. Sie müssen Ihre Erwartungen entsprechend steuern.

Bei der Bewertung eines Unternehmens sind folgende Punkte zu berücksichtigen:

a. Cashflow: Erwirtschaftet das Unternehmen genug Geld, um die Investitionen zurückzuzahlen?
b. Chancen: Gibt es Verbesserungsmöglichkeiten?
c. Betriebskosten: Wie viel Zeit, Transportmittel und Geld wird es Sie kosten, das Geschäft zu betreiben?
d. Grundsteuer und Versicherung: Ist damit zu rechnen, dass Sie über einen längeren Zeitraum Geld verlieren?
e. Kapitalisierungszinssatz: Wie hoch ist der Kapitalisierungszinssatz für die Immobilie selbst und wie hoch ist der allgemeine Kapitalisierungszinssatz für dieses Geschäft? Wenn Sie ein Mehrfamilienhaus kaufen, ist es keine gute Investition, wenn die Kapitalisierungsrate unter 10% fällt. Fällt sie beispielsweise auf 9 %, verlieren Sie Geld.

Um ein Ferninvestor zu sein, muss man in seinen Geschäften beständig sein. Sie können nicht jedem Geschäft nachjagen, das sich Ihnen bietet. Wenn Sie ein gutes Geschäft gefunden und ein Angebot abgegeben haben, muss der Prozess schnell und reibungslos ablaufen.

Bevor Sie ein Angebot abgeben, sollten Sie eine erste Analyse durchführen. Das ist die so genannte Due Diligence. Damit stellen Sie sicher, dass Sie alle richtigen Informationen über die

177

Immobilie und die beteiligten Personen haben. Dies ist bei einer Transaktion wie dieser unerlässlich. Sie müssen sich vergewissern, dass der Mieter zuverlässig ist und dass die Immobilie nicht belastet ist.

Ob ein Geschäft zustande kommt oder nicht, hängt davon ab, wie viel Geld es kostet, wie viele Personen involviert sind und ob alle Beteiligten einverstanden sind oder nicht. Es hängt auch vom Ruf der beiden Parteien ab. Deshalb ist eine sorgfältige Prüfung so wichtig.

Bevor Sie ein Angebot machen, sollten Sie unbedingt wissen, welche Rendite Sie mit der Immobilie erzielen können. Ein gutes Geschäft ist ein Geschäft, das Ihnen schnell Geld einbringt und Ihnen ein langfristiges Einkommen sichert. Ein gutes Geschäft ist eine Investitionsmöglichkeit, die einen ausreichenden Cashflow erwirtschaftet, um die Investition zurückzuzahlen, so dass Sie etwas Geld in der Tasche und immer noch eine Immobilie mit Wachstums- und Entwicklungspotenzial haben.

Wenn es um das Angebot geht, sollten Sie sich vorher genau informieren.

Es gibt verschiedene Arten von Transaktionen, die Sie in Betracht ziehen können. Es ist unwahrscheinlich, dass Sie für diese Immobilie einen Geschäfts- oder Immobilienkredit erhalten können.

Zu den Arten von Geschäften gehören:

    a. Fix and Flips (verlassene oder nicht vermietete Einfamilienhäuser, Doppelhaushälften und Wohnungen)

b. Repair and Hold (Sie führen einige Arbeiten an der Wohnung durch und vermieten sie, während Sie darauf warten, dass sie an Wert gewinnt).

c. Kaufen und Halten (langfristige Investitionen in Einfamilienhäuser, Wohnungen oder Mietwohnungen, an denen noch gearbeitet werden muss, bevor sie rentabel sind. Beispiele sind Mehrfamilienhäuser, Zweifamilienhäuser, Eigentumswohnungen, Stadthäuser und gewerbliche Bürogebäude.)

d. Unfertige Bauten (das sind Wohnungen und Wohngebäude, die von einem Bauträger errichtet und noch nicht fertiggestellt wurden).

e. Sanierungen/Renovierungen (sind Sanierungen von Einfamilienhäusern oder Mehrfamilienhäusern. Es kann sich um die Renovierung von leerstehenden Häusern, Reihenhäusern oder Wohnungen handeln, an denen Arbeiten durchgeführt werden müssen).

f. Short Sales (sind Immobilien, die zwangsversteigert werden oder Short Sales durch eine Bank. Sie könnendiese Geschäfte selbst abwickeln, wenn Sie über die erforderlichen Kenntnisse und Ressourcen verfügen. Der Short-Sale-Prozess kann eine Herausforderung sein, da Sie höchstwahrscheinlich mit anderen Investoren konkurrieren).

g. Investitionen (sind Investitionen in Immobilien, die Ihre Zeit nicht in Anspruch nehmen, die renoviert oder umgebaut wurden und die bewohnt sind. Dazu gehören der Kauf von Anlageimmobilien, gewerblichen Anlageimmobilien, Mehrfamilienhäusern und Baugrundstücken für gewerbliche Zwecke).

Sie müssen sicherstellen, dass das Geschäft zu Ihnen passt. Was Sie suchen, ist ein Geschäft, das eine hohe Rendite verspricht und zu Ihrem Lebensstil passt. Sie sollten sich nicht für die billigste Immobilie entscheiden, da die Renditen dort niedrig und die Risiken hoch sind. Das Geschäft muss gut sein, und es wird nur dann gut sein, wenn es Ihren Kriterien entspricht. Es gibt nur wenige Immobilien, die hohe Renditen bei geringem Risiko bieten, daher ist es wichtig, sie zu finden.

Die besten Geschäfte sind Immobilien oder Grundstücke, bei denen Sie die Möglichkeit haben, Verbesserungen vorzunehmen, die zu höheren Erträgen führen, oder die es Ihnen ermöglichen, die Immobilie zu etwas zu entwickeln, das profitabler ist als das, was sie vorher war. Mit anderen Worten: Eine Investition ist mehr als nur ein Bankkredit.

Immobilienmakler
Immobilienmakler sind Experten auf dem Immobilienmarkt und haben Zugang zu einer Vielzahl von Informationen über Anlageimmobilien. Die besten Makler kennen sich in der Region aus und können Sie umfassend über das Angebot beraten. Sie können Sie darüber informieren, welche Immobilien derzeit unterbewertet sind und einen Blick wert sind, und sie können Ihnen wichtige Recherchen anbieten, die Ihnen bei der Entscheidung helfen können, ob Sie die Sache weiter verfolgen wollen.

Ein guter Immobilienmakler kann Ihnen nur aktuelle und genaue Informationen geben. Er sollte auch über ein großes Netzwerk an Kontakten verfügen, über das er mit geeigneten Vermietern in Verbindung treten kann, die bereit sind, an Sie als ausländischen Investor zu vermieten.

Wenn ein Immobilienmakler nicht in der Lage ist, Ihnen zumindest Informationen über einige zum Verkauf stehende

Immobilien in Ihrem Zielgebiet zu geben, kann es eine gute Idee sein, einen anderen Makler zu beauftragen. Immobilienmakler, die den Markt nicht kennen oder keinen Zugang zu den richtigen Informationen haben, können Ihnen wahrscheinlich nicht helfen, eine geeignete Immobilieninvestition zu finden.

Denken Sie jedoch daran, dass Sie mehrere Makler um Rat fragen können und dass Sie nicht gleich aufgeben müssen, wenn Ihnen einer nicht weiterhilft.

Es gibt verschiedene Möglichkeiten, eine gute Beziehung zu Immobilienmaklern aufzubauen. Die erste Möglichkeit besteht darin, gemeinsam mit dem Makler eine Immobilie zu besichtigen, aber denken Sie daran, dass Sie wahrscheinlich einen Termin vereinbaren müssen. Die zweite Möglichkeit ist, sich mit einer Mietanfrage an sie zu wenden. Sie sollten in der Lage sein, bei Ihrem Besuch alle ihre lokalen Kunden aufzulisten. Fragen Sie also, ob sie bereit sind, Ihre Daten aufzunehmen, und rufen Sie an, wenn die Immobilie, für die Sie sich interessieren, frei wird.

Wenn Sie erwägen, in eine der von ihnen verwalteten Immobilien zu ziehen, ist es eine gute Idee, die Makler zu besuchen und mit ihnen über die örtliche Umgebung zu sprechen. Fragen Sie sie, ob sie Ihnen Schulen oder andere Einrichtungen in Ihrer Zielregion empfehlen können und ob Sie sich der Nachteile eines Umzugs bewusst sein sollten.

Schließlich ist es auch hilfreich, wenn Sie eine Kopie Ihres Visums, Ihres Passes und Ihrer Arbeitserlaubnis zeigen können. So können sie besser verstehen, warum Sie in ihrer Region leben möchten, und sich ein besseres Bild von Ihnen machen. Wenn Sie mit einem Immobilienmakler zusammenarbeiten, sollten Sie realistische Erwartungen haben. Angenommen, Sie haben den

Makler umfassend über Ihre Bedürfnisse informiert und ihm alle verfügbaren Informationen über Ihr Budget und Ihre Person zur Verfügung gestellt. Dann ist es seine Aufgabe, eine geeignete Immobilie für Sie zu finden.

Immobilienmakler sollten in der Lage sein, Ihnen bei der Klärung wichtiger Fragen zu helfen, wie z. B. die Qualität der örtlichen Einrichtungen und die Erreichbarkeit der Immobilie für die Mieter. Es ist auch hilfreich, wenn sie auf Probleme hinweisen können, die diese Art von Mietobjekt für ausländische Investoren weniger geeignet machen könnten. Sie können Ihnen auch mit nützlichen Ratschlägen darüber behilflich sein, was eine ideale Immobilie für eine langfristige Vermietung ausmacht.

Eine Immobilienverwaltung ist wichtig, da sie dazu beitragen kann, Ihre langfristige Investition zu schützen und zu sichern. Ein Immobilienverwalter sollte in der Lage sein, Ihnen bei der Suche nach geeigneten Mietern zu helfen, Reparaturen durchzuführen und sich um alle Probleme zu kümmern, die mit den Mietern oder der Immobilie selbst auftreten können.

Oft ist es einfacher, Reparaturen mit einer Hausverwaltung zu koordinieren, als sie selbst durchzuführen. Er kann die meisten Probleme lösen und gleichzeitig sicherstellen, dass die Nutzung der Immobilie durch die Mieter nicht beeinträchtigt wird. Er kann auch dafür sorgen, dass die Arbeiten zu einem geeigneten Zeitpunkt und in einer Weise durchgeführt werden, die die Mieter nicht übermäßig stört.

Es gibt eine Vielzahl von Gebühren für die Hausverwaltung. Diese hängen in der Regel von der Anzahl Ihrer Immobilien, der Größe Ihres Portfolios und den von Ihnen benötigten Dienstleistungen ab. Diese Gebühren können die Kosten für die Vermietung einer

Immobilie an einen Mieter, die Zahlung Ihrer Hypotheken-/Darlehensraten und Rechtskosten umfassen. Die Gebühren, die Ihnen in Rechnung gestellt werden, können von Hausverwaltung zu Hausverwaltung unterschiedlich sein.

Sie werden feststellen, dass viele Hausverwaltungen einen kostenlosen Service anbieten, um Sie zu ermutigen, ihre Dienste in Anspruch zu nehmen, und um sie rentabler zu machen. Dies kann die Bereitstellung von kostenlosen Notfall- oder Wartungsdiensten umfassen.

Achten Sie jedoch auf die Einzelheiten der Hausverwaltungsgebühren, da einige Kosten möglicherweise nicht im anfänglichen Preis enthalten sind oder erst später anfallen, wenn etwas schief geht.

Um einen Mietvertrag abschließen zu können, müssen Sie die Gebühren Ihrer Hausverwaltung bezahlen. Bevor Sie eine Entscheidung treffen, sollten Sie sich über die verschiedenen Dienstleistungen informieren, die von den einzelnen Hausverwaltungen angeboten werden.

Tipps und Tricks
Ein starkes Team ist der Schlüssel zu jeder Immobilieninvestitionsstrategie. Wenn Sie ein erfolgreicher Ferninvestor werden wollen, müssen Sie wissen, wie Sie dieses Team erfolgreich zusammenstellen.

Verstehen Sie die Best Practices für den Aufbau von Teams und nutzen Sie die Macht des Internets, indem Sie Tools wie Skype und Google Hangouts verwenden, um ein Netzwerk aufzubauen, dem Sie vertrauen können, um Ihre Ziele zu erreichen. Ein Powerteam besteht aus mindestens vier zuverlässigen und vertrauenswürdigen Personen. Diese Personen werden Sie bei allen notwendigen Investitionen und Marketingaktivitäten unterstützen. Es wäre hilfreich, wenn Sie diese Personen hätten, denn ihre Aufgabe ist es, Ihr Unternehmen bekannt zu machen und andere auf dem lokalen Immobilienmarkt davon zu überzeugen, dass es sich lohnt, langfristig in Immobilien zu investieren.

Nachfolgend finden Sie einige Tipps, wie Sie ein gutes Verkaufsteam zusammenstellen können:

a) Finden Sie vertrauenswürdige Personen.
Wenn Sie vertrauenswürdige Personen finden, können Sie ein solides Powerteam aufbauen. Sie müssen vertrauenswürdige Personen finden, sonst kann Ihr Unternehmen schnell einen schlechten Ruf bekommen. Diese Personen werden an der Markenbildung arbeiten, um Ihnen zu helfen, Ihr Unternehmen zu vergrößern. Ihr Ruf steht ebenfalls auf dem Spiel, daher müssen Sie sich die Zeit nehmen, diese Personen zu befragen und zu überprüfen.

b) Immobilieninvestoren mit großen Netzwerken finden
Sie müssen jemanden finden, der viele Immobilieninvestoren in Ihrem lokalen Markt kennt. Es wäre hilfreich, jemanden zu finden, der Sie mit lokalen Investoren in Kontakt bringt, damit diese bereit sind zu kaufen, wenn Sie Immobilien zu verkaufen haben. Diese Person kann Ihre Marke aufbauen, indem sie ihr Kontaktnetzwerk nutzt, um Ihr REI-Geschäft bekannt zu machen.

c) Finden Sie Leute, die gut im Marketing sind.
Sie brauchen jemanden in Ihrem Team, der Erfahrung mit sozialen Medien und Internetmarketing hat. Die Aufgabe dieser Person ist es, mehr Leads und Kunden für Ihr Unternehmen zu

finden, sie muss also wissen, was sie tut. Wenn Sie sich diese Stelle nicht leisten können, kann sie vom Leiter des Power-Teams besetzt werden, wenn er das Know-how hat oder jemanden kennt, der es hat.

d) Einen Power-Team-Leiter haben.
Ein Power Team Leader hat die Aufgabe, allen Teammitgliedern zu sagen, was sie zu tun haben. Er ist dafür verantwortlich, dass jedes Teammitglied versteht, wie es Ihnen helfen kann, Ihr Unternehmen zu vergrößern. Er kümmert sich auch um alle Probleme innerhalb der Gruppe. Sie müssen also jemanden auswählen, der weiß, wie man Menschen führt und anleitet.

Wenn Sie finanziell erfolgreich sein wollen, müssen Sie ein starkes Team führen und leiten. Eine gute Führungskraft weiß nicht nur, was sie tut, sondern auch, wie sie Menschen inspirieren und motivieren kann. Sie müssen andere mit Ihren Worten beeinflussen und sie dazu bringen, die Dinge aus Ihrer Sicht zu sehen, um sie zu ermutigen, Ihrer Führung zu folgen. Dies wird Sie in Ihrem Unternehmen voranbringen und Ihnen helfen, die finanziellen Ziele zu erreichen, die Sie sich gesetzt haben.

Wenn ein Teammitglied nicht über die Fähigkeiten oder das Know-how verfügt, um etwas zu tun, ist es Ihre Aufgabe als Führungskraft, es zu unterrichten oder jemanden zu finden, der die Lücke füllen kann. Sie können vielleicht einige Dinge selbst erledigen, aber es ist besser, ein Team von Menschen zu haben, die Ihnen helfen können, Ihre Ziele zu erreichen und Ihr Unternehmen erfolgreich zu machen.

Es ist wichtig, Menschen mit der richtigen Einstellung zu finden, denn man muss sich auf sie verlassen können. Ihre Fähigkeit, Dinge zu Ende zu bringen, hängt von ihrer Einstellung ab. Wenn sie eine schlechte Einstellung haben, werden Sie immer Probleme mit ihnen haben und ständig das Gefühl haben, auf jemanden aufpassen zu müssen. Es ist für alle Beteiligten besser, wenn Sie jemanden für Ihr Team auswählen, der hart arbeitet und tut, was getan werden muss, ohne eine schlechte Einstellung zu haben.

Investoren

Investoren suchen nach Anlagen, mit denen sie eine Rendite erzielen können. Ein Investor kauft Vermögenswerte wie Aktien, Anleihen und Immobilien, um einen Gewinn zu erzielen. Der Schlüssel liegt darin, niedrig zu kaufen und hoch zu verkaufen, um Geld zu verdienen.

Es gibt zwei grundlegende Arten von Anlegern: spekulative Anleger und langfristige Anleger. Ein spekulativer Anleger kauft Vermögenswerte, von denen er glaubt, dass sie in der Zukunft an Wert gewinnen werden. Er hofft, dass die Gewinne größer sind als die Verluste, die er bei längerem Halten erleidet. Im Gegensatz dazu kauft ein langfristiger Investor Vermögenswerte mit geringem Risiko und minimaler Chance, in kurzer Zeit Geld zu verlieren.

Es gibt mehrere Möglichkeiten, einen Investor zu finden. Sie umfassen

a) Familie und Freunde
Familie und Freunde sind eine der besten Quellen für Investoren, da sie Sie und Ihren Businessplan bereits kennen. Sie können Ihnen hilfreiche Ratschläge geben, ob Sie eine realistische Chance auf Erfolg haben. Da sie Ihnen vertrauen, werden sie eher bereit sein, in Ihr Unternehmen zu investieren. Auch Familienmitglieder

und Freunde können als Mentoren fungieren, um Ihr Unternehmen wachsen zu lassen.

b) Angel-Investoren

Ein Angel-Investor ist eine wohlhabende Einzelperson, die einem neu gegründeten Unternehmen Kapital zur Verfügung stellt und im Gegenzug eine prozentuale Beteiligung am Unternehmen oder einfach eine Beteiligung ohne Mitspracherecht erhält. Angel-Investoren sind in der Regel erfolgreiche Geschäftsleute mit umfassender Erfahrung in der Führung ihrer Unternehmen.

c) Risikokapitalgeber

Ein Risikokapitalgeber ist ein Investor, der in wachstumsstarke Unternehmen investiert, die noch nicht profitabel sind. Sie bevorzugen Unternehmen und Branchen, die sie gut kennen und verstehen.

d) Crowdfunding-Plattformen

Crowdfunding-Plattformen ermöglichen es Unternehmern, in der Regel über das Internet, online Geld von vielen Menschen zu sammeln. Einige Plattformen sind allgemein zugänglich, so dass jeder seine Idee oder sein Projekt vorstellen kann, während andere auf bestimmte Anlegergruppen ausgerichtet sind, z. B. auf wohltätige Zwecke oder alternative Energieprojekte. Die Plattformen erheben eine Gebühr und bieten eine Provision auf der Grundlage des über ihre Website investierten Geldes.

Wenn Sie mit einem Investor sprechen, sollten Sie ihm Folgendes sagen:

    a. Wie viel Geld benötigen Sie? Sie können sie fragen, wie viel Geld sie bereit sind, in Ihr Unternehmen zu investieren.

b. Warum brauchen Sie ihr Geld? Es wäre hilfreich, wenn Sie ihnen eine logische Erklärung geben könnten, warum Sie sie um finanzielle Unterstützung bitten.

c. Was haben sie davon? Investoren wollen wissen, ob eine Investition in Ihr Unternehmen für sie von Vorteil ist oder nicht. Sie wollen wissen, ob sie am Ende einen Gewinn sehen werden.

d. Wie viel Geld benötigen Sie, um die Anfangsphase Ihres Unternehmens zu überstehen? Es wäre hilfreich, wenn Sie angeben könnten, wie viel Geld Sie für den Kauf von Ausrüstung und Rohstoffen sowie für die Einstellung von Personal benötigen. Sie sollten auch Schätzungen für Marketing und andere Ausgaben machen, die in der Zukunft anfallen könnten.

e. Erklären Sie die Risiken, die Sie eingehen, wenn Sie in Ihr Unternehmen investieren. Es wäre hilfreich, wenn Sie sie über die Risiken informieren, die mit einer Investition in Ihr Unternehmen verbunden sind, z. B. dass sie ihre Investition verlieren oder sogar keinen Gewinn erzielen.

f. Erklären Sie, warum Sie qualifiziert sind, diese Art von Unternehmen zu führen und erfolgreich zu sein. Es wäre hilfreich, wenn Sie erklären könnten, warum Sie für eine Investition in dieses Unternehmen in Frage kommen. Wenn Ihr Geschäftsplan ein Franchise-Unternehmen vorsieht, müssen Sie erklären, warum gerade dieses Franchise-Unternehmen eine gute Wahl für Sie ist.

g. Beantworten Sie alle Fragen, die sie zu Ihrem Unternehmen und seinem Hintergrund haben.

Investoren werden in Ihr Unternehmen investieren wollen, wenn Ihr Plan solide ist und Sie eine Erfolgsbilanz vorweisen können. Am besten können Sie ihnen zeigen, dass das Unternehmen sowohl für Sie als auch für sie profitabel ist. Sie können nach anderen Investoren suchen, die an Ihrer Art von Unternehmen interessiert sind, wenn Sie nach dem Einholen von Angeboten keinen Erfolg haben.

Kreditgeber

Ein Kreditgeber stellt Ihnen Kapital in Form eines Darlehens oder einer Kreditlinie zur Verfügung, damit Sie es für zukünftige Projekte verwenden können. Im Allgemeinen sind Kreditgeber bereit, Personen Geld zu leihen, die in der Vergangenheit in der Lage waren, es zurückzuzahlen, und bieten Ihnen günstigere Konditionen als Banken.

Es gibt verschiedene Arten von Kreditgebern, darunter Hard Money, Private Money und Private Lender.

a) Hartgeld-Kreditgeber

Wenn Sie auf der Suche nach einer schnellen und unkomplizierten Finanzierung sind, ist ein Kredit von einem Hard Money Kreditgeber genau das Richtige für Sie. Sie müssen keine Antragsformulare ausfüllen oder Hürden überwinden, aber der Zinssatz und die Rückzahlungsbedingungen sind wesentlich teurer als bei einer Bank oder einem traditionellen Kreditgeber. Denken Sie daran, dass der Zinssatz des Kredits nach Ermessen des Kreditgebers in die Höhe schnellen kann, wenn Sie den Kredit nicht rechtzeitig zurückzahlen können oder eine Zahlung versäumen.

b) Private Geldverleiher

Im Gegensatz zu Geldverleihern, die in der Regel kleine -

Geldbeträge verleihen, verleihen private Geldverleiher größere Geldbeträge. Sie sind im Allgemeinen eher bereit, direkt mit Immobilieninvestoren zusammenzuarbeiten. Sie sind auf der Suche nach einer wesentlich höheren Rendite als die Bank, verstehen aber auch das Risiko, das mit langfristigen Immobilienprojekten verbunden ist. Es ist relativ einfach, einen persönlichen Kredit zu erhalten, aber Sie müssen möglicherweise einige Hürden überwinden. Wenn Sie ein Darlehen von einem privaten Kreditgeber aufnehmen möchten, müssen Sie eine Menge Papierkram erledigen, darunter Verträge, Absichtserklärungen und andere offizielle Dokumente. Außerdem müssen Sie für Ihr Darlehen oder Ihre Kreditlinie Sicherheiten oder Eigenkapital hinterlegen.

c) Private Kreditgeber

Private Kreditgeber sind in den meisten Fällen eine Mischung aus Hard Money und Private Money Lender. In der Regel bieten diese Darlehensgeber niedrigere Zinssätze als herkömmliche Darlehen und arbeiten direkt mit Immobilieninvestoren zusammen, anstatt Vermittler wie Private Money Lenders einzuschalten. In den meisten Fällen bieten diese Darlehen eine geringere Hebelwirkung als eine Bank.

Wenn Sie ein Immobilieninvestor sind, der ein großes Investorennetzwerk aufbauen möchte, kann die Suche nach Downline-Mitgliedern der beste Weg für Sie sein. Mit der Macht der sozialen Medien ist es einfacher denn je, ein starkes Netzwerk aufzubauen. Um von dieser Strategie zu profitieren, müssen Sie sicherstellen, dass Ihr Netzwerk aktiv ist und hart daran arbeitet, Geld zu verdienen. Sie müssen die Beziehungen zu Ihren Downline-Mitgliedern pflegen und ihre Fortschritte überwachen, um sicherzustellen, dass auch sie Geld verdienen.

Es kann schwierig sein, Geldgeber für Ihr Projekt zu finden, da es nur eine begrenzte Anzahl von Geldgebern auf dem Markt gibt.

Sie können sich jedoch an Ihr Netzwerk - Freunde und Familienmitglieder - wenden, die daran interessiert sein könnten, jemandem, den sie kennen, Geld zu leihen. Sie können auch auf Networking-Veranstaltungen potenzielle Investoren ansprechen oder über soziale Medien Kontakte knüpfen.

Die Suche nach einem geeigneten Kreditgeber ist genauso wichtig wie die Suche nach einem guten Partner. Wenn Sie beispielsweise einen kurzfristigen Kredit benötigen, sollte Ihr Kreditgeber in der Lage sein, Ihnen schnell Geld zur Verfügung zu stellen. Wenn der Kreditgeber keinen Zugang zu Finanzmitteln hat, ist es besser, einen anderen Kreditgeber zu finden.

Am wichtigsten ist es, einen Kreditgeber zu finden, der Ihnen günstige Konditionen bietet. Bevor Sie einen Kredit oder eine Kreditlinie aufnehmen, sollten Sie sich gründlich informieren. Am besten sammeln Sie Informationen über den Kreditgeber, damit Sie wissen, was für ein Mensch er ist und warum Sie mit ihm Geschäfte machen sollten.

Buchhalter
Buchhalter sind ein wichtiger Bestandteil jedes Unternehmens, auch bei Immobilieninvestitionen. Wenn Sie in Auslandsimmobilien investieren wollen, brauchen Sie einen guten Buchhalter, der Ihre Finanzen überwacht. Wenn Sie einen Buchhalter einstellen, kann er Ihnen bei allen buchhalterischen Aufgaben helfen. Er kann Ihnen auch bei der pünktlichen Zahlung der Kapitalertragssteuer helfen, die von der Bundesregierung verlangt wird.

Um einen Buchhalter zu finden, fragen Sie einen Immobilieninvestor, der an Auslandsinvestitionen beteiligt ist, nach dem Namen seines Buchhalters und sehen Sie, ob er Ihnen einen guten empfehlen kann. Eine andere Möglichkeit, einen Buchhalter zu finden, besteht darin, in der Nähe ansässige Buchhaltungsfirmen anzurufen und sie zu fragen, ob sie einen ausgezeichneten Immobilieninvestor kennen, der ihre Dienste in Anspruch nimmt.

Wenn Sie sich für eine Firma entschieden haben, sollten Sie auch einen Buchhalter aus dieser Firma auswählen. Wenn Sie einen Buchhalter direkt von der Firma wählen, wird er Ihnen oft mehr berechnen, weil es bequemer ist, ein Konto bei der Firma zu haben. Wenn es Ihnen nichts ausmacht, ist es eine gute Idee, einen Buchhalter aus einem anderen Büro in der Stadt zu wählen. Auf diese Weise können Sie Geld sparen.

Wenn Ihr Buchhalter ein Immobilieninvestor ist, kann er Ihnen sagen, ob er es für klug hält, in entfernte Immobilien zu investieren oder nicht. Er weiß auch, welche Arten von Investitionen besser sind als andere und welcher Zeitrahmen für Ihre Investitionspläne am besten geeignet ist. Auf der Grundlage dieses Wissens können Sie dann eine Entscheidung über Ihre Investitionspläne treffen, bevor Sie tatsächlich Geld für das Projekt ausgeben.

Sie brauchen einen guten Buchhalter, der sicherstellt, dass Sie die richtigen Steuern auf Ihre Immobilieninvestitionen zahlen. Wenn Sie vorhaben, langfristig in diesem Geschäft tätig zu sein, müssen Sie auch wissen, welche Investition für Sie am besten geeignet ist. Mit Hilfe Ihres Steuerberaters können Sie all dies tun, bevor Sie Geld in eine Immobilie oder ein Projekt investieren.

Jedes Jahr müssen Sie eine Steuererklärung abgeben, und einige Gesetze können dazu führen, dass Sie Steuern auf Ihr Einkommen nachzahlen müssen. Die gute Nachricht ist, dass die

Bundesregierung allen Immobilienbesitzern erlaubt, ein wenig unverantwortlich mit ihren Steuern umzugehen und trotzdem in ein Immobilienprojekt zu investieren, ohne Einkommenssteuern für unverantwortliches Verhalten nachzahlen zu müssen.

Wenn Sie Ferninvestitionen in Betracht ziehen, benötigen Sie einen Buchhalter, der weiß, wie Sie alle Ihre Investitionskonten in Ordnung halten können. Er kann auch feststellen, ob einige Ihrer Konten mehr Arbeit erfordern als andere oder ob Sie überhaupt einen Buchhalter brauchen.

Buchhalter können Ihnen dabei helfen, das Geld zu behalten, das Sie mit Ihren Investitionen verdienen, aber seien Sie darauf vorbereitet, dass sie Ihnen auch bei anderen Konten helfen wollen. Die Art und Weise, wie Buchhalter bei der Buchführung helfen, kann von Buchhalter zu Buchhalter variieren, und es ist wichtig, denjenigen zu finden, der am besten zu Ihrem Unternehmen passt. Wenn sie Erfahrung in der Zusammenarbeit mit Immobilieninvestoren wie Ihnen haben, können sie Ihnen auch sagen, ob sie glauben, dass Immobilieninvestitionen aus der Ferne eine gute Idee sind oder nicht.

Sie können einen guten Buchhalter finden, indem Sie andere Ferninvestoren um Empfehlungen bitten, oder Sie können sich bei Buchhaltungsfirmen in der Umgebung erkundigen, ob sie gute Buchhalter für Ferninvestitionen in der Nähe kennen.

Finden Sie einen guten Buchhalter, der bereit ist, Ihnen bei Ihren Geschäftsbüchern zu helfen. Sie können einen Ferninvestor nach dem Namen seines Buchhalters fragen, oder Sie können eine Buchhaltungsfirma in der Gegend fragen, ob sie einen Buchhalter kennt, der sich auf Ferninvestitionen spezialisiert hat. Wenn Sie sich direkt für einen Buchhalter des Unternehmens entscheiden, wird dieser oft mehr verlangen, da er nach der Anzahl seiner Kunden bezahlt wird.

Obwohl Buchhalter für jedes Unternehmen unerlässlich sind, sollten Sie nicht erwarten, dass sie Ihnen die Hand reichen. Sie werden Ihre Bücher so lange führen, wie Sie sie brauchen, und Ihnen dann die Führung Ihres eigenen Unternehmens überlassen, wenn es an der Zeit ist, die jährliche Steuererklärung abzugeben.

Unternehmer
Dies sind ganz einfach Personen, die für ihre Dienstleistungen und die Akquisition von Kunden bezahlt werden. Sie sind entweder professionelle Unternehmer oder Arbeiter. Arbeiter sind Selbständige, die ihr Einkommen ausschließlich aus ihrer Arbeit beziehen. Professionelle Auftragnehmer müssen nicht immer Unternehmer sein, aber die meisten Auftragnehmer im Baugewerbe müssen Eigentümer eines Unternehmens sein. Das Eigentum besteht in der Regel darin, ein Unternehmen zu gründen oder jemanden damit zu beauftragen, es für sie mit ihrer harten Arbeit, ihren Ersparnissen und Verträgen mit Kunden zu gründen.

Bauträger sind im Wesentlichen Unternehmer, die Immobilien bauen. Sie müssen für niemanden arbeiten und können ihre Dienste vielen Kunden anbieten. Auch sie beziehen ihr Einkommen von Kunden, aber im Gegensatz zu Bauunternehmern ist ihr Cashflow in der Regel stabiler.

Es gibt verschiedene Arten von Bauträgern:

a) Bauunternehmen vor Ort
Kunden beauftragen lokale Bauunternehmen mit dem Bau ihrer Immobilie. Der Bauträger arbeitet vor Ort und hilft dem Kunden

beim Bau. Er kümmert sich um den gesamten Papierkram und kann schnelle Durchlaufzeiten garantieren. Der Bauherr muss sich nur darum kümmern, dass der Bauunternehmer pünktlich ist, gut arbeitet und eine erstklassige Leistung erbringt.

b) Generalunternehmer
Generalunternehmer beauftragen andere Bauunternehmen und bauen nicht selbst. Generalunternehmer erhalten einen höheren Stundensatz als Bauunternehmer, da sie in der Regel alle Arbeiten selbst ausführen, einschließlich der Verwaltung von Subunternehmern und der Überwachung der Aktivitäten in jeder Phase eines Bauprojekts.

c) Design-Build-Bauunternehmen (DBCC)
Hierbei handelt es sich um Bauunternehmen, die über eine ausreichende Ausbildung und Branchenerfahrung verfügen, um alle Aspekte eines Projekts zu übernehmen. Design-Build-Bauunternehmen beginnen mit der Planung und dem Bau eines Gebäudes, bevor sie die endgültigen Baupläne erhalten. Sie arbeiten in der Regel von Anfang an mit Architekten, Bauherren und Ingenieuren zusammen, was zu besseren Entwürfen und Kosteneinsparungen für den Auftraggeber führt.

d) Spezialisierte Bauunternehmen
Spezialisierte Bauunternehmen konzentrieren sich auf einen bestimmten Aspekt des Bauens, z. B. Umbau, Restaurierung oder Konservierung. Sie müssen eine Ausbildung zum geprüften Baumeister absolvieren, um ein Unternehmen in ihrem Spezialgebiet führen zu können.

e) Individuelle Bauherren
Bauherren, die ein Haus von Grund auf selbst bauen. Sie entwerfen das Haus nach den Wünschen ihrer Kunden und bauen

es auf einem eigenen oder gepachteten Grundstück.

Die meisten Bauunternehmer können ihren Lebensunterhalt verdienen, wenn sie qualitativ hochwertige Leistungen erbringen und gute Referenzen vorweisen können. Sie sollten über Grundkenntnisse im Bauwesen verfügen, gut mit Kunden kommunizieren können, vertrauenswürdig sein und die Kosten vernünftig verwalten, ohne die Bedürfnisse der Kunden aus den Augen zu verlieren.

Es gibt verschiedene Möglichkeiten, einen Bauunternehmer zu finden.

a) Personenbezogene Marketingstrategien
Hier nutzen Sie das Internet, um mit potenziellen Kunden in Kontakt zu treten. Sie können kostenlose Veranstaltungen oder Treffen organisieren, um Interessenten für Ihre Dienstleistungen zu gewinnen.

b) Persönliche Empfehlungen
Hören Sie sich an, was andere über die Leistungen, Kosten und Qualität des Bauunternehmens sagen. Referenzpersonen können Ihnen ein hervorragendes Feedback über ihre Erfahrungen mit einem bestimmten Bauunternehmen geben.

c) Referenzen
Es ist immer besser, eine Empfehlung von jemandem zu erhalten, dem man vertraut, da er eine ehrliche Meinung darüber abgeben kann, wie gut jemand alle Kriterien für guten Kundenservice erfüllt, wie zuverlässig er ist, wenn es darum geht, pünktlich zur Arbeit zu erscheinen und wie effizient er arbeitet.

d) Kaltakquise

Kaltakquise ist eine Strategie, um Unternehmen zu kontaktieren und ihnen Ihre Dienstleistungen anzubieten. Sie brauchen keine vorherige Beziehung zu dem Unternehmen zu haben, Sie müssen nur den Namen und die Telefonnummer kennen. Eine ausgezeichnete Strategie für die Kaltakquise besteht darin, das richtige Skript zu erstellen, sich gut vorzubereiten und immer einen Plan für die Nachbereitung zu haben.

e) Berufsverbände

Angenommen, Sie sind ein neuer Bauherr oder Bauunternehmer. In diesem Fall ist es ratsam, Berufsverbänden beizutreten, da diese Ihnen viele Vorteile bieten können, wie z.B. wertvolle Informationen darüber, wie Sie Ihr neues Unternehmen effizient führen können und welche Branchenstandards legal und akzeptabel sind. Sie können Sie auch mit anderen Fachleuten in Kontakt bringen, die in Zukunft Kunden oder Ansprechpartner werden könnten.

f) Zusammenarbeit mit Markenagenturen

Untersuchungen haben gezeigt, dass es besser ist, eine professionelle Branding-Agentur zu beauftragen, die Sie bei allen Aspekten des Brandings Ihres neuen Unternehmens unterstützt. Sie kann sogar das Social Media Marketing und die Lead-Generierung übernehmen und dabei helfen, Ihr Unternehmen über verschiedene Medien bekannt zu machen.

Verhandlungen mit einem Bauunternehmer können eine Herausforderung sein, da er viele verschiedene Kunden hat und Sie um seine Aufmerksamkeit konkurrieren. Sie sollten über ausgezeichnete Kommunikationsfähigkeiten und eine positive, optimistische Persönlichkeit verfügen. Sie müssen in der Lage sein, mit dem richtigen Fuß aufzustehen, um eine solide Beziehung zu Ihrem Kunden aufzubauen.

Sie müssen bereit sein, auf die Wünsche und Bedürfnisse der Kunden einzugehen, einen ausgezeichneten Kundenservice zu bieten und im Rahmen des Budgets zu arbeiten, damit am Ende alle mit dem Ergebnis des Auftrags zufrieden sind.

Der Verhandlungsprozess wird sich von Auftrag zu Auftrag und von Kunde zu Kunde unterscheiden. Ein Auftragnehmer muss flexibel und bereit sein, seinem Kunden in bestimmten Fragen, z. B. bei den Kosten, entgegenzukommen. Die Beziehung sollte immer professionell und höflich bleiben, auch wenn der Kunde wütend oder verärgert ist. Ein guter Bauunternehmer ist in der Lage, mit der Situation ruhig, professionell und diplomatisch umzugehen.

Kapitel 3: Das Internet für die Angebotssuche nutzen

Wie Sie vielleicht wissen, ist die Suche nach einer Immobilie aus der Ferne mit dem Aufkommen der Technologie einfacher geworden. Heutzutage ist es nicht ungewöhnlich, das Internet zu nutzen, um Angebote zu finden. Warum ist es also so beliebt? Die Antwort ist einfach: Weil es funktioniert! Auf Websites wie Zillow und Trulia können Sie die Angebote von Tausenden von Häusern im ganzen Land durchsuchen und mit den Preisen in Ihrer Region vergleichen. Auf diese Weise können Sie Angebote aus einer Vielzahl von Orten finden und ein Haus zu einem niedrigeren Preis kaufen, als wenn Sie es vor Ort gekauft hätten.

Das Internet hat sich zu einem gleichberechtigten Marktplatz entwickelt und zwingt die Marktkräfte dazu, dafür zu sorgen, dass die lokalen Preise mit dem nationalen Durchschnitt konkurrieren. Wenn Sie also daran interessiert sind, eine Investition zu einem Preis zu finden, der nicht von Ihrem Gehalt abhängt, ist es an der Zeit, es zu versuchen. Es sind nur drei schnelle Schritte erforderlich.

a) Finden Sie eine Investitionsmöglichkeit, die Sie erwerben möchten, und recherchieren Sie den Standort. Dies ist der schwierigste Teil des Prozesses und kann eine entmutigende Aufgabe sein, wenn Sie nicht wissen, wonach Sie suchen. Es wäre hilfreich, wenn Sie sich über aktuelle Markttrends, örtliche Vorschriften und Immobilienwerte informieren würden. Es ist wichtig zu wissen, ob es Beschränkungen gibt, die den Kauf verhindern oder erschweren (Bebauungspläne, Eigentumsbeschränkungen usw.). Dieser Schritt erfordert etwas mehr Aufwand als die anderen, da Sie im Internet recherchieren müssen.

b) Bestimmen Sie den Preis Ihrer potenziellen Investition, bevor Sie den Marktpreis ähnlicher Immobilien in Ihrer Region recherchieren. Ich arbeite gerne mit einem unserer Makler zusammen, der Zugang zu mehr Informationen hat als jeder andere auf dieser Website. Das nennt man "Stealth Mode", und es ist genau das, was der Name sagt. Sobald wir einen Marktpreis festgelegt haben, ermitteln unsere Makler, wie viele vergleichbare Angebote es in Ihrer Region zu diesem Preis gibt. Auf diese Weise ist es viel einfacher, den ungefähren Kaufpreis zu ermitteln, den Sie sich leisten können.

c) Wenn Sie sich über den Wert Ihrer Immobilie im Klaren sind, beginnen Sie mit der Suche. Sie haben die ganze harte Arbeit gemacht, jetzt atmen Sie tief durch und fragen sich, ob Sie bereit sind, Ihr Geld in diese Investition zu stecken. Wenn ja, dann ist es an der Zeit, einen Käufer für Ihr potenzielles Investitionsobjekt zu finden!

Die Suche über das Internet hat viele Vorteile. Ein Immobilieninvestor ist online von fast jedem Ort aus erreichbar. Sie können Websites wie Zillow (und viele andere) nutzen, um nach Immobilien zu suchen und diese anhand der lokalen Preise zu bewerten. Viele unserer Kunden nutzen diesen Ansatz, um eine Region zu finden, in der sie investieren möchten. Unser Teamführt dann umfangreiche Recherchen durch, um eine Immobilie zu finden, die gut in ihr Investitionsportfolio passt.
Verschiedene Arten von Immobilien-Websites, um Angebote zu finden

Eine Immobilienwebsite soll Menschen helfen, Immobilien zu finden, zu kaufen und zu verkaufen. Immobilien-Websites sind wie Auktionsseiten, sie listen in der Regel alle Arten von Immobilien auf und nicht nur eine bestimmte Art. Das kann ein

Haus oder ein Mehrfamilienhaus sein. In der Regel kann jemand in dieser Art von Immobilie wohnen oder sie vermieten. In der Vergangenheit hätten Investoren Stunden oder sogar Tage damit verbringen können, viele mögliche Immobilien zu finden, die sie kaufen könnten. Heute bieten viele neue Immobilien-Websites die Möglichkeit, online nach Immobilien zu suchen und Daten über die Immobilie und ihre Umgebung abzurufen.

Es gibt verschiedene Arten von Immobilien-Websites;

a) MLS-Websites (Multiple Listing Service)
Diese Websites enthalten eine Datenbank mit allen Immobilien, die derzeit in einem bestimmten Gebiet zum Verkauf stehen. Sie sind nach Städten geordnet, und jedes Angebot enthält ein Foto des Hauses oder der Immobilie, Einzelheiten wie den Preis und den Namen des Maklers, der den Verkäufer vertritt.

b) Vom Eigentümer zu verkaufen
Hier finden Sie Immobilien, die von einer Person zum Verkauf angeboten werden, die kein professioneller Immobilienmakler ist. Das bedeutet, dass sie ihre Immobilie in der Regel für weniger Geld verkaufen, als wenn sie einen Makler mit dem Verkauf beauftragen würden. Auf vielen dieser Websites können Sie nach Ort und sogar nach Preisklasse suchen, was Ihnen helfen wird, bessere Angebote zu finden.

c) Schweigegelübde
Hier finden Sie Informationen über Immobilien, die derzeit nicht im MLS gelistet sind. In der Regel handelt es sich dabei um Immobilien, die nur wenige Tage auf dem Markt sind und sich in weniger frequentierten Gegenden befinden. Das bedeutet, dass sie nicht von so vielen potenziellen Käufern besichtigt werden,

aber wenn Sie auf der Suche nach etwas Speziellem sind, könnte dies ein guter Ort sein, um Ihre Suche zu beginnen.

d) Zwangsversteigerungen

Banken nutzen Zwangsversteigerungen, um Häuser loszuwerden, die sie nicht verkaufen können. Sie verkaufen sie in der Regel zu einem Preis, der weit unter dem aktuellen Marktwert liegt. Diese Websites können Ihnen helfen, Häuser zu einem niedrigeren Preis zu finden, manchmal nur für ein paar tausend Dollar.

e) Land Banking

Investoren nutzen diese Websites, um Grundstücke zu kaufen, in der Hoffnung, sie zu sanieren und in der Zukunft höhere Immobilienpreise zu erzielen. Diese Websites konzentrieren sich auf kleinere Grundstücke, auf denen die Investoren ihre neue Entwicklung in einer Nachbarschaft schaffen wollen. Der Investor könnte ein Mehrfamilienhaus oder eine Wohnanlage errichten und die einzelnen Einheiten nach Fertigstellung verkaufen.

f) Standorte für Gewerbeimmobilien

Dies sind die Arten von Websites, die Sie nutzen würden, wenn Sie nach Gewerbeimmobilien suchen. Diese Websites konzentrieren sich auf Gewerbeimmobilien. Gewerbeimmobilien sind in der Regel Immobilien, die für geschäftliche Zwecke genutzt werden, wie z. B. Einzelhandelsgeschäfte, Fabriken und große Bürogebäude.

g) Leerverkäufe

Bei Leerverkäufen handelt es sich um Immobilien, die der Eigentümer nicht auf herkömmliche Weise verkaufen kann, da er sich in der Regel in finanziellen Schwierigkeiten befindet oder Hilfe bei der Rückzahlung seiner Schulden benötigt. Leerverkäufe sind viel billiger als andere Arten von Immobilien, so dass diese Websites sie in der Hoffnung anbieten, dass jemand daran interessiert sein könnte, sie zu einem reduzierten Preis zu kaufen.

Steuerunterlagen

Investoren können Geschäfte über Steuerunterlagen erwerben. Wenn der neue Eigentümer zahlt, wechselt die Immobilie den Besitzer und der Steuerbetrag wird fällig. Dieser Betrag wird dann auf das Steuerkonto des neuen Eigentümers überwiesen, der das Geld in Private Equity, Hedgefonds oder andere Immobilienfonds investieren kann. Dazu muss der alte Eigentümer eine Kopie seiner Steuerformulare für diese Transaktion vorlegen.

Die langfristigen Vorteile dieses Verfahrens sind ein niedrigerer persönlicher Steuersatz aufgrund niedrigerer Kapitalertragssteuern und zusätzliche Investitionen, die bereits getätigt wurden (z. B. Private Equity). Der Kauf von Immobilien über Steuerdokumente ist nur eine Form der Ferninvestition, die je nach Anlagestrategie und -zielen ein enormes Renditepotenzial bieten kann. Mit dem richtigen Ansatz können Sie die erforderlichen Mittel für Ihre Immobilieninvestitionen beschaffen und einen größeren Erfolg erzielen.

Die vollständige Kontrolle darüber, was mit Ihrem Geld geschieht, ist ein weiterer Aspekt, der Investitionen aus der Ferne zu einer hervorragenden Option macht. Es gibt so viele Variablen, die innerhalb kurzer Zeiträume auftreten können, dass Investitionen in Immobilien aus der Ferne eine ausgezeichnete Alternative zu traditionellen Immobilieninvestitionen darstellen. Es ist wichtig, dass Sie Ihr vorhandenes Wissen ständig erweitern, da dies den Unterschied ausmacht, wenn Sie Ihre Investitionsmöglichkeiten nutzen wollen. Es gibt verschiedene Möglichkeiten, sich dieses

Wissen anzueignen, z. B. durch Online-Kurse, Workshops, Seminare und Konferenzen.

Konfiszierte Güter sind Güter, die von den Strafverfolgungsbehörden oder anderen Behörden beschlagnahmt wurden, weil sie in eine illegale Aktivität verwickelt waren. Dazu gehören Geld, Fahrzeuge und Gegenstände, die als Schmuggelware gelten. Alle beschlagnahmten Güter werden öffentlich oder privat versteigert.

In den meisten Fällen werden beschlagnahmte Güter zuerst öffentlich versteigert, bevor sie privat verkauft werden. Wenn in den ersten zwei Wochen einer öffentlichen Versteigerung kein Gebot für die Immobilie eingeht, wird sie privat an eine andere Partei verkauft. Immobilien, für die bei einer öffentlichen Versteigerung mehrere Gebote eingegangen sind, werden weitere fünf Tage angeboten, bevor sie privat an den Meistbietenden verkauft werden.

Die Teilnahme an einer Zwangsversteigerung ist an strenge Bedingungen geknüpft. Der Verkäufer muss das Eigentumsrecht an seinem verfallenen Gut haben, er muss im Besitz des Gutes sein, es darf ihm nicht verboten sein, sein Gut zu verkaufen, und der Wert seines Gutes muss bestimmt sein.

Das Standardverfahren für die Einziehung von Vermögensgegenständen besteht aus mehreren Schritten. Der erste Schritt ist die "Beschlagnahme". Die Polizei oder andere Strafverfolgungsbeamte hinterlassen an einem öffentlichen Ort eine Mitteilung mit allen Informationen über die Beschlagnahme. Nachdem die Beamten eine Antwort erhalten haben, suchen sie in ihrem Zuständigkeitsbereich nach Schmuggelware oder illegalen Aktivitäten und nehmen diese dann fest. Durch die Festnahme wird sichergestellt, dass zum Zeitpunkt der Zustellung des Beschlagnahmeersuchens keine kriminelle Aktivität stattgefunden hat.

Der zweite Schritt ist der "Verfall". Dies geschieht, wenn ein Richter bestätigt, dass das Eigentum eingezogen oder verkauft werden kann. Wenn der Richter feststellt, dass das Eigentum beschlagnahmt werden kann, kann es durch einen Gerichtsbeschluss in den Besitz des Eigentümers übergehen. Der Eigentümer kann Berufung einlegen, wenn er der Ansicht ist, dass er nicht an illegalen Aktivitäten beteiligt war und die Strafverfolgungsbehörden sein Eigentum zu Unrecht beschlagnahmt haben.

Der dritte Schritt wird als "Verfügung" bezeichnet. Dies ist der Fall, wenn keine Rechtsmittel eingelegt werden und die Immobilie durch Gerichtsbeschluss in das Eigentum des Staates übergeht. Der nächste Schritt besteht darin, die verfallene Immobilie öffentlich zu versteigern oder einen privaten Käufer zu finden. Wenn kein Gebot für die verfallene Immobilie eingeht, wird sie im Rahmen eines Privatverkaufs an eine andere Partei verkauft.

Der vierte Schritt wird als "Verkauf" bezeichnet. Dies ist der Zeitpunkt, an dem das Eigentum an Ihrer notleidenden Immobilie auf eine andere Person übergeht. Wenn Immobilieninvestitionen korrekt und unter Anwendung der richtigen rechtlichen Verfahren durchgeführt werden, bieten sie viele potenzielle Vorteile, wie z. B. niedrige Zinssätze, günstige Immobilienpreise und eine schnelle Abwicklung.

Der fünfte und letzte Schritt ist das "Erlöschen". Dies ist der Fall, wenn Sie Ihr Darlehen zurückgezahlt haben und keine weiteren Verpflichtungen aus dem Vertrag mehr haben. Das Verfallsdatum beträgt sieben Jahre. Wenn Sie sich entschließen, Ihre Immobilie zu verkaufen, muss innerhalb von sieben Jahren ein Käufer bereit sein, Ihre Immobilie zu erwerben. Kommt der Verkauf innerhalb dieser Frist nicht zustande, fällt die Immobilie an die Strafverfolgungsbehörden zurück, um zu verhindern, dass sie in die Hände der Öffentlichkeit fällt.

Soziale Medien
Wenn sich die Gelegenheit bietet, in eine Immobilie zu investieren, wagen Investoren oft nicht den ersten Schritt. Es besteht immer die Angst, den falschen Standort zu wählen oder zu wenig Zeit für eine so große Investition zu haben. Glücklicherweise gibt es Plattformen wie Facebook Marketplace und Craigslist, die es Investoren ermöglichen, in diesen Markt einzusteigen, ohne ihr Budget zu sprengen.

Ein hervorragender Einstieg für neue Investoren ist die Nutzung von Social-Media-Websites, um Immobilien von weniger erfahrenen oder einfallsreichen Verkäufern zu erwerben, die möglicherweise Hilfe beim Verkauf ihres Hauses benötigen, bevor sie umziehen oder bei Familienmitgliedern einziehen können. Dieser Social-Media-Ansatz funktioniert besonders gut in ländlichen und städtischen Gebieten, in denen ein lokales Unterstützungsnetzwerk vorhanden ist.

Social-Media-Plattformen wie Facebook Marketplace sind eine hervorragende Möglichkeit für neue Investoren, in den Immobilienmarkt einzusteigen, indem sie eine Immobilie erwerben, die schnell verkauft werden muss. Über soziale Medien kann ein Immobilieninvestor einen Investor erreichen, der sein luxuriöses Haus in Florida oder sein Einfamilienhaus in Arizona verkaufen möchte. Über eine Kleinanzeigenseite wie Facebook Marketplace können Sie eine Verbindung herstellen und ein Angebot für diese Immobilie abgeben.

Soziale Medien können ein attraktiver Weg sein, um potenzielle Immobilieninvestoren und Investoren zu finden, die ihre Immobilie schnell verkaufen möchten. Um das Beste aus den sozialen Medien herauszuholen, müssen die Investoren ihre Netzwerke nutzen und die Netzwerke müssen die sozialen Medien nutzen, um für ihre Produkte zu werben.

Instagram ist eine weitere großartige Social-Media-Website, um mit potenziellen Verkäufern und Käufern von Immobilien in Kontakt zu treten. Zusätzlich zu den üblichen sozialen Medien wie Facebook und Twitter ist Instagram eine großartige Möglichkeit, Ihr Produkt zu vermarkten oder Informationen über Ihr Unternehmen zu verbreiten. Wenn Sie eine Fangemeinde aufbauen möchten, um als Immobilieninvestor bekannter zu werden, ist Instagram die richtige Plattform für Sie.

Wenn Sie einen Beitrag in den sozialen Medien veröffentlichen, müssen Sie Informationen über sich selbst, einschließlich Ihres Standorts, angeben. Es ist jedoch auch wichtig, sich mit Menschen zu vernetzen, die ein ähnliches Interesse an Immobilieninvestitionen haben. Durch das Verfolgen der richtigen Zielgruppe in den sozialen Medien und das Posten von nützlichen Inhalten auf deren Seiten können Investoren ihre Marke aufbauen, indem sie Verbindungen zu anderen herstellen, die sie sonst nicht hergestellt oder gefunden hätten, wenn sie nicht in den sozialen Medien aktiv wären.

Privatpersonen können über diese Plattformen Immobilien erwerben, indem sie dem Verkäufer vorschlagen, seine Immobilie zu vermarkten. Durch die Erkundung dieser Social-Media-Plattformen kann ein Investor abschätzen, wie viel Interesse und wie viele Aufrufe er für seine Angebote erhalten wird. In einigen Fällen werden nur Immobilien gekauft, die mehrere Aufrufe mit hohem Interesse erhalten haben.

Die Vor- und Nachteile der Nutzung dieser Social-Media-Plattformen sind;

Vorteile

a. Soziale Medien ermöglichen es, in relativ kurzer Zeit Prestige für Immobilieninvestitionen zu schaffen.
b. Investoren können Immobilien ohne Bargeld über Bankkredite oder Hypotheken kaufen.
c. Soziale Medien erleichtern es, mit Verkäufern zu verhandeln, die ihre Immobilie schnell und zu einem niedrigen Preis verkaufen wollen, um die Mittel für andere größere Anschaffungen oder Familienbedürfnisse an anderen Orten zu haben.
d. Die Nutzung sozialer Medien ermöglicht es Investoren, ein Publikum für die Vermarktung ihrer Investitionen und Unternehmen zu schaffen, was langfristig zu höheren Renditen führen kann.
e. Die Nutzung sozialer Medien ermöglicht es Investoren, die Reaktionen von Online-Kunden zu verfolgen und gute Berichte und Reaktionen in den sozialen Medien zu verfassen.
f. Die Nutzung sozialer Medien ermöglicht es Investoren, sich mit anderen zu vernetzen und zu interagieren, indem sie mit "Gefällt mir" oder Kommentaren antworten, um sich mit Menschen mit ähnlichen Interessen auszutauschen und neue Quellen für Immobilieninvestitionen zu entdecken.

g. Soziale Medien erleichtern es Investoren, ihre Marke aufzubauen, um mehr Aufmerksamkeit bei der Vermarktung ihrer Produkte oder Dienstleistungen zu erhalten.

Benachteiligungen

a. Die Nutzung sozialer Medien kann dazu führen, dass Einzelpersonen falsche Behauptungen über Immobilienpreise, Standorte, potenzielle Steuereinnahmen usw. aufstellen, was zu künftigen Problemen für den Immobilieneigentümer führen kann.

b. Die Nutzung sozialer Medien ist nicht immer effizient. Falsche Behauptungen über Immobilieninvestitionen auf beliebten Websites wie Facebook und Instagram machen es für Investoren sehr schwierig, über diese Marktplätze schnell Immobilien zu einem angemessenen Preis zu erwerben, da potenzielle Verkäufer durch falsche Informationen, die sie von anderen Kunden oder potenziellen Kunden, die dieselbe Plattform genutzt haben, erhalten, abgeschreckt werden.

c. Soziale Medien sind nicht immer ein schneller Weg, um Ihre Immobilieninvestitionen bekannt zu machen, und oft hängt der Erfolg sozialer Medien auf diesen Plattformen von dem ab, was als "Schlagkraft" oder "beliebte Seiten" bezeichnet wird.

d. Die Nutzung sozialer Medien und anderer Marketingmethoden ist nicht immer ein zuverlässiger Weg, um Immobilien zu verkaufen. Es hat Fälle gegeben, in denen Investoren Tausende von Dollars für Social Media Marketing bezahlt haben, obwohl die tatsächlichenKosten viel niedriger gewesen sein können.

Sorgfältige Prüfung

Der Schlüssel zum Erfolg als Immobilieninvestor liegt in der Einhaltung der Sorgfaltspflicht. Die Recherchen, die Sie vor dem Kauf einer Immobilie durchführen, helfen Ihnen, finanzielle Fehler zu vermeiden und kluge Entscheidungen zu treffen.

Der wichtigste erste Schritt bei der Prüfung einer Immobilie ist die kontinuierliche Erkundung der Umgebung. Um herauszufinden, welche Immobilie für Sie in Frage kommt, müssen Sie sich über die Gegend informieren, in der Sie investieren möchten. Sie können Kriminalitätsstatistiken, Informationen über Schulen, Daten von Gutachtern und angesagte Wohngegenden als Ausgangspunkt für Ihre Recherchen nutzen.

Wenn Sie wissen, welche Gegenden für Sie in Frage kommen, und wenn Sie sich vergewissert haben, dass Sie die Immobilie problemlos erwerben können, sollten Sie sich die Zeit nehmen, die Immobilie mit einem Gutachter zu besichtigen, bevor Sie ein Angebot abgeben. Die Zeit, die Sie damit verbringen, Dinge zu überprüfen und mit dem Makler zu besprechen, wird Ihnen helfen, die Immobilie besser zu verstehen und bessere Bedingungen auszuhandeln.
Eine Checkliste ist eine gute Möglichkeit, bei der Immobiliensuche den Überblick zu behalten. Sie können eine Checkliste mit den Punkten erstellen, die Sie über die Immobilie wissen möchten, z. B. wie lange das Haus schon in der Nachbarschaft steht, wie viele Wohneinheiten es hat und ob es sich um eine Bankimmobilie handelt. So können Sie herausfinden, ob diese Investition zu Ihnen passt. Nutzen Sie eine Checkliste, um Ihre Wünsche und Bedürfnisse während der Besichtigung festzuhalten.

Achten Sie auf folgende Punkte, wenn Sie eine Immobilie kaufen:

Gibt es genügend Parkplätze? Welche Nebenkosten sind im Mietpreis enthalten? Wie hoch ist die Kaution? Wissen Sie, wer Ihre Mieter sein werden? Wenn nicht, wie können Sie mehr über sie erfahren? Gibt es derzeit Probleme mit der Immobilie, die die Mieter oder den Käufer betreffen? Was können Sie tun, um diese Probleme zu lösen? Handelt es sich um ein Renditeobjekt oder um eine Immobilie, die zum Wiederverkauf bestimmt ist? Gibt es Raum für Verbesserungen oder Erweiterungen, um den Wert der Immobilie im Laufe der Zeit zu steigern, z. B. durch einen ausgebauten Keller, ein Dachgeschoss oder zusätzliche Einheiten, um die Einnahmen im Laufe der Zeit zu erhöhen?

Beim Kauf einer Immobilie gibt es einige Dinge, die ein Warnsignal sein können. Wenn Sie herausfinden, dass es ein Gerichtsverfahren gegen die Immobilie gibt, oder wenn sie innerhalb kurzer Zeit mehrmals verkauft wurde, sollten Sie sich überlegen, ob Sie Ihr Geld nicht woanders anlegen sollten.

Wenn es keinen Parkplatz gibt oder der Heizkessel kaputt ist, wenn Sie ein Angebot für das Haus machen wollen, Sie es aber für den Winter brauchen, sollten Sie es sich noch einmal überlegen. Immobilien, die vor kurzem kaputt gegangen sind, aber immer noch zum Verkauf stehen, können ein Warnzeichen dafür sein, dass es Probleme mit der Nachbarschaft oder der Hausverwaltung gibt.

Achten Sie bei der Immobiliensuche auf "rote Flaggen" wie Kriminalitätsstatistiken und Zwangsversteigerungen. Ist die Nachbarschaft oder Straße eine gute Gegend für Ihre Investition und können Sie etwas tun, um den Wert der Immobilie zu steigern?

Hier finden Sie einige Tipps und Tricks, die Sie beim Kauf einer Immobilie beachten sollten,

a. Suchen Sie sich einen seriösen und erfahrenen Immobilienmakler, dem Sie beim Kauf und Verkauf von Immobilien vertrauen können. Beim Kauf einer Immobilie müssen viele Entscheidungen schnell getroffen werden, daher brauchen Sie jemanden mit Erfahrung, der alle Ihre Fragen beantworten kann. Ein Immobilienmakler kann Ihnen auch dabei helfen, einen guten Preis für eine Immobilie auszuhandeln, bevor Sie ein Angebot abgeben.

b. Wenn Sie sich für den Kauf einer Immobilie entscheiden, sollten Sie sich vergewissern, dass sich Ihre Investition lohnt, bevor Sie ein Angebot abgeben. Wenn der Eigentümer mehr verlangt, als das Haus wert ist, sollten Sie lieber weniger bieten, als zu viel für die Immobilie zu bezahlen und sofort Geld zu verlieren.

c. Wenn Sie in eine hypothekenfreie Immobilie investieren und der Kreditgeber mehr als 1% Anzahlung für die Immobilie verlangt, müssen Sie entscheiden, ob dies ein gutes Geschäft für Sie ist. Wenn die Immobilie eine Investition ist und keine Verluste macht, kann es sich lohnen, mehr zu zahlen.

d. Wenn Sie ein Haus kaufen oder in eine Anlageimmobilie investieren, vergewissern Sie sich, dass Ihr Makler die Immobilie inspiziert hat, bevor Sie ein Angebot abgeben. Wenn es keine Probleme mit der Immobilie gibt, kann es nach der Besichtigung zu Überraschungen kommen, bevor Sie das Geschäft abschließen.

e. Informieren Sie sich vor der Besichtigung einer Immobilie immer über die Nachbarschaft und die Umgebung, z. B. über Kriminalitätsstatistiken, Schulinformationen, Daten von Gutachtern und "Hot Spots", um zu wissen, was vor sich geht. Sie können auch Online-Ressourcen wie Zillow.com nutzen, um diese Informationen zu erhalten.

f. Wenn Sie eine Immobilie besichtigen, legen Sie sich immer eine Checkliste an und halten Sie sich während der Besichtigung daran. Je mehr Sie über die Immobilie wissen, desto weniger Zeit müssen Sie für die Besichtigung aufwenden und desto mehr Zeit können Sie sich auf die Verhandlungen konzentrieren.

g. Ziehen Sie beim Kauf einer Immobilie immer einen Makler hinzu. Er kann Ihnen dabei helfen, sich beim Kauf einer Immobilie sicher zu fühlen, zu verhandeln und zu verstehen, ob Sie ein gutes Geschäft machen. Probleme wie Eigentumsverhältnisse oder die Größe des Grundstücks können geklärt werden, bevor es zu einem Punkt kommt, an dem es Sie mehr kostet, als aus eigener Tasche zu zahlen, anstatt zu versuchen, sie im Nachhineinmit einem Anwalt zu klären, oder noch schlimmer, das Haus zwangsversteigern zu lassen und loszuwerden.

h. Wenn Sie eine Immobilie kaufen und über den Preis verhandeln, sollten Sie Ihre Entscheidung nicht überstürzt treffen. Nehmen Sie sich Zeit und denken Sie so oft wie nötig darüber nach, bevor Sie sich auf einen Preis einigen. Sie können auch in Erwägung ziehen, mit einem Rechtsanwalt oder noch besser mit einem

Immobilienmakler zu sprechen, wenn Sie Bedenken bezüglich der Immobilie oder der Nachbarschaft haben, die Ihre Kaufentscheidung beeinflussen könnten.

Mietschecks

Ein Mietscheck ist ein Scheck, der jeden Monat auf Ihr Bankkonto überwiesen wird, wenn Sie die Miete von Ihren Mietern einziehen. Mit diesen Schecks kann der Vermieter oder der Mieter die Finanzen leicht verfolgen und die Zahlungen online erfassen. Neben Vermietern können auch Privatpersonen diesen Scheck verwenden.

Der Mietscheck ist bei Immobilieninvestoren und -eigentümern sehr beliebt und erleichtert die pünktliche Zahlung der Miete, ohne dass der Mieter jeden Tag persönlich erscheinen muss. Auf Wunsch kann der Mieter seine Zahlungen auch über das Internet abwickeln.

Mietschecks können ganz einfach mit Ihrem Bankkonto eingerichtet werden. Sie können sie als Vermieter oder als Privatperson verwenden, die die Miete von ihren Mietern einziehen möchte. Ihr Mietscheck besteht aus mehreren Belegen, die Ihr Vermieter jeden Monat auf Ihr Bankkonto überweist. Diese Dokumente sind von Bank zu Bank unterschiedlich, bestehen aber manchmal aus einem Ermächtigungsformular, einem Mietvertrag und einer Zahlungsaufforderung. Der Mietvertrag wird in der Regel in Form eines elektronischen Mietvertrags (LEA) abgeschlossen, der vom Vermieter und vom Mieter auf ihren jeweiligen Computern online unterschrieben werden kann, so dass beide Parteien den Mietvertrag elektronisch unterzeichnen können. Der Vermieter lädt dann den elektronischen Mietvertrag über die Website des Vermieters bei seiner Bank hoch.

Anschließend wird der Mietscheck auf Ihr Bankkonto überwiesen. Diese Schecks bestehen aus einer Rechnung, einer Quittung und einem Zahlungsbeleg, wenn Sie online bezahlen. Die Höhe des Betrags hängt von den aktuellen Zinssätzen und der Wirtschaftslage in der jeweiligen Region des Landes ab. Dies kann aber auch elektronisch geschehen, was es einfacher macht, Zahlungen direkt auf Ihr Konto zu überweisen oder einen Papierbeleg für Ausgaben zu haben, die nicht direkt auf Ihr Konto überwiesen werden können, falls Sie dies später benötigen.

Es gibt viele Möglichkeiten, die Preise für Zimmer und Einzelzimmer zu überprüfen. Die erste Möglichkeit besteht darin, online nach dem gewünschten Bereich zu suchen, z. B. nach einem Hotel oder einem Zimmer, das tage- oder wochenweise vermietet wird. Wenn Sie ein solches Zimmer gefunden haben, müssen Sie einen Termin mit dem Vermieter vereinbaren, um das Zimmer zu besichtigen und zu prüfen, ob ein Mietvertrag vorliegt. Auch dies ist sehr zeitaufwendig, lohnt sich aber, wenn Sie ein ganzes Haus oder eine Wohneinheit auf Ihrem Grundstück vermieten möchten.

Ist dies nicht möglich, können Sie den Vermieter anrufen oder einen Termin mit ihm vereinbaren. Es ist auch wichtig, Ihre Steuerunterlagen zu überprüfen, aus denen hervorgeht, wie viel Sie im letzten Jahr für die Vermietung einer Immobilie bezahlt haben.

Einige Mietabrechnungen sind sehr genau, während andere leicht falsch sein können. Wenn Sie schon einmal eine Immobilie gemietet haben, wissen Sie wahrscheinlich, wovon ich spreche, denn es ist immer schwierig, die Zahlungen zu berechnen und sich über die kleinen Details zu einigen, die manchmal um ein paar Dollar voneinander abweichen können.

Um dieses Problem zu vermeiden, sollten Sie die folgenden Tipps beachten:

a) Überprüfen Sie die Bank und stellen Sie sicher, dass es sich um eine gute Bank handelt. Sie sollten sich vergewissern, dass die Bank zuverlässig ist, bevor Sie mit ihr ein Geschäft über Ihre Immobilieninvestitionen und den Kauf von Mietschecks für Ihre Immobilien abschließen.

b) Vergewissern Sie sich, dass es sich um eine gute Bank handelt. Vielleicht haben Sie schon von einigen Banken gehört, die nicht so gut sind, und möchten sich von ihnen fernhalten. Sie wollen nicht den Ärger haben, von diesen Banken betrogen zu werden. Wenn Sie Probleme mit diesen Banken haben, werden sie Ihnen höchstwahrscheinlich kein gutes Angebot für Ihre Immobilieninvestition machen, egal, was Sie haben oder welche Art von Geschäft Sie machen.

c) Vergewissern Sie sich, dass es sich um ein echtes Konto handelt. Viele Menschen nutzen mehrere Konten für ihre Ersparnisse, wenn sie zum ersten Mal eine Immobilie kaufen, da dies für viele Dinge nützlich sein kann, z. B. für Steuerunterlagen und die Bezahlung von Rechnungen für Versorgungsunternehmen. Diese Konten sind sehr nützlich, besonders wenn Sie ein neuer Investor sind, der zum ersten Mal in eine Mietimmobilie investieren möchte.

d) Finden Sie heraus, welche Formulare Sie ausfüllen müssen. Sie können einen Mietscheck erhalten, ohne viele Formulare ausfüllen zu müssen, aber einige Banken verlangen einige Informationen, die Sie ausfüllen müssen, um die besten Preise und Gebühren für Ihr Konto zu erhalten.

Jede Bank hat eine Reihe von Formularen, die Sie ausfüllen müssen, um Informationen über Sie und Ihre Immobilie zu erhalten. Dies hängt von der Bank und der Art des Kontos ab, das Sie beantragen.

e) Erkundigen Sie sich nach Ihren persönlichen Vorlieben, welche Art von Unterlagen die Bank von ihren Kunden verlangt. Einige Banken werden Sie nach Ihrem Wohnort und anderen persönlichen Informationen fragen, während andere nicht so viele Fragen stellen werden.

f) Vergewissern Sie sich, dass alle Angaben korrekt sind. Einige Banken bieten Onlinekonten an, die nicht oft aktualisiert werden und schwierig zu handhaben sein können. Beim Ausfüllen dieser Formulare kann es leicht zu Fehlern kommen, vor allem, wenn sie online nicht leicht zugänglich sind.

Hier ein Beispiel, wie die Miete normalerweise berechnet wird: "Immobilieninvestoren verwenden Mietschecks aus verschiedenen Gründen. Mit diesen Schecks können Sie in regelmäßigen Abständen Geld von Ihren Mietern und auch vom Vermieter einziehen. Wenn ein Mieter seine Miete nicht zahlt, kann er eine Mahnung erhalten, die ihm eine Frist von dreißig Tagen einräumt. Auch der Vermieter kann eine Mahnung ausstellen. Nach 30 Tagen hat der Vermieter das Recht, den zu zahlenden Betrag von seinem Treuhandkonto abzubuchen. Zahlt der Mieter auch nach 60 Tagen nicht, kann eine Pfändung erfolgen, bei der das Geld ohne Vorankündigung direkt von seinem Bankkonto abgebucht wird.

Wenn Sie sich den Mietbetrag auf einem Mietscheck ansehen, sehen Sie möglicherweise ein Rechnungsdatum, das den Tag angibt, an dem der Vermieter Ihnen den Scheck geschickt hat, oder einen Vermerk "Letzte Annahme", der das Datum der letzten Annahme angibt. Sie können auch Mietanpassungen für Monate vornehmen, in denen keine Miete gezahlt wurde. Der Vermieter braucht nicht die Zustimmung des Mieters, um Gebühren für verspätete Mietzahlungen zu erheben, die in einigen Bundesstaaten wie Kalifornien und Florida recht hoch sein können.

Mietschecks werden von Immobilieninvestoren verwendet, die für die Verwaltung von Immobilien zuständig sind, um Geld von Mietern einzutreiben. Sie können auch von Vermietern verwendet werden.

Digitale Anzeige

Mit dem Aufkommen des Internets hat die Beliebtheit von Immobilieninvestitionen aus der Ferne stark zugenommen. Investoren-Websites, Blogs, Social-Media-Communities und Telefonkonferenzen haben es den Anlegern erleichtert, sich mit neuen Immobilien vertraut zu machen. Dieser digitale Trend hat jedoch auch zu einem rasanten Aufschwung des so genannten "Web 2.0" geführt, d. h. Immobilieninvestoren sind nicht mehr persönlich, sondern über das Internet tätig.

Immobilieninvestitionen aus der Ferne funktionieren am besten, wenn sie zum Teil online getätigt werden und im Laufe der Zeit einige Besuche vor Ort stattfinden, um die Immobilien zu besichtigen. Das Internet ermöglicht einen wesentlich effizienteren Prozess. Es macht den Ferninvestor jedoch nicht weniger anfällig für Betrug oder betrügerische Makler, die die Tatsache ausnutzen, dass die Leute zu weit weg sind, um zusehen, was sie tun.

Wenn Sie jedoch Ihren Markt gründlich recherchieren, können Sie sich sicher fühlen, wenn Sie Ihre Entscheidungen online treffen. Wenn Sie aus der Ferne investieren, können Sie nicht nur bestimmte Risiken vermeiden, die mit dem Kauf einer Immobilie über einen Makler oder Vertreter verbunden sind, sondern Sie können auch Betrugsversuche wirksam abwehren.

Google Maps ist ein Tool, das häufig von Ferninvestoren verwendet wird. Das kann von Vorteil sein, weil es Informationen enthält, die Ihnen helfen, eine fundierte Entscheidung zu treffen, es kann aber auch eine Quelle erheblicher Frustration sein. Es wäre hilfreich, wenn Sie sich mit den Tipps zur effektiven Nutzung von Google Maps vertraut machen und wissen, welche Funktionen Ihnen zur Verfügung stehen.

Sie können auch eine Vielzahl von Informationen über lokale Restaurants, Geschäfte und andere Unternehmen finden, indem Sie online suchen. Auf diese Weise können Sie sich ein Bild von der Gegend machen, in der sich Ihre Immobilie befindet, und herausfinden, ob sie für Sie oder Ihre Mieter geeignet ist oder nicht.

Es ist zwar ein hervorragendes Instrument, um etwas über die Nachbarschaft zu erfahren, aber nur durch persönlichen Kontakt können Sie sich ein genaues Bild von der Gegend machen. Man kann nicht online sehen, wie gut eine Schule ist, wie belebt die Straßen sind oder wie das Verhältnis zu den Nachbarn ist. Google Maps kann Ihnen einen Eindruck vermitteln - aber nur einen Eindruck - von den Immobilien, die für Ihre Investition zur Verfügung stehen, und von den Gegenden, in die Sie investieren möchten.

Es ist auch wichtig zu wissen, dass Immobilieninvestitionen aus der Ferne von Dingen beeinflusst werden können, die auf Google Maps nicht immer sichtbar sind - wie Wasserschäden in Gebäuden und das Vorhandensein oder Fehlen von Gehwegen in bestimmten Gebieten.

Eine der effektivsten Strategien für Investoren, die aus der Ferne anreisen, ist eine Besichtigung durch einen Immobilienmakler. Auf diese Weise kann sich der Investor persönlich ein besseres Bild von der Wohnung und der Nachbarschaft machen und gleichzeitig einige Fragen von jemandem beantworten lassen, der sich vor Ort auskennt.

Einige Investoren können während dieses Prozesses fundiertere Entscheidungen treffen, während andere ihre früheren Wahrnehmungen bestätigt finden. Unabhängig davon, welche Erfahrungen Sie mit Besichtigungen gemacht haben, sollten Sie eine Besichtigung in Betracht ziehen, bevor Sie mit Ihrer Investition beginnen, um Überraschungen zu vermeiden, wenn Sie die Immobilie gekauft haben.

Es hat mehrere Vorteile, eine Immobilie persönlich zu besichtigen, anstatt sich nur Fotos im Internet anzusehen. Beispielsweise können Sie bei einer Besichtigung direkt mit lokalen Immobilienmaklern in Kontakt treten, die Ihnen alle Fragen zur Immobilie beantworten können.

Sie können sich mehrere Immobilien ansehen und entscheiden, welche am besten zu Ihnen passt. Da dies vor Ort und nicht über eine Online-Suche geschieht, werden Sie von dem Haus oder der Gegend, die Ihnen gezeigt wird, nicht enttäuscht sein.

Wenn Sie Ihre Nachbarn kennen, können Sie sicher sein, dass sich Ihre Investition auszahlt. Sie können auch Kontakte knüpfen und sich ein gutes Bild von der Gemeinde machen, in die Sie investieren, was Ihnen viel Zeit erspart, wenn Sie versuchen, sich in einem unbekannten Gebiet zurechtzufinden. Nicht zuletzt sind Besichtigungen eine gute Gelegenheit, die Nachbarn kennen zu lernen.

Manche Investoren schrecken jedoch vor einer Besichtigung zurück, weil sie sich unsicher und verletzlich fühlen. Die meisten von ihnen sind neue Investoren und haben nicht die nötige Erfahrung, um gut auf negatives Feedback zu reagieren. Dies kann es schwierig machen, eine Immobilie auszuwählen, mit der man sich wohl fühlt, insbesondere wenn man sich in der Immobilienbranche nicht auskennt und keinen vertrauenswürdigen Makler hat, mit dem man zusammenarbeiten kann.

Apps, die Ihnen helfen
Eine Anwendung ist eine Software, die für eine bestimmte Aufgabe entwickelt wurde. Es gibt Apps wie PayPal, Google Maps, Yelp und viele andere, die im Alltag nützlich sind, und andere, die sich auf bestimmte Aktivitäten wie Fotografieren oder Einkaufen konzentrieren. Und es gibt eine Art von Apps, die Immobilien-Apps, die Ihnen helfen, Ihre Immobilien-Investitionsstrategie aus der Ferne umzusetzen.

Zu den verschiedenen Apps, die Menschen dabei helfen, in Immobilien zu investieren, gehören

a) Facebook
Facebook bietet einen neuen Service für private Inserenten, die ihre Immobilien an die Nutzer der Plattform verkaufen möchten.

b) Zillow Instant

Zillow Instant ermöglicht es Hausbesitzern, ihre Immobilien auf der Website anzubieten und direkt mit potenziellen Käufern in Kontakt zu treten. Die Verkäufer legen den Preis und die Zahlungsbedingungen fest, d. h. wenn sie Barzahlung wünschen, können sie dies angeben.

c) Immobilien-Mogul
Diese App ermöglicht es Menschen, in Immobilien in Märkten zu investieren, die so nah wie ihre Heimatstadt oder so weit entfernt wie das Silicon Valley sind, ohne jemals das Haus zu verlassen! Realty Mogul bringt Investoren mit Immobilienangeboten in den gesamten Vereinigten Staaten zusammen, so dass jeder von dieser boomenden Branche profitieren kann.

d) Sofort-Angebote
Mit Instant Offers können Käufer eine Auswahlliste von Immobilien erstellen, die sie persönlich besichtigen möchten. Diese Anwendung ermöglicht es Eigentümern, ihre Immobilien auf verschiedenen Social-Media-Plattformen wie Facebook und Instagram zu listen. Sobald die Liste fertiggestellt ist, versendet die App Besichtigungsanfragen und erstellt Routen, damit Interessenten die Häuser, die sie kaufen möchten, auf einfache Weise besichtigen können.

e) Webuyanyhouse.com
Diese Anwendung bringt lokale Verkäufer und Investoren zusammen, die daran interessiert sind, Häuser kostenlos zu kaufen und nach der Renovierung zu verkaufen, so dass alle Beteiligten das Beste aus dem Geschäft machen können.

f) OpenDoor
OpenDoor ist ein Peer-to-Peer-Marktplatz, der Verkäufer und Käufer direkt zusammenbringt. In San Francisco und Phoenix zum Beispiel ermöglicht Open Door Käufern, eine Bibliothek mit

Angeboten von Hausbesitzern, die verkaufen möchten, zu durchsuchen, ohne dafür eine Provision zahlen zu müssen.

g) Depop

Diese App ermöglicht den lokalen Kauf und Verkauf von Kleidung und anderen Modeaccessoires. Die Nutzer können persönliche Treffen vereinbaren oder ihre Artikel nach dem Verkauf per Post an den Käufer schicken.

h) OfferUp

Mit dieser App können Menschen lokal kaufen und verkaufen. Die App enthält eine Chat-Funktion, die es den Nutzern ermöglicht, den Verkäufern Fragen zu stellen und Angebote zu machen, bevor sie bereit sind, sich mit ihnen zu treffen.

i) Wallapop

Wallapop ist ein mobiler Marktplatz für den Kauf und Verkauf von Gebrauchtwaren. Mit dieser App können Nutzer die Wallapop-Datenbank mit zum Verkauf stehenden Artikeln durchsuchen, die gewünschten Artikel in ihrer Nähe finden und einen Termin mit dem Verkäufer vereinbaren.

j) TradeGecko

Diese Anwendung hilft Unternehmen bei der Entscheidung, welche Marktplätze sie für den Verkauf ihrer Produkte nutzen sollten, und basiert auf Echtzeitdaten darüber, welche Plattformen die größte Nachfrage erzeugen.

Kapitel 4: Bleiben Sie auf dem Laufendenüber den Markt

Sich über den Markt auf dem Laufenden zu halten, ist der Schlüssel zur Entwicklung guter Fähigkeiten bei Immobilieninvestitionen. Es ist auch wichtig, zum richtigen Zeitpunkt zu verkaufen, was ein gutes Verständnis dafür voraussetzt, wie man am besten vermeidet, zu viel oder zu wenig zu bezahlen. Es gibt viele ausgezeichnete Websites, die Investoren nutzen können, um Marktforschung zu betreiben und aktuelle Marktinformationen zu erhalten, so dass sie ihren Ansatz während des Investitionsprozesses ständig anpassen können.

Ein Immobilieninvestor, der aus der Ferne investiert, profitiert davon, dass er während der Geschäftszeiten von überall auf der Welt auf diese Ressourcen zugreifen kann. Er muss keinen Urlaub nehmen oder andere Verpflichtungen eingehen, um bei Bedarf zu reisen. Durch Investitionen über diese Ressourcen bleiben sie konkurrenzfähig mit einer lokalen Investmentgruppe, die sich auf ihre lokale Zeitzone konzentriert, anstatt auf internationale Märkte, auf denen sie mehr Konkurrenz hätten.

Immobilieninvestitionen sind eine hervorragende Möglichkeit für Investoren aus dem Ausland, in Immobilien zu investieren, aber nicht die einzige. Wenn Sie über einen effektiven Geschäftsplan verfügen und den Wunsch haben, Ihr Vermögen zu vergrößern und Ihre Gewinne zu steigern, können Sie jede neue Möglichkeit in Betracht ziehen, die solide erscheint und gute Renditen bietet. Sie können Ihr Unternehmen erweitern, indem Sie sich in neuen Geschäftsbereichen wie dem Groß- und Einzelhandel oder dem Online-Kauf und -Verkauf von Warenoder Dienstleistungen betätigen.

Wenn Sie sich über den lokalen Immobilienmarkt auf dem Laufenden halten, bleiben Sie wettbewerbsfähig. Sie müssen sich keine potenziellen Chancen entgehen lassen, nur weil Sie außerhalb des Bundesstaates leben, in dem sich die Option befindet. Es wäre jedoch hilfreich, wenn Sie darauf achten würden, sich nicht so sehr von Ihrer neuesten Investition ablenken zu lassen, dass Sie Ihr Geschäft vernachlässigen. Machen Sie sich mit den örtlichen Gesetzen, Vorschriften und Gepflogenheiten vertraut, da die meisten Regionen des Landes unterschiedlich funktionieren. Dies ist ein hervorragendes Beispiel dafür, wie ein Immobilieninvestor in einem schwierigen Markt wettbewerbsfähig bleiben und gleichzeitig nationale und internationale Chancen nutzen kann.

Immobilienpreise

Die Immobilienpreise sind so hoch wie nie zuvor. Dies ist ein hervorragender Zeitpunkt, um in Immobilien zu investieren, aber man muss sich der Risiken bewusst sein, um davon profitieren zu können.

Wer die Entwicklung der Immobilienpreise verfolgen will, sollte einige Schritte beachten:

a. Verfolgen Sie die Immobilienpreise jederzeit: Dies ist die Grundvoraussetzung, um den Trend zu überprüfen und sicherzustellen, dass die Immobilienpreise steigen oder fallen. Wer die Immobilienpreise täglich verfolgen will, muss den Markt beobachten. Immobilienprofis haben Zugang zu aktuellen Daten und sorgen dafür, dass in ihrem Interessengebiet alles mit rechten Dingen zugeht. Wenn man datierte Informationen über den Immobilienmarkt hat, kann man sehen, wie sich die Immobilienpreise zu einem bestimmten Zeitpunkt im Vergleich zu anderen Preisen entwickelt haben.

b. Beobachten Sie die Trends der Vergangenheit: Anhand der Entwicklung der Immobilienpreise lässt sich leicht feststellen, ob es in bestimmten Gebieten Investitionsmöglichkeiten gibt oder nicht. Wenn Sie die Entwicklung der Immobilienpreise beobachten, können Sie sich ein gutes Bild davon machen, ob die Immobilienpreise in bestimmten Gebieten wahrscheinlich fallen werden. Dies ist ein ausgezeichneter Zeitpunkt, um zu investieren, aber Sie müssen sich über die aktuellen Immobilienmakler in Ihrem Gebiet informieren, um sicherzustellen, dass alles glatt läuft.

c. Informieren Sie sich über Investitionsmöglichkeiten in Immobilien vor Ort: Informieren Sie sich über die neuesten Investitionsmöglichkeiten, die zu diesem Zeitpunkt verfügbar sind, und machen Sie sich mit deren Vor- und Nachteilen vertraut, um bessere Ergebnisse zu erzielen.

d. Nutzen Sie die Vorteile niedriger Immobilienpreise: Immobilienpreise, die unter ihren durchschnittlichen Marktwert fallen, sind ein hervorragender Grund, in Immobilien zu investieren. Immobilieninvestoren nutzen diese Gelegenheit und investieren in Immobilien, die sie zu diesem Zeitpunkt besitzen möchten. Sie können diese Entscheidung treffen, weil sie wissen, dass die Chancen gut stehen, dass die Immobilienpreise bis zum Ende des Jahres fallen und nicht steigen werden.

Eine Immobilie kann bewertet werden durch;

a. First-in-First-out-Methode: First in - first off (FIFO) ist die einfachste Bewertungsmethode, die die meisten Investoren anwenden. Diese Methode wird auch auf Immobilienwerte angewandt. Dabei werden die Kosten, die für die Immobilie gezahlt wurden, als ihr aktueller Wert im Vergleich zu anderen Immobilien ähnlicher Art und Lage betrachtet. Man sollte sich über die FIFO-Methode informieren, um eine bessere Vorstellung von der Immobilienbewertung zu bekommen, indem man einige seiner Immobilien als Beispiele heranzieht.

b. Ansatz der vergleichbaren Verkäufe: Obwohl dieser Ansatz subjektiv ist, gilt er als eine der effektivsten Methoden, die die meisten Investoren anwenden. Auf diese Weise wird der Wert einer Immobilie anhand der Kosten anderer ähnlicher Immobilien ermittelt. Sie können auch eine Marktanalyse verwenden, um diese Werte zu ermitteln.

c. Bewertung durch Dritte: Diese Methode wird von Personen angewandt, die Erfahrung mit Immobilieninvestitionen haben und den richtigen Zeitpunkt für Investitionen in Immobilien kennen. Bei dieser kostengünstigen Methode ermittelt ein Dritter den Wert der Immobilie, indem er sie mit anderen ähnlichen Immobilien vergleicht, einschließlich der aktuellen Preistrends in ihrer Region. Wenn man daran interessiert ist, Immobilienpreise aus dieser Quelle zu erhalten, muss man sich mit Immobilienfachleuten in Verbindung setzen, damit in Zukunft alles gut für einen läuft.

d. Kostenansatz: Dies ist die am wenigsten präzise Methode zur Ermittlung des Immobilienwerts. Bei dieser Methode muss man die Wiederbeschaffungskosten einer Immobilie kennen, die man für eine erfolgreiche Investition benötigt. Sie brauchen nur einige Immobilienmakler in ihrer Gegend zu befragen und wissen, wie viel es sie kosten würde, ein neues Haus zu bauen oder ein anderes bestehendes zu kaufen.

e. Marktwert-Ansatz: Diese Methode erfordert Daten aus ähnlichen Transaktionen. Es können auch anekdotische Informationen aus anderen Quellen verwendet werden (z. B. Steuerbescheid und Verkaufsvergleich). Der Marktwertansatz kann von Investoren verwendet werden,die in weniger liquide Immobilien investieren wollen, um ihre Rendite im Laufe der Zeit zu steigern.

Bei der Bewertung von Immobilien sollten einige Faktoren berücksichtigt werden;

    a. "Marktwert": Einer der wichtigsten Faktoren, der den Gesamtwert einer Immobilie bestimmt, ist der Marktwert. Immobilieninvestoren sollten ihn bei ihren Analysen berücksichtigen, da er die aktuellen Marktpreise, Verkaufstrends und die historische Entwicklung in der jeweiligen Stadt umfasst.

    b. "Multiplikator: Ein Multiplikator wird berechnet, indem die Anschaffungskosten einer Immobilie durch ihren aktuellen Wert geteilt werden. Wenn man sich den Wert einer Immobilie ansieht, stellt man fest, dass er in den meisten Fällen zwischen dem 1-fachen und dem 10-fachen liegt, je nachdem, wo man investiert. In einigen Fällenkann er sogar das 20- oder 30-fache erreichen. Die Verwendung eines Multiplikators erhöht die Chance, im Laufe der Zeit eine höhere Rendite zu erzielen.

    c. "Wachstumspotenzial": Der Wert einer Immobilie ist ein guter Indikator für ihr Wachstumspotenzial. Viele

Unternehmen, die in Immobilien investieren, nutzen diese spezielle Technik, um zu entscheiden, ob sie in eine bestimmte Immobilie investieren oder nicht. Investoren sollten sich auf diesen Bereich konzentrieren, um eine Vorstellung davon zu bekommen, wie stark eineImmobilie in Zukunft wachsen kann.

e. "Preis/Ertrag": Der Marktwert einer Immobilie wird unter Berücksichtigung der jährlichen Mieteinnahmen berechnet. Auf diese Weise können Investoren feststellen, ob eine bestimmte Immobilie zu einem bestimmten Zeitpunkt günstig ist oder nicht. Ist der Marktwert einer Immobilie zu niedrig, kann dies dazu führen, dass in Zukunft weniger Geld verdient wird. In vielen Fällen wird es schwierig sein, Geld zu verdienen, wenn der Marktwert einer Immobilie zu niedrig ist.

f. Der "Buchwert" ist ein weiterer wichtiger Faktor bei der Bewertung von Immobilien. Investoren werden ihren Immobilienmakler um eine Schätzung bitten, inwieweit der Wert der Immobilie nach dieser Methode steigen oder fallen könnte. Dies ist besonders wichtig beim Kauf von Gebrauchtimmobilien, da die meisten Immobilienkäufer gesetzlich verpflichtet sind, diese Methode beim Kauf einer solchen Immobilie anzuwenden.

g. "Spieler/Betriebskosten": In vielen Fällen wird der Immobilienwert durch die Betriebskosten einer Immobilie beeinflusst. Zu diesen Kosten gehören Hypothekenzahlungen, Steuern und Versicherungen. Wenn der Marktwert einer Immobilie zu hoch ist, kann dies die Gewinnspanne für Investoren verringern. Wenn der Marktwert einer Immobilie höher ist als ihre

Betriebskosten, ist es möglicherweise kein guter Zeitpunkt, in Immobilien zu investieren.

h. "Verkaufskosten": Der Wert einer Immobilie wirkt sich direkt auf die Kosten aus, die im Laufe der Zeit für den Verkauf der Immobilie anfallen. Er wirkt sich auch auf den Umfang der Liquidation aus, die erforderlich ist, um die Immobilie zu verkaufen, wenn die Zeit dafür gekommen ist.

Soll ich kaufen, wenn die Immobilienpreise steigen?
Wenn die Immobilienpreise steigen, ist es aus vielen Gründen verlockend, eine Immobilie zu kaufen, wenn man es sich leisten kann. Wenn die Preise steigen, denken Sie vielleicht, dass Sie die Immobilie in ein paar Jahren für mehr verkaufen können, als Sie bezahlt haben.

Wenn der Kauf einer Immobilie jedoch eine langfristige Investition ist, müssen Sie abwägen, ob ein Kauf zum jetzigen Zeitpunkt Ihre Chancen, dieses Ziel zu erreichen, erhöht oder verringert. Wenn sich der Markt in 3 bis 5 Jahren ungünstiger entwickelt und die Immobilienpreise um 15 bis 30 % gefallen sind, bedeutet der Verkauf Ihrer Immobilie für weniger als den Kaufpreis einen Verlust.

Soll man also kaufen, wenn die Immobilienpreise steigen?

Ja - vorausgesetzt, der Kauf dieser speziellen Immobilie ist in Ihrer Situation sinnvoll. Wenn Sie planen, langfristig in der Immobilie zu wohnen, sind die Vorteile einer Investition in Immobilien enorm. Beispielsweise kann der Wertzuwachs bei bestimmten Immobilienarten enorm sein, und Sie können Ihre Investitionsziele vielleicht sogar schnell erreichen.

Wenn Sie zu einem Zeitpunkt kaufen, an dem die Immobilienpreise steigen, wird es in Zukunft schwieriger sein, zu verkaufen. Außerdem könnte Ihnen Ihre Anfangsinvestition im Vergleich zu dem, was Sie noch übrig haben, viel größer erscheinen. Wenn Sie jedoch eine kurzfristige Investition planen, um Geld für etwas anderes (z. B. für Kinder oder den Kauf eines Autos) freizumachen, sollten Sie nicht kaufen.

Wenn Sie in eine solche Immobilie investieren möchten, sollten Sie prüfen, inwieweit eine langfristige Immobilieninvestition für Sie von Vorteil ist. (Wenn Sie also ein Haus kaufen undmindestens fünf Jahre darin wohnen wollen, ist ein Kauf nicht diebeste Wahl. Wenn Sie jedoch vorhaben, das Haus nach 3 bis 5 Jahren zu verkaufen und das Geld aus dem Verkauf zum Aufbau Ihres Sparkontos oder zur Schuldentilgung zu verwenden, dann ist eine Immobilieninvestition eine gute Option.)

Der Vorteil des Immobilienkaufs bei steigenden Preisen ist, dass Sie Ihr Eigenkapital sehr schnell erhöhen können. Je mehr Eigenkapital Sie haben, desto niedriger ist die Hypothek, die Sie für das Haus aufnehmen müssen. Wenn Sie also versuchen, einen hohen Beleihungsauslauf (LTV) loszuwerden, wird Ihnen der Kauf zum aktuellen Marktpreis wahrscheinlich dabei helfen.

Wenn Sie Ihre Immobilie immer mit Gewinn verkaufen wollen, ist es sehr wahrscheinlich, dass Sie dies erreichen, wenn Sie zum Marktpreis kaufen. Wenn Sie das aber nicht wollen, sollten Sie überlegen, wie eine langfristige Investition in Immobilien Ihre Situation verbessern kann.

Soll ich kaufen, wenn die Immobilienpreise fallen?
Wenn die Immobilienpreise einbrechen, fallen sie deutlich unter den durchschnittlichen Verkaufspreis. Mit anderen Worten: Die

Immobilienpreise sind niedrig. Die Immobilienpreise sind niedrig, weil in den letzten Jahren viele neue Häuser gebaut wurden und die Menschen in diese neuen Häuser einziehen wollen. Dies hat die Nachfrage nach Häusern in die Höhe getrieben, was bedeutet, dass es selbst dann, wenn die Verkäufer nicht annähernd den ursprünglichen Preis für ihr Haus verlangen, schwierig ist, Käufer zu finden, ohne den Preis erheblich zu senken.

Vielleicht haben Sie schon einmal von dem Sprichwort "Cash is King" gehört. Das ist es, was jeder Immobilieninvestor anstrebt, ob er nun ein Haus verkauft oder eine Mietwohnung kauft. Bargeld gibt Ihnen, wie Sie wissen, die Freiheit, die Immobilie zu kaufen und zu verkaufen. Bargeld bedeutet, dass Sie nicht von anderen Personen oder Institutionen abhängig sind, wenn es um Finanzierung oder Betriebskapital geht. Bargeld bedeutet, dass Sie Immobilien zu niedrigen Preisen kaufen und mit Gewinn verkaufen können. Bargeld bedeutet, dass Sie, wenn etwas schief geht, mit etwas Geld in der Tasche aus dem Geschäft gehen können, anstatt befürchten zu müssen, dass der Kreditgeber Ihnen die Immobilie wegnimmt. Es ist wichtig, Bargeld nicht mit liquiden Mitteln zu verwechseln. Sie können für einen angemessenen Zeitraum über Bargeld verfügen, ohne auf die Freigabe eines Schecks oder einer Überweisung warten zu müssen.

1. Anders verhält es sich mit Bargeld, denn auch wenn es sehr schnell verschwindet, bedeutet dies nicht, dass sich Ihre finanzielle Situation wirklich verändert hat. Sie verfügen immer noch über die gleichen Mittel wie vor dem Kauf oder Verkauf der Immobilie. Bargeld ist nur eine Zahl. Unabhängig davon, wie groß oder klein sie ist, ändertsie wenig oder gar nichts an Ihrer finanziellen Situation.

Deshalb ist es wichtig, dass Sie sich überlegen, welchen Wert Sie Ihrem Bargeld beimessen. Wenn Sie sich eher als Geld- denn als Immobilienanleger sehen

2. Dann sind Investitionen in Immobilien für Sie vielleicht nicht attraktiv. Es ist etwas, das man tut, wenn der Wunsch nach mehr Geld verschwunden ist. Andererseits wollen Immobilieninvestoren eine Rendite erzielen und sind bereit, dafür zusätzliche Anstrengungen zu unternehmen.

3. Wenn dies der Fall ist, können Investitionen in Mietimmobilien Ihnen helfen, dieses Ziel zu erreichen

4. Vermietete Immobilien es Ihnen ermöglichen, die Liquidität zu erhalten, die Sie benötigen, und gleichzeitig eine vermietete Immobilie zu erwerben, die jeden Monat einen positiven Cashflow generiert.

5. Wenn Sie diese beiden Dinge zusammenzählen, haben Sie eine Investition, die Einkommen generiert und liquide ist. Falls Sie sich immer noch fragen, was ein Cashflow ist: Es ist der Geldbetrag (nach Ausgaben), der von den Mieteinnahmen übrig bleibt, nachdem Sie Ihre Hypothek bezahlt haben.

Wenn man kauft, wenn die Immobilienpreise fallen, reichen die Mieteinnahmen und das Geld, das nach dem Verkauf übrig bleibt, um die monatlichen Rechnungen zu bezahlen. Wie bereits erwähnt, ist dies für die meisten Investoren nicht von Interesse. Denn eines der Ziele von Investitionen in vermietete Immobilien ist die Erzielung von Erträgen. Selbst bei sinkenden Immobilienpreisen sind die Einnahmen aus diesen Immobilien mehr als ausreichend, um die Hypothekenzahlungen zu decken und gleichzeitig einen höheren Cashflow zu erzielen als bei einer Vermietung.

Wie man Angebote unter Marktwert erhält

Unter dem Marktwert zu verkaufen bedeutet, Immobilien zum Marktwert zu kaufen und sie dann mit Gewinn zu verkaufen. Um dies zu tun, müssen Sie Angebote an Orten finden, an denen das Angebot die Nachfrage übersteigt. In der Regel handelt es sich dabei um preiswerte Gegenden, in denen es sich zwar nicht gut leben lässt, die aber durch Hypotheken oder Mieteinnahmen gute Erträge abwerfen.

Angebote unter dem Marktwert zu finden, bedeutet auch, die richtigen Orte zu finden, an denen diese Angebote unter dem Marktwert zu finden sind. Man kann sie finden, indem man sich auf die Faktoren konzentriert, die zu einer hohen Nachfrage und niedrigen Preisen beitragen. Dazu gehören

Die erste wichtige Frage ist, wo Sie in Ihrer Region am ehesten Immobilien finden, z. B. in Großstädten. Der nächste Punkt ist die Preisspanne, die Sie bereit sind, für eine bestimmte Immobilie zu zahlen. Wichtig ist auch, wie viele Immobilien in jedem Preissegment verfügbar sind, wie stark der Wettbewerb ist und wie lange es dauert, ein gutes Angebot zu finden und auf den Markt zu bringen.

Ackerland und andere unbebaute Grundstücke können zu niedrigen Preisen erworben werden. Der Trick besteht darin, herauszufinden, ob das Land später erschlossen werden kann, und dann den Preis an den Kosten für die Erschließung zu orientieren. Wenn Sie sich nicht sicher sind, sollten Sie sich von Immobilienmaklern oder Fachleuten beraten lassen.

Wenn Sie ein Einfamilienhaus unter dem Marktwert erwerben möchten, sollten Sie sich für eine Zwangsversteigerung oder eine Immobilie im Besitz einer Bank entscheiden. Diese Häuser lassen sich leicht über eine schnelle Online-Suche finden. Für größere

Immobilien wie Ranches, Bauernhöfe und Gewerbeimmobilien müssen Sie möglicherweise etwas mehr recherchieren, um den richtigen Preis und das richtige Entwicklungsstadium zu finden.

Insgesamt gibt es viele Möglichkeiten, Angebote unter dem Marktwert zu erhalten. Dazu müssen Sie recherchieren und geduldig sein. Sie können auch die Hilfe von Immobilienmaklern in Anspruch nehmen, die Ihnen bei den Transaktionskosten helfen, wenn Sie ein vielversprechendes Objekt gefunden haben.

Mietpreise steigen

Um es ganz klar zu sagen: Es gibt viele Gründe, in Immobilien zu investieren, aber einer der wichtigsten ist, dass die Mieten wahrscheinlich steigen werden. Wenn die Mieten steigen, ist es eine einfache Entscheidung, in Immobilien zu investieren. Wenn die Mieten steigen, können junge Investoren einen Vorsprung gegenüber älteren Investoren haben und Geld verdienen, solange der Markt steigt.

Dabei ist zu beachten, dass die Mieten nur nach oben gehen. Wenn Sie z.B. eine Immobilie für 1000 $ Miete pro Monat kaufen, gilt die Mietpreisbindung bis zum 1. Januar des nächsten Jahres für ein Jahr. Wenn Sie diese Wohnung heute für 1200 Dollar pro Monat mieten, kann Ihr Vermieter die Gesamtmiete auf 1200 Dollar erhöhen, ohne die Genehmigung der Stadt einholen zu müssen. Das ist ein wichtiger Punkt, denn er verschafft Ihnen einen erheblichen Vorsprung gegenüber älteren Investoren, die mindestens vier Jahre warten müssen, bevor sie ihr nächstes Mietobjekt kaufen, um mit einer solchen Investition Geld zu verdienen.

Ein weit verbreiteter Irrglaube im Zusammenhang mit vermieteten Immobilien ist, dass man eine Immobilie kaufen und dann darauf warten kann, dass der Mieter sie für einen abbezahlt; viele Leute suchen gerne nach Ausreden, warum das nicht funktioniert - "der Immobilienmarkt ist schlecht" oder "die Mieter sind schlecht" sind Dinge, die ich täglich höre. Aber es hat keinen Sinn, Ausreden zu erfinden, wenn man das Problem nicht löst. Es ist auch wichtig zu wissen, dass in manchen Märkten die Mieter vielleicht nicht so gut sind, wie man denkt, der Markt kann schrecklich sein (denken Sie an 2008-2009) und Sie können Geld verlieren. Selbst mit guten Mietern erfordern diese Immobilien aufgrund ihrer Risiken viel Arbeit.

Steigende Mieten sind ein guter Zeitpunkt zum Kauf, aber langfristig gesehen ist der Kauf eines leerstehenden Gebäudes die beste Lösung. Wenn die Leerstandsrate steigt, steigt auch der Marktpreis. Und wie wir bereits gesehen haben, sind Vermieter bei steigenden Mieten eher bereit, ihre Immobilien zu höheren Preisen zu verkaufen oder zu renovieren, weil die Nachfrage hoch und das Angebot gering ist.

Kapitel 5: Strukturierung Ihres Geschäfts

Die Strukturierung Ihres Unternehmens ist ein wesentlicher Bestandteil von Immobilieninvestitionen. Wenn Sie Ihr Geschäft richtig strukturieren, können Sie nicht nur von den Erträgen der Immobilie leben, sondern auch Vermögen aufbauen. Der wichtigste Aspekt bei der Strukturierung von Immobilien besteht darin, das Vermögen in verschiedene Teile aufzuteilen, so dass niemand davon profitieren kann. Ein skrupelloser oder unerfahrener Investor könnte die vermietete Immobilie in sein eigenes Eigentum umwandeln und von diesem Einkommen leben. Dies wird nicht zu langfristigem Wohlstand führen, sondern dazu, dass Sie viel härter arbeiten müssen, als wenn Sie die Immobilie auf herkömmliche Weise erworben hätten.

Es gibt im Wesentlichen zwei Möglichkeiten, wie Sie Ihre Investition aufteilen können. Die erste Möglichkeit besteht darin, sie auf mehrere Personen zu verteilen. Dies kann in Form einer Partnerschaft geschehen, ist aber wesentlich schwieriger zu organisieren und zu handhaben. Die zweite Möglichkeit ist normalerweise die Gründung einer Gesellschaft mit beschränkter Haftung (GMBH). Eine GMBH fungiert als Eigentümerin der Immobilie und nicht eine Person in der Gesellschaft als Eigentümerin der Immobilie. Wenn Sie Ihr Geschäft durch eine GMBH oder ein ähnliches Unternehmen richtig strukturieren, hat keine Person auf dem Papier einen größeren Anteil an Ihrer Investition als eine andere Person. Der wichtigste Grund, warum Sie Ihr Geschäft richtig strukturieren sollten, ist, dass sich niemand an Ihrer Immobilie bereichern kann, indem er illegale Handlungen in Bezug auf Ihre Investition vornimmt. In diesem Buch werden zwei

Möglichkeiten beschrieben, wie Sie betrogen werden können.

Zum einen durch eine illegale Handlung eines Dritten, die Sie entdecken, und zum anderen, wenn jemand in Ihrem Unternehmen eine Straftat begeht, für die er belangt werden kann.

Bei der Strukturierung Ihres Immobiliengeschäfts geht es darum, Ihr Vermögen so aufzuteilen, dass Sie über mehrere Einheiten verfügen, die jeweils ihren eigenen Eigentümer haben. Der wichtigste Aspekt dabei ist, sicherzustellen, dass keine Person einen größeren Anteil an der Immobilie besitzt als eine andere - ein unseriöser Investor kann nicht direkt von der Immobilie profitieren. Schließlich werden wir uns damit befassen, wie Sie die Haftung vermeiden können, wenn jemand in Ihrem Unternehmen eine Straftat begeht.

Eine GMBH ist die effektivste Art, Ihre Immobilie zu strukturieren. Sie können eine GMBH gründen, indem Sie bei Ihrer Gemeindeverwaltung Unterlagen einreichen und vom Finanzamt eine EIN erhalten. Eine EIN ist eine eindeutige Steueridentifikationsnummer, mit der Sie Steuern für Ihre GMBH zahlen können.

Die am einfachsten zu gründende Form einer GMBH ist die sogenannte Ein-Mann-GMBH. Das bedeutet, dass es nur einen Eigentümer Ihres Unternehmens gibt, der auch Eigentümer der Immobilie ist. Der Nachteil dieser Methode ist, dass Sie unbegrenzt für Probleme mit der Immobilie oder dem Geld darin haften - wenn jemand verletzt wird, werden Sie haftbar gemacht. Sie können direkt verklagt werden, da Sie der Eigentümer des Mietobjekts sind. Die zweiteinfachste und am weitesten verbreitete Methode, Ihr Immobiliengeschäft zu strukturieren, ist die Gründung einer

Gesellschaft mit beschränkter Haftung. Eine GMBH ist viel komplexer als eine Ein-Mann-GMBH und hat viel mehr Vorteile, aber in den richtigen Händen kann sie mächtig sein.

Um als Immobilieninvestor erfolgreich zu sein, ist es wichtig zu verstehen, dass alle Cashflows eine Struktur benötigen. Dies kann durch niedrige Zinsen, Nullzinsen oder andere Methoden wie Leverage oder Fremdkapital erreicht werden. Lassen Sie uns Ihnen helfen, eine Struktur zu finden, die zu Ihrem Geschäft und Ihrem Budget passt.

Rechtliche Strukturierung

Bei der rechtlichen Strukturierung geht es darum, das Unternehmen, das in Immobilien investiert, so zu organisieren, dass ein langfristiges Geschäft aufgebaut und gleichzeitig die Steuerlast minimiert wird. Eine der gängigsten Methoden der rechtlichen Strukturierung ist die Verwendung einer Gesellschaft mit beschränkter Haftung oder einer GmbH.

Wenn Sie zum ersten Mal in Immobilien investieren, kann es Ihnen entmutigend erscheinen, sich mit diesem Prozess vertraut zu machen. Wenn Sie jedoch verstehen, wie es funktioniert, wird die Investition in Immobilien einfacher und profitabler als je zuvor.

Die einfachste und am weitesten verbreitete Art, in Immobilien zu investieren, ist die Gründung einer Gesellschaft mit beschränkter Haftung (GmbH). Dies ist der einfachste Weg, um mit der rechtlichen Strukturierung zu beginnen.

Wenn Sie eine Immobilie als Einzelperson und nicht im Namen Ihrer GmbH kaufen, müssen Sie den Gewinn versteuern, wenn Sie die Immobilie verkaufen. Der Steuersatz für eine Einzelperson kann bis zu 50 % für Bundes- und Landessteuern zusammen und bis zu 4 % für Kommunalsteuern betragen.

Durch den Kauf über die Gesellschaft sind Sie jedoch vor Steuerforderungen geschützt und erzielen einen Gewinn, wenn Sie Ihre Anlageimmobilie zu einem höheren Preis verkaufen, als Sie bezahlt haben.

Ihre Gesellschaft wird ebenfalls besteuert, und Sie erhalten eine W2-Bescheinigung, aus der hervorgeht, welchen Gewinn Sie mit Ihrer Immobilie erzielt haben. Wenn Sie diese Gewinne nicht mindestens einmal im Jahr ausschütten, kann Ihre GmbH mit dem Höchstsatz von 35 % besteuert werden.

Der Kauf über eine GmbH hat den Vorteil, dass Sie die Gewinne nicht bei der Sozialversicherung anmelden und keine Steuern zahlen müssen. Sie können auch ein Formular 1065 erhalten, in dem die Gewinne aufgeführt sind, die Sie mit Ihrer Investition erzielt haben, und wie viel Geld an wen geflossen ist (Schedule K-1). Auf diese Weise können Sie alle überschüssigen Gewinne und Ausschüttungen nachverfolgen.

Wenn Sie kein Problem damit haben, die Steuern auf Ihren Cashflow zu einem späteren Zeitpunkt zu zahlen, können Sie Ihre Kapitalertragssteuer auch aufschieben, bis Sie sich entscheiden, Ihre Investition zu verkaufen. Dies ist wichtig, da Sie auf diese Weise die Zahlung von Kapitalertragssteuern in dem Jahr vermeiden können, in dem Sie das Geld nicht entnehmen. Eine gängige Strategie besteht darin, Geld mit vermieteten Immobilien zu verdienen und es als passives Einkommen zu verwenden, indem man jedes Jahr [oder bis zum Verkauf] Immobilienkredite kauft.

Manche Menschen nutzen ihre Immobilien-GmbH auch fürandere Geschäftsideen, z. B. für den Aufbau einer Website oder eines Online-Geschäfts. In diesem Fall können Sie die Gewinne aus Ihrem Unternehmen verwenden, um in eine andere Geschäftsidee zu investieren.

Wenn Sie sich dafür entscheiden, ein eigenes Unternehmen zu gründen, sollten Sie sich darüber im Klaren sein, dass das Finanzamt eine GMBH wie eine Personengesellschaft behandelt und dass sich die Steuergesetze von denen einer Einzelperson unterscheiden. Zum Beispiel sind die Verluste einer GmbH auf ihr Einkommen beschränkt und können nicht auf andere Gesellschafter übertragen werden.

Eine GMBH ist jedoch flexibler als eine Einzelperson und kann Ihre Steuerlast verringern. Wenn z.B. einer der Gesellschafter der GMBH hohe Schulden hat, kann er diese Schulden verwenden, um den anderen Gesellschaftern zinslose steuerpflichtige Beträge als passive Investition auszuzahlen, die nicht steuerpflichtig sind.

Ein weiterer Vorteil besteht darin, dass Sie den Grundbesitz unter Ihren Familienmitgliedern aufteilen können. Dies macht es einfacher, geschenktes Geld für den Kauf von Immobilien zu verwenden, insbesondere wenn einige Familienmitglieder nicht möchten, dass ihre Namen beim Kauf oder Verkauf der Immobilie in den öffentlichen Registern erscheinen.

Mehrere Eigentümer für eine Immobilie zu haben, macht die Sache jedoch komplizierter, wenn Sie die Immobilie eines Tages verkaufen wollen. Dessen sollten Sie sich bewusst sein, wenn Sie eine Immobilie zu Investitionszwecken über eine GMBH kaufen. In den meisten Fällen sind GmbHs komplizierter, und wir empfehlen Ihnen, einen Rechtsanwalt zu konsultieren, der Ihnen bei der Entscheidung hilft, welche Option für Ihre Situation am besten geeignet ist. Er kann Ihnen auch bei der Gründung und dem Betrieb Ihrer GMBH behilflich sein.

Wenn Sie sich entscheiden, als Einzelperson tätig zu werden, fallen keine Gründungskosten an. Wenn es jedoch an der Zeit ist, Immobilien zu kaufen oder zu verkaufen, kann es schwierig sein, jedes Jahr Kapitalertragssteuer auf alle Gewinne zu zahlen oder überhaupt festzustellen, welche Gewinne steuerpflichtig sind und zu welchem Steuersatz sie besteuert werden.

Immobilienverwaltung

Immobilienverwaltung ist ein weit gefasster Begriff, der sich im Allgemeinen auf die Verwaltung von Immobilien bezieht. Sie kann von lokalen Immobilienverwaltungsgesellschaften oder vom Eigentümer selbst durchgeführt werden. In beiden Fällen umfasst die Immobilienverwaltung die Überwachung der Gebäude und ihres täglichen Betriebs. Dazu gehören die Pflege der Beziehungen zu den Mietern, der Einzug der Mieten, Reparaturen und alle anderen anfallenden Aufgaben.

Kenntnisse des lokalen Immobilienmarktes und Erfahrung in der Verwaltung von Immobilien sind für den Erfolg in der Immobilienverwaltung unerlässlich. Außerdem sollten Sie gute Beziehungen zu Kreditgebern pflegen und bei Mietverträgen mit einem Anwalt zusammenarbeiten. Ein gutes Netzwerk in Ihrer Gemeinde ist ebenfalls wichtig, da Sie wahrscheinlich Immobilien von Personen verwalten werden, die Sie kennen.

Ein weiterer Grund, warum Immobilienprofis wie Hausverwalter so effektiv sind, ist, dass sie die Markttrends und die lokalen Immobilienbedingungen kennen. Sie wissen, wann ein Markt boomt und wann nicht, und sie können mit Mietern verhandeln, um ein besseres Angebot zu erhalten. Auf diese Weise können sie mehr Geld von jedem Mieter erhalten, ihre Gewinne steigern und einen höheren Wert für ihre Immobilie erzielen.

Die einfachste Art, Ihre Immobilie zu verwalten, ist, sie auszulagern. Viele Immobilienverwaltungsunternehmen kümmern sich um die tägliche Verwaltung Ihrer Immobilie. In der Regel berechnen sie eine Pauschalgebühr auf der Grundlage der jährlichen Bruttoeinnahmen Ihrer Immobilie. In einigen Fällen berechnen sie einen Prozentsatz der Mieteinnahmen oder eine Gebühr für die Einziehung der Miete.

Angenommen, Sie beauftragen eine Hausverwaltungsfirma, dann recherchieren und vergleichen Sie, bevor Sie sich für ein Unternehmen entscheiden. Es ist wichtig, dass Sie mit einem ethischen und seriösen Unternehmen zusammenarbeiten, das Ihren Gewinn steigert und ehrliche Verwaltungsleistungen für seine Gebühren erbringt.

Bitten Sie Hausverwaltungen, Ihnen Arbeitsproben zu zeigen. Auf diese Weise können Sie sich ein Bild von der Arbeitsweise, der ordnungsgemäßen Ausführung der Arbeiten und den Kosten machen. Erkundigen Sie sich auch, ob das Unternehmen Ihnen einen Richtwert für die Rendite nennen kann, die Sie von seinen Dienstleistungen erwarten können.

Hausverwaltungen, die auf Beziehungen basieren, sind eine gute Option für Immobilieninvestoren, da sie ihnen eher Zugang zu den einzelnen Immobilien gewähren und sie über alles, was im Gebäude vor sich geht, auf dem Laufenden halten. Sie können auch Geld sparen, da sie Beziehungen zu Lieferanten haben, die das ganze Jahr über Kosten einsparen können. Sie können aber auch teurer sein als andere Unternehmen.

Wenn Sie Ihre Immobilie selbst verwalten und dabei Geld sparen möchten, ist nichts dagegen einzuwenden. Wenn Sie jedoch nicht wohlhabend sind oder viel Zeit in die Verwaltung Ihrer Immobilie investieren möchten, ist es wahrscheinlich besser, diese Aufgabe einer lokalen Hausverwaltung Ihres Vertrauens zu überlassen.

Mieter

Ein Mieter ist eine natürliche oder juristische Person, die eine Immobilie von einem Vermieter mietet. Der Mieter zahlt dem Vermieter Miete als Gegenleistung für das Recht, die gemieteten Räumlichkeiten zu nutzen und zu bewohnen, in der Regel für einen bestimmten Zeitraum.

Der Mieter hat die physische Kontrolle über die Immobilie, ist aber normalerweise nicht ihr Eigentümer. Der Mietvertrag ist einer von mehreren Verträgen, die zwischen dem Vermieter und dem Mieter geschlossen werden und in denen festgelegt ist, welchen Beitrag jede Partei zu den Kosten wie Steuern oder Versicherungen leistet. Eine vertragliche Vereinbarung unterliegt den Gesetzen, die solche Vereinbarungen regeln und die von Land zu Land und von Region zu Region sehr unterschiedlich sind.

Es gibt verschiedene Arten von Mietern:

a. Wohnungsmieter: eine Person, die in den gemieteten Räumlichkeiten wohnt und für die Zahlung der Miete an den Vermieter verantwortlich ist.

b. Gewerbemieter, d.h. ein Unternehmen, das Miete für ein Gebäude oder einen Teil eines Gebäudes zahlt, in dem sich sein Büro oder Geschäft befindet. Diese Art von Mieter hat in jüngster Zeit in vielen Ländern, darunter Singapur, England und Australien, aufgrund der zunehmenden Zahl von

Streitigkeiten zwischen Vermietern und Mietern über Räumungsklagen und andere Angelegenheiten die Aufmerksamkeit der Gerichte auf sich gezogen.

c. Gewerblicher Mieter, eine juristische Person, die Mieträume zum Betrieb eines Gewerbes mietet. Diese Art von Mieter hat in letzter Zeit in vielen Ländern, darunter Singapur, England und Australien, aufgrund der zunehmenden Zahl von Streitigkeiten zwischen Vermietern und Mietern über die Nutzungsrechte und andere Fragen große Aufmerksamkeit seitens der Rechtssysteme erregt.

d. Staatlicher Mieter, d. h. eine öffentliche Behörde (z. B. ein Ministerium oder eine Behörde), die eine von der öffentlichen Verwaltung gemietete Immobilie nutzt, und keine Privatperson (z. B. ein Unternehmen oder eine Organisation).

e. Mieter im Ruhestand. Dieser Mietertyp wird im Allgemeinen als eine Person definiert, die von einer älteren Person Miete erhält, um in deren Namen zu wohnen.

Bei einer Bonitätsprüfung wird die Miet-, Beschäftigungs- und Kreditgeschichte einer Person überprüft. In der Regel muss der Mieter ein Dokument unterschreiben, in dem er bestätigt, dass seine Angaben der Wahrheit entsprechen. Dies ist ein wichtiges Instrument für Vermieter, die sich von einem schlechten Mieter erholen und verhindern wollen, dass künftige Mieter ähnliche Probleme haben. Der Mieter gibt sein Wort, dass die von ihm gemachten Angaben der Wahrheit entsprechen. Dieses Dokument wird als "Garantieerklärung" bezeichnet.

Obwohl einige Mieter gute Gründe haben, die Miete nicht zu zahlen (z. B. Verlust des Arbeitsplatzes), ist es wahrscheinlicher, dass sie lügen. Wenn der Mieter instabil erscheint oder mit seinen Zahlungen im Rückstand ist, neigt er eher zum Betrug. Sie geben möglicherweise mehr Geld aus, als sie sollten, erbringen Leistungen, die nicht gesetzlich vorgeschrieben sind (z. B. die Installation einer Klimaanlage), oder verstoßen gegen andere Vorschriften, ohne sich um die Folgen zu kümmern.

Vermieter haften auch für Sachschäden und Verletzungen von Mietern und Gästen. Wenn beispielsweise ein Mieter durch ein defektes Türschloss verletzt wird, kann der Vermieter haftbar gemacht werden. Ein Vermieter kann auch für Sachschäden haftbar gemacht werden, die durch die Fahrlässigkeit seiner Angestellten verursacht wurden (z. B. wenn ein Wartungsarbeiter zulässt, dass Wasser aus der Klimaanlage einesGebäudes in eine oder mehrere Wohnungen eindringt).

Sowohl Vermieter als auch Immobilienmakler führen Bonitätsprüfungen durch, um festzustellen, ob ein potenzieller Mieter in der Lage ist, die Miete vollständig und pünktlich zu zahlen. Sie sind unerlässlich bei langfristigen Mietverträgen oder bei Mietern, die noch nie eine Wohnung gemietet haben. Bonitätsprüfungen können auch für einige städtische bzw. kommunale Wohnungsbaugesellschaften erforderlich sein, die eine Bonitätsprüfung vor der Genehmigung verlangen können.

Es gibt zwei Arten von Bonitätsprüfungen: direkte Prüfungen (Einholung von Informationen bei den Kreditgebern) und indirekte Prüfungen (Einholung von Informationen aus Quellen wie Kreditbüros). Eine Bonitätsprüfung kann als aufdringlich betrachtet werden, wenn sie nachteilige Details aufdeckt, die entweder für das geplante Mietverhältnis irrelevant sind (z. B. ein Konkurs, der während eines mehrere Jahre zurückliegenden Mietverhältnisses mit einem anderen Vermieter eingetreten ist) oder zu Fälschungen genutzt werden könnten (z. B. wenn der Name eines Mieters in eine fiktive Identität geändert wurde).

Bonitätsprüfungen sind notwendig, weil sie dem Vermieter ermöglichen, das finanzielle Verantwortungsbewusstsein und den Wert eines potenziellen Mieters zu beurteilen. Sie hilft festzustellen, ob ein potenzieller Mieter in der Lage ist, die Miete in voller Höhe zu zahlen, ob er in der Lage ist, die Miete pünktlich zu zahlen, welche finanziellen Verpflichtungen er nach dem Auszug aus der Wohnung hat und ob er wahrscheinlich Schäden an der Wohnung verursachen wird (z. B. durch Nichtzahlung von Rechnungen für Versorgungsleistungen). Vermieter sollten sich jedoch darüber im Klaren sein, dass eine gute Bonität nicht bedeutet, dass es keine Probleme mit dem Mietverhältnis geben wird, weil der Mieter die Miete nicht zahlen kann oder andere Probleme hat.

Ein guter Mieter kann sich positiv auf ein Gebäude auswirken, während ein schlechter Mieter anderen Mietern schaden kann. Er kann die Miete nicht zahlen, die Immobilie beschädigen oder vernachlässigen (indem er notwendige Reparaturen nicht durchführt) oder Probleme in Form von Lärmbelästigung, Belästigung oder anderen Formen unsozialen Verhaltens verursachen. Darüber hinaus können Mieter Kredite für ihre Immobilien aufnehmen, die sie bei steigenden Zinsen nicht zurückzahlen können.

Einige Bewerber sind aufgrund ihres Einkommens, ihrer finanziellen Verpflichtungen und anderer Faktoren besser für einen Mietvertrag geeignet. Daher sollten Vermieter bei der Auswahl von Bewerbern für einen Mietvertrag sorgfältig vorgehen. Sie sollten sich über die Art des Mietvertrags (z. B.

befristet oder unbefristet) im Klaren sein, um sicherzustellen, dass sie die richtige Wahl treffen.

Vermieter müssen Faktoren wie das lokale Umfeld (z. B. Umweltverschmutzung), die Nähe zu öffentlichen Verkehrsmitteln und Freizeiteinrichtungen, die Nähe zum Arbeitsplatz usw. berücksichtigen und prüfen, ob diese Faktoren für Mieter attraktiv genug sind, die bereit sein könnten, für eine höhere Lebensqualität oder mehr Komfort deutlich höhere Lebenshaltungskosten in Kauf zu nehmen. Vermieter sollten auch den Wert des Mietverhältnisses berücksichtigen, um sicherzustellen, dass beide Parteien mit den Bedingungen zufrieden sind. Einige Mieter sind möglicherweise weniger bereit, die Miete zu zahlen, wenn sie glauben, dass sie woanders billiger wohnen können.

Kauf einer Immobilie

Der Kauf einer Immobilie ist eine langfristige Investition in Zeit und Geld. Es gibt viele Dinge zu bedenken, z. B. den Standort, den Zustand der Immobilie, die Finanzierung und den Umfang der Arbeiten, die Sie an der Immobilie durchführen müssen, um sie verkaufsfertig zu machen. Wenn Sie in Immobilien investieren wollen, ist das großartig, aber wenn Ihr Ziel nur ein schneller Gewinn ist, was typisch für Investoren ist, die nicht in Immobilien investieren wollen, dann gibt es viele andere Möglichkeiten, dieses Ziel in Ihrer Branche zu erreichen.

Der Prozess des Immobilienerwerbs umfasst die folgenden Schritte:

a) Besichtigung der Immobilie

Hier bestätigen Sie Ihre Investition, indem Sie den Standort prüfen und sicherstellen, dass er für Ihre Pläne geeignet ist.

Achten Sie während dieses Prozesses darauf, dass Sie sich nicht emotional an die Immobilie binden und bleiben Sie offen dafür, wo Sie eine Immobilie zum Kauf finden. Ich habe es schon erlebt, dass Investoren sich emotional an eine Immobilie binden, nur weil sie ihnen gefällt.

b) Prüfen Sie die Immobilie

Wenn Sie sich für eine Immobilie entschieden haben, recherchieren Sie so viel wie möglich über die Geschichte des Hauses, wer früher dort gewohnt hat, ob es Gewaltverbrechen im Haus oder in der Nähe gab etc. Diese Dinge werden später bei den Verhandlungen wichtig sein. Es wäre hilfreich, wenn Sie auch versuchen würden, die Nachbarschaft so gut wie möglich zu erkunden. Die Informationen, die Sie sammeln, helfen Ihnen bei der Planung Ihrer Renovierung und stellen sicher, dass Ihre Investition langfristig erfolgreich ist.

c) Kontaktaufnahme mit dem Eigentümer der Immobilie

Sobald Sie alle Informationen gesammelt haben, müssen Sie sich mit dem Eigentümer der Immobilie in Verbindung setzen. Die meisten Immobilien gehören einem Unternehmen, das als Vermieter auftritt, und nicht direkt dem Eigentümer. In diesem Fall müssen Sie sich an diese Firma wenden und um Erlaubnis bitten, die Immobilie kaufen zu dürfen. Handelt es sich um eine Privatperson, ist es zwar komplizierter, aber dennoch möglich. Wenn Sie noch nie eine Immobilie gekauft haben, ist es am besten, sich an Unternehmen zu wenden, die bereits seit einiger Zeit in diesem Bereich tätig sind, da sie über die nötige Erfahrung verfügen, um Ihnen bei der Abwicklung behilflich zu sein.

c) Entscheidung über den Preis

Nachdem Sie mit dem Eigentümer Kontakt aufgenommen und herausgefunden haben, wie viel er für seine Immobilie haben möchte, sollten Sie entscheiden, ob Ihr Preis für Ihre Pläne angemessen ist.

d) Finanzierung

Die Finanzierung ist einer der wichtigsten Bestandteile des Immobilieninvestitionsprozesses. Es gibt viele verschiedene Arten der Immobilienfinanzierung, wie z.B. privates Geld, Eigenkapital, hartes Geld usw. Welche Art der Finanzierung für Sie am besten geeignet ist, hängt von Ihren Zielen als Investor ab. Wenn Ihr Ziel darin besteht, eine Immobilie billig zu kaufen und sie zu renovieren, ist privates Geld vielleicht die beste Lösung. Wenn Sie die Immobilie jedoch kaufen und vermieten möchten, ist ein Bankkredit möglicherweise die beste Option. Einen Kreditgeber zu finden, der Ihnen einen Kredit gewährt, ist von entscheidender Bedeutung, wenn Sie nicht über das nötige Geld verfügen, um Ihre Immobilie zu bezahlen.

d) Durchführung von Inspektionen

Sobald Sie Ihre Immobilie bezahlt haben, beginnt die Arbeit. Obwohl Sie zu diesem Zeitpunkt noch nicht viel tun können, können Sie eine Inspektion durchführen, um sich einen Überblick über den Zustand des Hauses zu verschaffen. Am besten ist es, in dieser Phase keine Reparaturen vorzunehmen, da diese Ihre Kosten erhöhen und es schwieriger machen, später einen guten Wiederverkaufswert zu erzielen.

e) Renovierung der Immobilie

Bei der Renovierung einer Immobilie geht es darum, sie in einen bewohnbaren Zustand zu versetzen, damit sie vermarktet und an Käufer verkauft werden kann. Wenn Sie eine Immobilie renovieren, sollten Sie darauf achten, dass sie so sicher wie möglich ist, insbesondere wenn Sie ein Haus gekauft haben, in dem ein Verbrechen stattgefunden hat. Damit das Haus schnell verkauft werden kann, sollten viele Verbesserungen vorgenommen werden. Die häufigsten Verbesserungen betreffen die Küche und das Bad, aber es gibt viele andere Möglichkeiten, von denen Sie einige auf meiner Website finden können.

f) Verkauf der Immobilie

Wenn die Arbeiten an Ihrer Immobilie abgeschlossen sind, ist es an der Zeit, sie zu verkaufen und einen Gewinn zu erzielen. In dieser Phase sollten Sie sicherstellen, dass alles zu Ihren Gunsten läuft und Sie den größtmöglichen Gewinn erzielen. Wenn Sie eine Immobilie kaufen, um sie zu vermieten, sollten Sie darauf achten, dass die Immobilie marktfähig ist, damit sich Mieter für sie interessieren, so dass Sie höhere Mieten verlangen und mehr Geld mit Ihrer Investition verdienen können. Wenn Sie die Immobilie renovieren, aber selbst bewohnen wollen, ist es wichtig, dass das Haus Ihren Bedürfnissen entspricht. Sie wollen zum Beispiel kein Haus kaufen, in dem es keinen Platz oder Stauraum gibt, wenn Sie eigentlich nur ein schönes Haus mit viel Stauraum wollten.

e) Vermietung der Immobilie

Wenn Sie eine Immobilie vermieten wollen, wählen Sie den richtigen Mieter sorgfältig aus. Eine Anzeige auf einer Website ist eine gute Möglichkeit, Leute anzuziehen, aber es ist wichtiger, sie aufgrund ihrer Erfahrung und ihres persönlichen Lebens auszuwählen. Egal, wie gut die Referenzen sind, überprüfen Sie sie, bevor Sie etwas unterschreiben oder die Schlüssel übergeben. Sie haben vielleicht gerade eine Menge Geld für Ihre Immobilie bezahlt, da sollten Sie keine Fehler machen.

Kapitel 6: Verwaltung von Eigentum in verschiedenen Städten

Viele Menschen, die in Großstädten leben oder ihren Ruhestand planen, versuchen, ihre Investitionen zu diversifizieren. Sie sollten zwar in Immobilien investieren, die sich in der Nähe ihres Wohnortes befinden, aber auch Immobilieninvestitionen in anderen Städten sind eine Möglichkeit.

Wenn Sie Immobilien in verschiedenen Städten besitzen, können Sie mehr aus Ihrer Investition herausholen. Der Grund dafür ist:

> a. Sie haben eine größere Auswahl, wo Sie Ihr Geld anlegen können.
>
> b. Sie können in Immobilien in einer anderen Stadt investieren, die sich im Laufe der Jahre bewährt hat. Einige Städte boomen, andere haben Probleme und wieder andere können nicht mithalten.
>
> c. Der Zugang zu den Märkten der verschiedenen Staaten und Länder erfolgt über Primär- oder Sekundärstädte.
>
> d. Die Mietrenditen einiger dieser Immobilien sind höher als die ähnlicher Immobilien in Ihrem Heimatmarkt. Darüber hinaus erhalten Sie einen internationalen Einkommensstrom, wenn Sie diese Immobilien als Eigentümer und nicht als Verwalter betreiben.

Die Vorteile der Ferninvestition sind jedoch real und dauerhaft. Diese Immobilien können nach zehn Jahren verkauft werden, und die Wertsteigerung der ursprünglichen Investition wird nicht unerheblich sein. Außerdem müssen Sie kein Experte für Märkte oder Immobilien sein. Noch besser ist es jedoch, wenn Sie ein Investor aus der Ferne sind, der auch ein Experte für Märkte und Immobilienmanagement ist.

Wenn Sie sich in einer anderen Stadt befinden, können Sie diese Immobilien häufiger besuchen als Ihre lokalen Investitionen. So können Sie Probleme erkennen, bevor sie außer Kontrolle geraten. Wenn ein Problem kritisch ist, muss es sofort behoben werden. Wenn das nicht möglich ist, müssen Sie qualifizierte Mieter finden, die die Miete pünktlich zahlen und Ihre Immobilie professioneller verwalten.

Die beste Art, Ihre Immobilie zu verwalten, ist, es selbst zu tun und dabei diese bewährten Grundsätze zu befolgen:

a. Schauen Sie regelmäßig vorbei und informieren Sie sich, was mit der Immobilie, den Mietern und der Verwaltungsgesellschaft passiert. Es gibt keine Entschuldigung dafür, sich nicht um Ihre Angelegenheiten zu kümmern.

b. Wenn ein Problem auftritt, lösen Sie es sofort oder finden Sie eine Lösung, die verhindert, dass es schlimmer wird.

c. Wenn Sie ein Problem nicht lösen können oder nicht in der Lage sind, eine Lösung zu finden, holen Sie den Rat der Verwaltungsgesellschaft ein. Es ist immer gut zu wissen, dass Ihre Meinung nicht das Wichtigste ist.

d. Besichtigen Sie bei jedem Besuch jede Immobilie und notieren Sie sich alle Probleme.

e. Verfolgen Sie, wie viel Zeit Sie für die Verwaltung dieser Immobilien aufwenden und überlegen Sie, wie Sie Ihren Arbeitsaufwand verringern können.

f. Achten Sie auf einen freundlichen Umgang mit Ihren Mietern. Es ist ratsam, mit ihnen per Telefon oder E-Mail zu kommunizieren, um die Beziehung aufrechtzuerhalten, auch wenn Sie sich nicht in derselben Stadt befinden.

Ein System und ein Prozess, die die Verwaltung erleichtern

Es muss ein System und ein Verfahren geben, das die Verwaltung Ihrer Immobilien erleichtert, und nicht unbedingt die herkömmliche Methode mit unabhängigen Verkaufsbüros und vielen Reisen. Ein Fern-Immobilieninvestor kann nur eine Immobilie verwalten, aber seine Investitionen diversifizieren, um genügend Kapital für viele Immobilien gleichzeitig zu haben.

Das System des Fern-Immobilien-Investors hat gut geölte und einfach zu verwaltende Immobilien, Sie haben nicht so viele Immobilien wie ein Büro-Investor, aber Sie haben das Potenzial für viel mehr. Sie können Immobilien in jeder Zeitzone, in jedem Land oder auf jedem Kontinent haben, da Sie nicht an ein Büro gebunden sind.

Ein System und ein Prozess, der die Verwaltung Ihrer Immobilien vereinfacht, ist nicht unbedingt der traditionelle Weg mit unabhängigen Verkaufsbüros und vielen Reisen. Ein Immobilieninvestor, der viel reist, hat vielleicht nur eine Immobilie, aber er streut seine Investitionen so, dass er genügend Kapital für mehrere Immobilien gleichzeitig hat.

Ein Immobilieninvestorsystem kann aus Mietern, selbstverwalteten Teams, Partnern oder verbundenen Unternehmen bestehen. Ein Immobilieninvestor, der aus der Ferne investiert, kann auch im selben Land oder in derselben Region ansässig sein wie die von ihm verwalteten Immobilien.

Bei Immobilieninvestitionen auf Distanz geht es nicht um harte Arbeit und darum, den ganzen Tag in einer Mieteinheit zu schwitzen. Es geht darum, ein System und einen Prozess zu haben, der die Verwaltung Ihrer Immobilie vereinfacht, und nicht unbedingt den traditionellen Weg mit unabhängigen Verkaufsbüros und vielen Reisen.

Die Idee der Selbstverwaltung passt sehr gut zu Immobilieninvestitionen aus der Ferne. Sie haben die Freiheit und Flexibilität, Ihre Arbeitszeiten selbst zu bestimmen und können so leben, wie Sie wollen. Diese Freiheit bringt aber auch Verantwortung mit sich. Man sollte das nicht machen, wenn man allein in einem Haus sitzt und kein Geld verdient. Es ist etwas, das Sie tun sollten, wenn Sie in irgendeiner Weise involviert sind, sei es, dass Sie die Miete einziehen oder dass Sie eine Verwaltungsgesellschaft mit der Verwaltung Ihrer Immobilie beauftragen.

Einer der Hauptvorteile von Immobilieninvestitionen aus der Ferne ist, dass Sie hoch motivierte Verkäufer finden können. Dies kann Ihnen helfen, ein gutes Geschäft zu machen, oder zumindest ein besseres als das, was Investoren vor Ort bekommen würden. Sie haben zwar nicht den persönlichen Kontakt zu Ihren Mietern wie ein Eigennutzer, aber Sie müssen sich auch nicht darum kümmern, dass Reparaturen rechtzeitig erledigt werden und Sie müssen sich nicht mit widerspenstigen Mietern herumschlagen, wenn diese ausziehen.

Schließfächer, in denen die Mieter ihre Schlüssel deponieren können
Ein Schlüsselkasten kann an der Außen- oder Mietereingangstür angebracht werden, um den Mietern den Zugang zu ihrer Wohnung zu ermöglichen, aber auch im Treppenhaus. Jeder Mieter hat einen Code, den er eingibt, um Zugang zu erhalten, und wenn er seinen Code vergisst, gibt es normalerweise eine Überbrückungsfunktion, die es ihm ermöglicht, den Code zurückzusetzen oder ihn per E-Mail oder SMS zu erhalten.

Das ultimative Ziel bei der Installation einer Tastatur im Treppenhaus ist, dass Mieter, die übereinander wohnen, nicht den gleichen Zugangscode haben. Dies trägt zur Sicherheit beider Wohnungen bei und gibt den Mietern ein besseres Gefühl, wenn sie Besuch empfangen.

Jeder Mieter muss seinen Code oder seine Codeberechtigung erhalten, um Besuchern Zutritt zu gewähren. Versucht jemand ohne Schlüssel oder funktionierenden Code die Wohnung des Nachbarn oder sogar das Treppenhaus zu betreten, werden der Vermieter und das Verwaltungsteam alarmiert. So kann schnell Abhilfe geschaffen werden, wenn es Probleme mit einem Mieter gibt, der Fremden Zutritt zu seiner Wohnung gewährt. Stellen Sie sicher, dass jeder Mieter weiß, für welche Tür er zuständig ist und welche anderen Codes er im Notfall angeben muss. Die meisten Gebäude verlangen, dass jeder Mieter einen Schlüssel hat, um Einbrüche zu verhindern.

Dies ist auch deshalb nützlich, weil zwei oder mehr Mieter, die auf derselben Etage wohnen, oft miteinander kommunizieren. Wenn ein Mieter für längere Zeit abwesend ist, kann der Nachbar gebeten worden sein, nach dem Rechten zu sehen und sich zu vergewissern, dass die Wohnung sicher ist. Da es sich bei den Nachbarn oft um Freunde oder Familienmitglieder handelt, ist es für alle Beteiligten viel einfacher, wenn sie sich über eine Tastatur Zutritt verschaffen können. Außerdem müssen die Schlösser nicht jedes Mal ausgewechselt werden, wenn ein Mieter die Wohnung verlässt oder betritt.

Es gibt auch andere Geräte und Einrichtungen, die der Vermieter verwenden kann, z.B:

a) Bewegungsmelder

Diese sind in vielen Situationen sehr nützlich. Sie dienen in erster Linie dazu, dass Sie sich sicher fühlen, dass niemand in Ihre Wohnung eindringt, aber sie können auch unerwünschte Besucher (Haustiere, Kinder usw.) fernhalten.

b) Glasbruchsensoren

Sie dienen dem gleichen Zweck wie Bewegungsmelder. Der einzige Unterschied besteht darin, dass sie sich innerhalb der Wohnung befinden. Sie lösen einen Alarm aus, wenn Glas in der Wohnung oder in einer Nachbarwohnung zerbricht.

c) Gitter an Fenstern und Türen

Diese Gitter werden eingesetzt, um unbefugtes Betreten des Gebäudes zu verhindern. Sie werden an Fenstern und Türen angebracht, um zu verhindern, dass jemand die Wohnung betritt oder verlässt. Sie können leicht entfernt werden, wenn der Vermieter dies wünscht.

d) Fensterverkleidungen

Fensterverkleidungen wie Jalousien und Vorhänge dienen dazu, den Blick in die Wohnung zu versperren, können aber auch eine zusätzliche Sicherheitsfunktion erfüllen. Ein Vermieter oder Hausverwalter kann beispielsweise Ihre Vorhänge abnehmen,um Ihre Wohnung besser überwachen zu können. Am besten ist es, wenn der Vermieter oder die Hausverwaltung den Zugang zu Ihrer Wohnung über die entsprechenden Kanäle (z. B. über einen Summer) gestattet. Dadurch wird es für Einbrecher wesentlich schwieriger, in Ihre Wohnung einzudringen.

e) Türkameras und Schlösser

Diese werden an Türen, Fenstern und anderen Zugängen zur Wohnung angebracht. Sie verhindern, dass jemand unbefugt in die Wohnung eindringt. Dies ist eine großartige Möglichkeit, Ihre

Wohnung zu sichern oder unerwünschte Besucher oder Gäste daran zu hindern, Ihre Wohnung zu betreten. Sie sind auch einfach zu installieren und können von den meisten Schlüsseldiensten für Wohngebäude installiert werden.

f) Verteilerschränke

Diese werden in Gebäuden mit mehreren Wohneinheiten verwendet, um bestimmten Mietern Zugang zu gewähren und anderen den Zutritt zu verweigern. Im Allgemeinen ist es einfacher, einem Mieter vor seinem Einzug Zugang zu gewähren. Wenn ein Mieter nicht sofort Zutritt haben soll, wird es für ihn schwieriger.

g) Hauskontrollsysteme

Diese Systeme haben den großen Vorteil, dass jede Einheit von einer zentralen Stelle aus überwacht und gesteuert werden kann. Sie werden häufig aus Sicherheitsgründen eingesetzt und können den Mietern, die vom Vermieter oder der Hausverwaltung autorisiert wurden, die Möglichkeit bieten, ihr System zu überwachen, zu ändern oder zu deaktivieren.

Die Verwaltung von Verwaltungsgesellschaften

Die Verwaltung von Verwaltungsgesellschaften ist ein wesentlicher Bestandteil von Immobilieninvestitionen. Es ist eine große Verantwortung, die viel Engagement und Geschick erfordert, um gut zu funktionieren.
Es ist wichtig zu wissen, dass es alle Arten von Verwaltungsgesellschaften gibt. Die drei gängigsten Arten sind:
a) Full-Service-Verwaltung.
Dies ist die häufigste Art der Verwaltung, die von Immobilieninvestoren in Anspruch genommen wird. Während Full-Service-Kapitalverwaltungsgesellschaften alles für Sie

erledigen, können teilautonome Verwalter ("Se") mit Ihnen zusammenarbeiten, um Ihre Geschäfte zu führen, oder völlig unabhängig sein und ihre Geschäfte selbstständig führen.

b) Teilautonome Manager.
Sie sind der "Mittelweg" zwischen FSM und vollständig autonomen Managern.

- Die FSM fungiert als Vertragsdirektor, während der Se-Manager die Rolle des Verwaltungsbeauftragten übernimmt.

- Die FSM fungiert als Projektmanager und -entwickler, während der Se-Manager für einen Teil Ihrer Geschäfte unabhängige Managementdienstleistungen für Investoren erbringt.

- Der Se-Manager erbringt für 50 % oder mehr Ihrer Transaktionen vollständige Managementdienstleistungen. Wenn Sie sich für diesen Typ entscheiden, sollten Sie genau festlegen, wie viel Prozent jeder für jedes Geschäft arbeiten wird, und in den Verträgen klare Grenzen auf der Grundlage des von ihm bevorzugten Prozentsatzes (50 %, 75 % usw.) festlegen.

c) Völlig unabhängige Manager.
Sie sind von Ihnen als Investor völlig unabhängig und führen ihre Geschäfte parallel zu den Ihren. Sie können Angestellte haben, die direkt für sie arbeiten, oder Auftragnehmer (Freiberufler). Wie auch immer die Situation aussieht, es ist wichtig, dass Sie sicheinig sind, bevor Sie beginnen.

Im Folgenden finden Sie einige Tipps, die Ihnen dabei helfen können, dies effektiv zu tun:

a) Versuchen Sie nicht, Mikromanagement zu betreiben: Sie müssen ihnen aus dem Weg gehen, wenn sie ihre Geschäfte machen, und aufhören, sich so viele Gedanken über ihre Handlungen zu machen. Vielen Immobilieninvestoren fällt es schwer, die Kontrolle abzugeben, aber das ist unerlässlich, wenn sie erfolgreiche Manager sein wollen, die nachhaltige Gewinne für ihre Portfolios erwirtschaften. Sie müssen jedoch ihre Aktivitäten im Auge behalten und sie mindestens einmal im Jahr überprüfen, um sicherzustellen, dass sie gute Arbeit leisten.

b) Finden Sie den richtigen Manager für die richtige Art von Geschäft: Dies scheint offensichtlich, ist aber von entscheidender Bedeutung. Sie würden keinen Baumanager mit einem Sanierungsprojekt oder einen unabhängigen Manager mit einer bestehenden Immobilie beauftragen.

Als Investor müssen Sie für jede Aufgabe das richtige Unternehmen beauftragen, wenn Sie erfolgreich sein wollen. Sie würden kein Hotel, keine Eigentumswohnung und keine Einzelhandelsfläche an einen Bauträger vergeben. Um langfristig erfolgreich zu sein, müssen Sie jeden FSM mit der richtigen Art von Geschäft betrauen, das er gut managen kann. Manche Unternehmen sind für bestimmte Geschäfte besser geeignet als für andere, so dass Sie alle Ihre Optionen prüfen müssen, um die richtige Kombination zu finden und dann zu versuchen, das bestmögliche Geschäft zu erzielen.

c) In ein gutes Portfolio investieren: Die sorgfältige Auswahl des richtigen Managers wird Ihnen nicht nur helfen, im Laufe der Zeit mehr Geld zu verdienen, sondern auch das Risiko zu verringern und dem Manager zu helfen, so schnell wie möglich zu wachsen. Es ist wichtig, die Erfolgsbilanz eines Unternehmens und die Erfahrung seiner Mitarbeiter zu prüfen, um sicherzustellen, dass sie die richtige Wahl für Ihr Portfolio sind. Vergewissern Sie sich, dass jedes Team über erfahrene Mitarbeiter verfügt, die bereits ähnliche Projekte erfolgreich durchgeführt haben.

d) Halten Sie regelmäßig Besprechungen ab: Dies mag langweilig erscheinen, aber es hilft Ihnen, die einzelnen Unternehmen und

Ihre Geschäfte zu verwalten und sicherzustellen, dass Fortschritte gemacht werden. Wenn Sie sich nicht regelmäßig mit Ihren Verwaltungsgesellschaften treffen, kann es leicht passieren, dass Dinge untergehen und nicht zu Ihrer Zufriedenheit erledigt werden. Es ist wichtig, regelmäßige Treffen mindestens einmal im Monat zu organisieren undsicherzustellen, dass die Mehrheit Ihres Teams daran teilnimmt. Es ist frustrierend, wenn Sie sich als Gruppe treffen, aber nicht wissen, dass es sie gibt. Stellen Sie sicher, dass Sie an jedem Treffen teilnehmen und die Möglichkeit haben, den Fortschritt zu überprüfen und Verbesserungsvorschläge zu machen.

Materialien kaufen oder einen Bauunternehmer beauftragen?
Es gibt drei Möglichkeiten, Materialien zu kaufen:

a) Materialien selbst kaufen
In diesem Fall kaufen Sie die Materialien, beauftragen aber einen Bauunternehmer mit dem Bau und kaufen dann das fertige Haus.

b) Beauftragung eines Bauträgers
In diesem Fall beauftragen Sie einen Bauunternehmer und kaufen alle Materialien, die dieser für die Fertigstellung Ihres Hauses benötigt.

c) Auswahl von Fertighäusern.
In diesem Fall kaufen Sie Materialien wie Bodenbeläge, Beleuchtungskörper und Haushaltsgeräte von Lieferanten, die diese (normalerweise) zu Großhandelspreisen verkaufen. Anschließend bestellen Sie das Haus bei einem der Anbieter, der es vor Ort zusammenbaut. Am Ende dieses Prozesses haben Sie ein fertiges Haus, für das Sie keine Arbeit mehr leisten müssen! Es ist nicht immer einfach zu wissen, welche Option für den

Einzelnen am besten geeignet ist, da dies von den persönlichen Vorlieben und Zielen abhängt.

Woher weiß man, wann es eine gute Idee ist, Material von Lieferanten zu beziehen, anstatt es selbst zu kaufen? Das hängt ganz von Ihrer Situation ab.

Das Beste daran ist, dass Sie die Materialien auf diese Weise in der Regel billiger bekommen, als wenn Sie sie selbst kaufen würden. Das liegt daran, dass es sich um Großhandelspreise handelt und die Materialien normalerweise in großen Mengen gekauft werden. Und wenn Sie Materialien in großen Mengen zu einem niedrigen Preis kaufen können, haben Sie die Möglichkeit,Geld zu sparen.

Wenn Sie die Materialien selbst einkaufen, sparen Sie Geld, weil Sie keine großen Gemeinkosten haben. Dies ist auch ein ideales Szenario für Menschen, die etwas über Bauen und Immobilieninvestitionen lernen möchten. Sie geben zwar im Vorfeld (und während der Bauphase) mehr Geld für Arbeit und Material aus, aber Sie verstehen den gesamten Prozess besser und sammeln mehr Erfahrungen, weil Sie diese Dinge selbst einkaufen.

Wenn Sie einen Bauunternehmer beauftragen, können Sie Ihr Haus schneller fertig stellen, weil er die ganze Arbeit für Sie erledigt. Aber wie bei den meisten Dingen im Leben hat auch das seinen Preis. In diesem Fall bedeutet das, dass Sie den Bauunternehmer und seine Arbeitskosten während des Baus bezahlen müssen.

Mit Materialien von Lieferanten können Sie Ihr Haus schneller fertig stellen. Allerdings kann man beim Bau auch auf mehr

Probleme stoßen, wenn man sich nicht mit den verschiedenen Details des Hausbaus auskennt.

Und wenn man selbst baut, kann man manche Dinge nur aus Erfahrung wissen, z. B. minderwertige Materialien und schlechte Handwerksarbeit. Wenn Sie sich jedoch nicht so gut mit dem Bauwesen und Immobilieninvestitionen auskennen, benötigen Sie möglicherweise mehr Hilfe, als wenn Sie die Materialien von einem Lieferanten kaufen.

Die Entscheidung, ein Haus zu bauen oder die Art von Erfahrung, die Sie brauchen, ist eine von vielen Entscheidungen, die sich darauf auswirken, ob Ihr Haus in der Zukunft mehr wert sein wird oder nicht. Deshalb ist es sinnvoll, sich so früh wie möglich mit diesen Fragen zu beschäftigen.

Eine Möglichkeit, verschiedene Optionen auszuprobieren, besteht darin, zu ermitteln, wie viel Geld Sie für Material und Arbeit ausgeben müssen. Auf diese Weise erhalten Sie eine bessere Vorstellung von den Kosten, die auf Sie zukommen.

Und wenn Sie eine gute Vorstellung davon haben, wie viel das Projekt kosten wird, können Sie entscheiden, ob Sie Hilfe benötigen.

Eine der besten Möglichkeiten für den Anfang ist natürlich, herauszufinden, was andere tun, um selbst anzufangen. Sie können an lokalen Treffen teilnehmen, online nach Leuten suchen, die in Ihrer Nähe Häuser bauen, oder sogar auf Social-Media-Seiten wie Facebook und Instagram nach Beiträgen von Menschen suchen, die an Projekten arbeiten. Wenn Sie entschlossen genug und bereit sind, die Zeit und Mühe zu investieren, die Sie brauchen, um sie zu finden, ist die Chance wahrscheinlich da draußen!

Was Sie fragen sollten, wenn ein Bauunternehmen einen Auftrag vergibt
Wenn ein Bauunternehmen einen Vertrag abschließt, sollten Sie folgende Fragen stellen:

a. Eine Kopie des fertigen Bauplans für den Fall, dass eine Baugenehmigung oder eine Bauaufsicht beantragt werden muss.
b. Eine Bescheinigung der örtlichen Gemeinde gemäß der Bauverordnung 2013, aus der hervorgeht, wer das Bauwerk errichtet und geprüft hat.
c. Eine Bescheinigung über den Abschluss der Elektro- und Sanitärarbeiten sowie eine Quittung über die gezahlte Vergütung.
d. Eine Erklärung der Versicherungsgesellschaft Ihres Bauunternehmers (oder Immobilienmaklers), wenn diese eine Entschädigung zahlt.
e. Gegebenenfalls eine Kopie der Bescheinigung über die Einhaltung der Bauvorschriften, die von der örtlichen Behörde ausgestellt wurde. Diese Bescheinigung wird allgemein als "Building Code Compliance Verification" bezeichnet.
f. Eine Quittung über den entstandenen Schaden.
g. Eine Bescheinigung Ihrer Hausratsversicherung (oder Ihres Hypothekenverwalters), wenn diese eine Entschädigung zahlt; und
h. Eine Fertigstellungsbescheinigung von Ihrem örtlichen Immobilienmakler, wenn dieser eine Provision für den Wiederverkauf oder die Vermietung erhält. Lassen Sie

sich nach Fertigstellung des Hauses unbedingt eine Quittung über alle gezahlten Beträge ausstellen.

i. Eine Kopie des Mietvertrags, falls vorhanden.

j. Einen Abschnitt 1-Ersatzbescheid der Gemeinde, wennIhr bestehendes Haus abgerissen und durch ein neues Haus ersetzt wird. Sie erhalten keinen neuen Bescheid nach Abschnitt 1, wenn Ihr neues Haus strukturell mit Ihrem bestehenden Gebäude identisch ist.

Angenommen, ein Bauunternehmer hat die Arbeiten abgeschlossen und Sie fragen nicht nach den oben genannten Punkten. Dies ist nützlich, wenn Sie Baugenehmigungen und Inspektionen beantragen müssen. In diesem Fall bedeutet dies, dass Sie im Falle eines Abrisses oder einer weitgehenden Zerstörung Ihres Hauses durch einen Brand (in diesem Fall ist ein neues Haus erforderlich) keine Entschädigung von der Standardversicherungspolice des Bauunternehmers bzw. Immobilienmaklers verlangen können (da Ihr Antrag auf Entschädigung abgelehnt wurde).

Halten Sie sich über die örtlichen Vorschriften auf dem Laufenden, indem Sie z. B. Newsletter abonnieren.
Als Ferninvestor müssen Sie sich über die örtlichen Vorschriften auf dem Laufenden halten. Sie wohnen möglicherweise nicht in der Region und müssen mit Verlusten rechnen, wenn der Markt fällt und Sie dort eine Immobilie besitzen.

Melden Sie sich für den Newsletter an, um über lokale Gesetze, die Ihre Investition betreffen, auf dem Laufenden zu bleiben.Wenn sich etwas ändert, erfahren Sie es, bevor es sich auf Ihre Immobilieninvestitionen im Ausland auswirkt. Das hilft Ihnen als Investor, fundierte Entscheidungen darüber zu treffen, wann und was Sie kaufen.

Wenn Sie nicht in der Gegend leben, in der Sie investieren, ist es eine gute Idee, sich über Änderungen der örtlichen Gegebenheiten auf dem Laufenden zu halten. Wenn Sie zum Beispiel in einer Stadt investieren, in der die Kriminalitätsrate steigt, sollten Sie das wissen, bevor Sie dort investieren.

Auf diese Weise werden Sie Ihre Investition nicht verlieren. Denn Ihre Immobilie ist für potenzielle Käufer attraktiver, wenn die Gegend sicher ist.

Wenn Sie sich über die örtlichen Gesetze und Bedingungen auf dem Laufenden halten, können Sie verhindern, dass Ihnen eine Immobilieninvestition entgeht, weil sich der Markt verändert hat. Wenn die Immobilie, in die Sie investieren wollen, an Wert verliert, wissen Sie das, bevor Sie investieren. So können Sie Ihre Immobilieninvestition aus der Ferne zum Erfolg machen. Und damit dauerhaft Wohlstand schaffen.

Es gibt verschiedene Arten lokaler Vorschriften, die sich auf Ihre Investition auswirken können. Dazu gehören

a) Kriminalität
Als Ferninvestor müssen Sie sich über die Kriminalitätsrate auf dem Laufenden halten. Wenn Sie eine Immobilie kaufen, setzen Sie Ihr zukünftiges Einkommen und Ihre Sicherheit darauf. Es kann sehr schmerzhaft sein, wenn Ihnen das genommen wird.

Wenn Sie also in eine Immobilie in einem Gebiet mit hoher Kriminalitätsrate investieren, sollten Sie es sich vielleicht noch einmal überlegen. Denn Ihre Immobilie wird für potenzielle Käufer weniger attraktiv. Und Sie könnten am Ende mit Verlust verkaufen.

Wenn Ihre Immobilie beispielsweise in einer Stadt liegt, in der regelmäßig Autos gestohlen werden, sollten Sie Ihre Investition dort überdenken. Der Grund dafür ist, dass potenzielle Käufer die Vorstellung, in einer solchen Umgebung zu leben, verabscheuen und deshalb die Immobilie nicht kaufen werden.

b) Grundsteuer

Die Grundsteuer ist eine Steuer, die der Eigentümer der Immobilie zahlt. Sie wird in der Regel monatlich gezahlt und deckt die Kosten für öffentliche Einrichtungen, Straßen, Beleuchtung, Schulen usw. ab. Kurz gesagt, sie deckt die Grundversorgung der lokalen Gemeinschaft ab.

Wenn Sie beispielsweise in eine Immobilie in einem Gebiet mit hohen Steuern investieren, kann sich dies nachteilig auf Ihre Investition auswirken, da Sie möglicherweise jeden Monat mehr zahlen müssen, um diese Kosten und Ihre Zinszahlungen zu decken.

Wenn Sie also jemand sind, dessen Einkommen nicht sehr hoch ist, kann dies bedeuten, dass Sie die Möglichkeit, in einem bestimmten Gebiet zu leben, für Investitionen opfern müssen.

c) Ansehen und Einstellung der lokalen Bevölkerung

Es gibt ein hohes Maß an lokalem Wissen über ein Gebiet. Dies kann bei Immobilieninvestitionen über große Entfernungen zu Ihrem Vorteil genutzt werden. Wenn Sie beispielsweise in eine Immobilie in einer Stadt investieren, in der die Einheimischen sehr gastfreundlich sind, wird dies bei potenziellen Käufern den Wunsch wecken, Ihre Immobilie zu erwerben. Sind die Einheimischen hingegen unfreundlich, kann dies dazu führen, dass potenzielle Käufer Ihre Immobilie nicht kaufen wollen.

Als Investor aus dem Ausland sollten Sie daher darauf achten, wie sich die Einheimischen in einer Region fühlen. Und nutzen Sie dieses Wissen, um sicherzustellen, dass Sie eine erfolgreiche Investition an einem sicheren Ort getätigt haben.

d) Immobilien, die von Naturkatastrophen betroffen sind
In einigen Gebieten besteht ein erhöhtes Risiko für Naturkatastrophen. Das liegt daran, dass Überschwemmungen und Dürren in bestimmten Gebieten häufiger auftreten. Wenn Sie also in einem Gebiet mit hohem Risiko investieren, sollten Sie sich vor dem Kauf darüber im Klaren sein.

Wenn Sie beispielsweise eine Immobilie in einem Gebiet mit hohem Überschwemmungsrisiko kaufen, sollten Sie sich vergewissern, dass die Immobilie versichert ist. Auf diese Weise kann Ihre Investition beispielsweise vor Überschwemmungen geschützt werden.

Als Auslandsinvestor müssen Sie sich der Naturkatastrophen und Gefahren bewusst sein, die Ihre Investition beeinträchtigen können. Andernfalls könnten Sie Tausende von Dollar verlieren, weil eine Überschwemmung Ihr Haus wegschwemmt oder eine Dürre Ihre Ernte vernichtet.

Wenn Sie sich mit den örtlichen Vorschriften vertraut machen, können Sie verhindern, dass Ihnen eine Immobilieninvestition aufgrund der örtlichen Gegebenheiten entgeht. Denn Sie verfügen über das nötige Wissen, um Ihre Immobilieninvestition auch in der Ferne zu einem Erfolg zu machen und dauerhaften Wohlstand zu erlangen.

Kapitel 7: Anlagestrategien für Fernabsatzinvestitionen

Die Anlagestrategien der Ferninvestoren unterscheiden sich insofern, als sie voraussetzen, dass der Investor mehr über die Märkte und die Zusammenhänge weiß, bevor er kauft.

Die Arten von Anlagestrategien werden im Folgenden beschrieben:

a) Außerplanmäßige Investitionen:
Off-Plan-Investitionen sind eine riskante Anlagestrategie, die nur von einem erfahrenen Investor mit Kenntnissen des Immobilienmarktes durchgeführt werden sollte.

Der Hauptvorteil von Investitionen außerhalb des Plans besteht darin, dass sie Investoren die Möglichkeit bieten, sich in bestimmten Märkten zu engagieren, ohne die Kosten und Risiken zu tragen, die mit dem Kauf von Immobilien verbunden sind. Off-Plan-Investitionen eignen sich besonders für europäische Anleger, die in Nordamerika leben und in Städten wie Vancouver, Toronto, Calgary oder Montreal investieren möchten.

Im Allgemeinen sind Investitionen in Pläne eine gute Möglichkeit für Anleger, in einen Markt einzusteigen, bevor er populär wird. Vancouver zum Beispiel ist in den letzten zehn Jahren stark gewachsen, und Investoren, die in dieser Zeit in die Stadt investiert haben, konnten beträchtliche Gewinne erzielen. Der größte Nachteil von Planinvestitionen ist, dass es sich um eine teure und riskante Strategie handeln kann. Die meisten Plan-Investitionen haben eine "no rush, no cancel"-Politik, d.h. wenn der Investor mit der Entwicklung nicht zufrieden ist, kann er seine Investition nicht rückgängig machen. Es besteht auch das Risiko, zu viel für die Immobilie zu bezahlen, wenn der Preis zu hoch angesetzt ist. Darüber hinaus ist zu bedenken, dass sich nicht alle außerplanmäßigen Investitionen auszahlen, da viele Bauträger ihre Projekte nicht fertigstellen und die Investoren dann leer ausgehen.

b) Investitionen in notleidende Immobilien: In den meisten Ländern ist es einfach, einen Investor für notleidende Immobilien zu finden, der Ihr Haus mit einem Abschlag kauft, indem er Ihren Hypothekenpfandbrief oder das Eigenkapital Ihrer Immobilie erwirbt. Hypothekenbriefe sind Vermögenswerte, die erworben werden, wenn ein Hausbesitzer seinen Kredit nicht mehr bedienen kann. Auf diese Weise können Sie Ihre Immobilie an einen zahlungsunfähigen Investor verkaufen, ohne dass Ihr Haus zum Verkauf angeboten wird.

Dies ist in der Regel nicht die beste Investition, da es viele Risiken gibt. Zu den Risiken gehören die Zwangsvollstreckung, die Zahlung der Zwangsvollstreckungsgebühr, die Zahlungsunfähigkeit des Investors und Betrug. Eine Zwangsvollstreckung bedeutet, dass der Hausbesitzer mit seinen Hypothekenzahlungen drei Monate im Rückstand ist. Im Falle einer Zwangsvollstreckung übernimmt die Bank das Eigentum am Haus. Es ist wichtig zu wissen, dass Investoren in vielen Fällen Häuser mit einem Preisnachlass erwerben können, wenn sie einen Schuldschein kaufen, aber dennoch Geld verlieren, wenn sie das Haus im Falle einer Zwangsvollstreckung kaufen. Dies kann den Investor Tausende von Dollar an verlorenem Eigenkapital kosten, und er muss Bargeld aufbringen, um die Immobilie zu kaufen. Investoren müssen damit rechnen, dass "das Gras immer grüner ist" und dass ihre Investition in die

Immobilie ihnen keine außergewöhnliche Rendite einbringen wird.

c) Kauf der Immobilie vor dem Bau: Diese Strategie wird von den meisten Ferninvestoren verfolgt, da sie ihnen die Möglichkeitgibt, die Immobilie zu einem Zeitpunkt zu kaufen oder zu verkaufen, zu dem sie die "letzte Kontrolle" haben. Der Nachteil dieser Strategie ist, dass sie teurer sein kann als der Kauf einer Immobilie, die gerade gebaut wird, aber der Vorteil ist, dass man mit seiner Investition einen Gewinn erzielen kann.

Wenn ein Investor eine Immobilie kauft, bevor sie gebaut ist, erwirbt er das Grundstück und den potenziellen Wert, sobald die Immobilie gebaut ist. Der Ferninvestor kann die Immobilie seiner Wahl bauen, und die Variablen sind unbegrenzt. Er kann entscheiden, wie groß die Immobilie sein soll, welche Art von Haus er bauen möchte oder wie viele Zimmer er für Mietwohnungen vorsieht. Investoren können entscheiden, ob sie ein Hotel, eine Eigentumswohnung oder ein Apartmenthaus bauen wollen. Diese Variablen können erhebliche Auswirkungen auf die Investition des Investors und den Wert seiner Immobilie haben.

Investoren, die ein Grundstück kaufen, bevor es bebaut ist, können damit tun, was sie wollen. Einige Investoren können sich dafür entscheiden, ein Haus auf einem großen Grundstück zu bauen und es zum Marktwert zu verkaufen.

Heruntergekommene Immobilien suchen und sanieren
Wenn Sie auf der Suche nach einer baufälligen Immobilie sind und diese instand setzen möchten, müssen Sie einige Zeit mit der Suche nach baufälligen Immobilien verbringen. Wenn Sie eine Immobilie gefunden haben, die Ihnen preislich attraktiv

erscheint, sollten Sie einen Termin vereinbaren, um zu sehen, was gemacht werden muss und wie viel es kosten wird. Natürlich spielen viele Faktoren eine Rolle, und nicht immer ist es möglich, die Immobilie zu kaufen, wenn man sie zuerst findet.

Dies kann bedeuten, dass Sie eine gebrauchte Immobilie in Betracht ziehen müssen, mit der Sie beginnen können. In diesem Fall müssen Sie damit rechnen, dass Sie mehr bezahlen müssen als für eine neue Immobilie, und es besteht auch die Möglichkeit, dass sie auf lange Sicht nicht Ihren Bedürfnissen entspricht.

Wenn Sie jedoch eine gebrauchte Immobilie kaufen und dann Zeit, Geld und Energie investieren, um sie auf den neuesten Stand zu bringen, haben Sie wahrscheinlich bessere Chancen, eine Rendite zu erzielen, als wenn Sie in eine neue Immobilie investieren.

Die Verwaltung einer Immobilie aus der Ferne kann schwierig sein. Deshalb haben wir diesen Leitfaden erstellt, um Ihnen den Einstieg zu erleichtern. Dieser Leitfaden richtet sich an diejenigen, die eine Immobilie übernehmen möchten, die repariert oder gereinigt werden muss, und die dann von dort aus arbeiten möchten.

Möglicherweise kaufen Sie etwas weiter weg von der Stadt, als Ihnen lieb ist, aber dafür ist es viel billiger. Dazu müssen Sie organisiert sein und sich daran gewöhnen, mit Bauunternehmern in anderen Gegenden zusammenzuarbeiten.

Sie sollten auch abschätzen, wie viel Zeit Sie für die Suche nach einer Immobilie aufwenden müssen, und überlegen, ob dies Ihren Lebensumständen entspricht. Je mehr Zeit Sie aufwenden können, desto besser sind Ihre Chancen, Geld zu verdienen, aber es kann auch zu viel Zeit in Anspruch nehmen, wenn Sie andere Verpflichtungen haben.

Dies ist eine Verpflichtung. Wenn Sie also in Immobilien aus der Ferne investieren, stellen Sie sicher, dass Sie bereit sind, diese Aufgabe zu übernehmen.

Wenn es um Investitionen aus der Ferne geht, brauchen die Menschen das Geld oft schneller, als sie eine Immobilie finden können. Das liegt daran, dass es oft teuer ist, aus der Ferne oder von einem anderen Kontinent aus zu arbeiten. Natürlich ist es bei einem begrenzten Budget möglich, im Ausland zu kaufen, aber mit ein wenig Organisation und Planung kann man dies umgehen.

Heruntergekommene Immobilien können billiger sein als Sie denken. Eine heruntergekommene Immobilie muss vielleicht dringend renoviert werden, aber das kann bedeuten, dass sie billiger zu kaufen ist als eine bereits renovierte Immobilie.

Das kann dazu führen, dass Sie zu viel für eine Immobilie ausgeben, weil Sie sicher sein wollen, dass Sie sich den Kauf leisten können. Wenn Sie aus dem Ausland kaufen, kann es länger dauern, bis das Geld auf Ihrem Konto eingeht. Sie gehen also ein Risiko ein, wenn Sie große Summen ausgeben, bevor Sie das Geld in den Händen halten.

Der Kauf einer baufälligen Immobilie erfordert viel Geduld und eine gründliche Recherche. Die Instandsetzung einer Immobilie kann einige Zeit in Anspruch nehmen, was Sie berücksichtigen sollten, wenn Sie eine Investition aus der Ferne in Betracht ziehen. Es kann auch weniger ideale Situationen geben, in denen Sie zwar über die Mittel verfügen, die Immobilie aber noch nicht verkaufsbereit ist.

Das bedeutet, dass Sie vielleicht eine Investition tätigen, aber die Immobilie 30 oder 40 Tage lang nicht zum Verkauf anbieten können, was Ihren Investoren nicht gefallen wird. Wenn das regelmäßig passiert, wird es wahrscheinlich auch ein bisschen ärgerlich, weil die Leute anfangen zu fragen, was mit ihrem Geld passiert.

Systematische Kurzzeitvermietung für Vermieter aus der Ferne Immobilieninvestitionen aus der Ferne entwickeln sich schnell zu einer beliebten Möglichkeit, Geld zu verdienen. Im Gegensatz zu anderen Anlageformen haben Investitionen in Immobilien aus der Ferne einen entscheidenden Vorteil: Sie können kurzfristig getätigt werden. Viele Menschen, die dies tun, haben nicht die Absicht, eine Immobilie für sich selbst zu kaufen, sondern versuchen, günstige Angebote für eine schnelle Vermietung zu finden. Wenn Sie in dieses Spiel einsteigen und es richtig machen wollen, befolgen Sie diese einfachen Schritte als Leitfaden für die Suche nach Immobilien und überlassen Sie die Suche nach Mietern ihnen!

Die Idee hinter Immobilieninvestitionen über große Entfernungen ist, dass Vermieter jahrelang mit Investoren verhandeln, um ein gutes Geschäft zu machen, bevor sie ihre Immobilie zu einem akzeptablen Preis verkaufen können. Für manche ist es ein Alptraum, Papierkram zu erledigen, der esihnen schwer macht, ihre Immobilien effektiv zu verwalten.

Sie können kurzfristige Vermietungen systematisieren, indem sie:

a. Finden Sie Immobilienverwaltungsgesellschaften, die Ihnen bei der Verwaltung Ihrer Immobilie helfen können.

Sie möchten in dieser Phase den bestmöglichen Preis erzielen.

b. Überlegen Sie, welche Personen in Ihre Immobilie einziehen werden und ob sie für längere Zeit oder nur für einige Monate bleiben.

c. Wenn Sie eine Immobilie suchen, suchen Sie nach einer, die so günstig ist, dass Sie in den ersten Monaten und Jahren mehr zurückbekommen, als Sie an Miete zahlen.

d. Es wäre hilfreich, auch nach bestimmten Stadtvierteln zu suchen, die einen guten Ruf haben und in die viele Menschen ziehen, die dort für längere Zeit bleiben.

e. Sie können sich auch auf Immobilien-Websites umsehen, auf denen Sie Ihre Kontaktdaten veröffentlichen können, wenn jemand Ihre Immobilie vermieten möchte.

Sie können auch Zimmer in Ihrem Haus vermieten, wenn Sie noch dort wohnen und ein oder zwei zusätzliche Zimmer haben, die Sie nicht nutzen. Dies ist eine ausgezeichnete Möglichkeit, zusätzliches Geld zu verdienen, wenn Sie in Ihrer Heimatstadt zu Besuch sind, und Ihr Einkommen als Vermieter aus der Ferne aufzubessern.

Wie man ein Mehrfamilienhaus systematisch verwaltet
Ein Mehrfamilienhaus ist eine langfristige Strategie zur Vermögensbildung, insbesondere für Immobilieninvestoren. Es handelt sich um ein Geschäftsmodell, das ohne große Anfangsinvestitionen Erträge erwirtschaftet. Es ist ein System, in dem man nur besser werden kann.

Es ist kein "trendiger" oder "heißer" Markt, aber es wird immer funktionieren, weil Menschen wohnen müssen, egal wie. Und die Welt wird immer voll sein von Studenten (eingeschrieben oder nicht), jungen Berufstätigen und Menschen aus der

Arbeiterklasse, die im Stadtzentrum wohnen wollen, es sich aber nicht leisten können.

Sie können das Haus der Mehrfachnutzung systematisieren:

a. Auswahl des richtigen Projekts am richtigen Standort. Sie werden mit anderen Investoren um diese Art von Immobilien konkurrieren und müssen genau wissen, wonach Sie suchen. Verlieren Sie sich nicht in einem Hype - bleiben Sie bei Ihrem Plan, entwickeln Sie ein Geschäftsmodell und bleiben Sie dabei.

b. Finden Sie geeignete Mieter für die Räume in Ihrem Mehrfamilienhaus. Und zwar nicht irgendwelche, sondern die richtigen. Das Wichtigste sind zuverlässige Mieter, die ihre Miete pünktlich zahlen (und Ihnen letztlich zu mehr Einnahmen verhelfen).

c. Schließen Sie einen Mietvertrag ab und lassen Sie die Mieter unterschreiben. Sie brauchen Mieter, die ihre Miete pünktlich und ohne Probleme mit dem Vermieter oder der Hausverwaltung zahlen. Es wäre hilfreich, Mieter zu finden, die Ihnen lange treu bleiben (langfristiger Mietvertrag).

d. Finden Sie einen guten Hausverwalter/eine gute Hausverwaltungsgesellschaft, der/die Ihnen bei der Verwaltung der Immobilie hilft (und Ihnen auch hilft, den Wert der Immobilie zu erhalten, wenn Sie sie verkaufen möchten).

e. Behalten Sie Ihre Mieteinnahmen im Auge. Wenn Sie wachsen, fangen Sie klein an, und das gilt auch für Ihre Hausverwaltung. Wenn es an der Zeit ist zu verkaufen, verlangen Sie eine Prämie, denn Sie haben ein gut funktionierendes Geschäftsmodell, das sich bewährt hat.

Joint Ventures

Joint Ventures gelten als die rentabelste Form der Immobilieninvestition. Das liegt daran, dass die Partner Verantwortung, Risiko und Gewinn zu gleichen Teilen tragen. Damit Joint Ventures erfolgreich sind, müssen Sie eine gute Partnerschaft mit Ihrem Partner aufbauen. Stellen Sie sicher, dass Sie die gleichen Ziele und den gleichen Zeitrahmen für Immobilieninvestitionen haben. Das bedeutet, dass Sie den gleichen Zeitrahmen für den Verkauf Ihrer Investition haben müssen, damit die Gewinne gerecht aufgeteilt werden können.

Ein weiterer wichtiger Punkt ist, dass Sie eine Joint-Venture-Vereinbarung verwenden können. Auf diese Weise behalten Sie den Überblick über alles, was zwischen den beiden Parteien geschieht, und es gibt keine Probleme bei der Aufteilung der Gewinne. Stellen Sie vor allem sicher, dass Sie und Ihr Partner gut miteinander auskommen und dass Sie die gleichen Ziele verfolgen.

Wenn Sie es richtig angehen, können Joint-Venture-Partnerschaften für beide Seiten von Vorteil sein.

Ein großer Vorteil einer Joint-Venture-Partnerschaft ist, dass das Geld nicht nur aus Ihrer Tasche kommt. Durch die Aufteilung des Gewinns können Sie nicht nur das Kapital des anderen nutzen, sondern auch dessen Geld für Reparaturen oder notwendige Investitionen verwenden. Auf diese Weise ist das Risiko für beide Parteien geringer.

Die Nachteile von Joint Ventures sind, dass sich Immobilien ständig verändern und es keine Garantie gibt, dass sich die Investition mit einem Partner lohnt. Ein weiteres Problem ist, dass es schwierig sein kann, die Vereinbarung aufrechtzuerhalten. Manchmal ist ein Joint Venture so strukturiert, dass es zu viel Stress und Reibung zwischen den Partnern kommt.

Am besten gehen Sie ein Joint Venture an, indem Sie sicherstellen, dass Sie und Ihr Partner ähnliche Ziele verfolgen. Dies wird es Ihnen erleichtern, Entscheidungen über den Erwerb von Immobilieninvestitionen im Namen Ihres Partners zu treffen.

Joint Ventures sind nicht immer notwendig, aber für Immobilieninvestitionen unerlässlich. Wenn Sie erwägen, sichmit einem anderen Investor zusammenzuschließen, oder wenn Sie jemanden kennen, der in die Immobilienbranche einsteigen möchte, könnte es eine gute Idee sein, diese Investition gemeinsam mit ihm zu versuchen.

Kapitel 8: Wie Sie ein erfolgreicher Fernvermieter werden

Um ein erfolgreicher Fernvermieter zu werden, gibt es einige Tipps, die Sie beachten sollten:

a) Zuverlässige Mieter
Ihre Immobilie wird automatisch zu einer guten Investition, wenn Sie zuverlässige Mieter haben. Bieten Sie ihnen viel Platz (ich denke an 200 m²), einen angemessenen Preis und eine gute Instandhaltung der Immobilie.

b) Eine vertrauenswürdige Person
Als Fernvermieter können Sie Ihr Haus nicht immer sehen. Daher wäre es hilfreich, einen vertrauenswürdigen Makler zu haben, der sich um alles kümmert. Wenn der Makler unehrlich ist, kann er von den Behörden belangt werden. (Sie könnten Ihre Kaution verlieren).

c) Bleiben Sie mit Ihren Mietern in Kontakt und seien Sie ein verständnisvoller Vermieter.
Wenn Ihr Mieter auszieht, rauchen Sie bitte nicht in seiner Gegenwart und verhalten Sie sich nicht unhöflich, denn das wird er nicht mögen. Nehmen Sie auch nicht alle Ihre Möbel, Geräte oder andere wertvolle Gegenstände mit (wenn sie Ihnen gehören), denn es kann sein, dass Ihr Mieter noch lange in der Wohnung bleiben möchte.

d) Bezahlen Sie nicht zu viel
Bezahlen Sie nicht zu viel für Ihre Immobilie, sondern nur so viel, dass Sie gute Mieter bekommen. Es ist besser, wenig zu investieren und drei Jahre zu warten, als zu viel zu investieren

und nach einem Jahr einen schlechten Geschmack zu haben. Das ist besser, denn wenn Sie warten, sparen Sie Ihre Kaution für den Fall, dass der Mieter auszieht, ohne Ihnen eine Monatsmiete zu zahlen.

e) Vergewissern Sie sich, dass die Wohnung schön ist und Sie etwas Geld in sie investiert haben.

f) Seien Sie nicht gierig.
Sie haben vielleicht einen guten Mieter, möchten aber die Miete erhöhen. Sie könnten sagen, dass er zu billig ist und Sie von der Miete, die er zahlt, nicht leben können. Überlegen Sie es sich gut, bevor Sie das tun, denn es wird Ihnen in der Zukunft nichts nützen. Sie könnten Ihre Wohnung verlieren, mit all Ihren Möbeln und allem, was Sie haben. Es ist besser zu nehmen, was man kriegen kann, denn es geht um Geld, nicht um Stolz.

g) Leben Sie nicht über Ihre finanziellen Verhältnisse
Sie müssen Ihr Geld weise ausgeben. Wenn Sie Ihre Hypothek nicht abbezahlen können, finden Sie vielleicht Langzeitmieter, die über einen längeren Zeitraum in ihrem Haus bleiben und gute Gewinne erzielen. Sie müssen klug genug sein, Ihr Einkommen entsprechend anzupassen, denn eines Tages könnten Sie alles verlieren, weil Sie eine falsche Entscheidung getroffen haben.

Sollte man mit einem lokalen Investor zusammenarbeiten?
Eine Partnerschaft mit einem lokalen Investor kann der beste Weg sein, um das Wissen, das Netzwerk und die Verbindungen zu erhalten, die für den Aufbau eines erfolgreichen Immobilieninvestmentgeschäfts erforderlich sind. Lokale Investoren haben Einblicke, die Sie nicht im Internet finden können, und sie sind eine unschätzbare Hilfe auf dem Weg. Manche Investoren haben eine Exklusivvereinbarung mit einem

lokalen Käufer, wenn sie ihre Immobilie verkaufen. Und wenn sie derzeit keinen haben, kennen sie vielleicht jemanden, der sich speziell für Ihre Immobilie interessiert, weil sie in einem Gebiet mit hoher Nachfrage liegt. Die Zusammenarbeit mit einem ortsansässigen Investor schützt Sie auch davor, dass der Käufer es bereut, wenn er nach der Unterschrift auf der gestrichelten Linie auf Dinge wie Bebauungsbeschränkungen oder Auflagen stößt.

Da er vor Ort ist, hat er mehr Kontrolle über die Situation als Sie. Das größte Problem bei der Zusammenarbeit mit einem lokalen Investor ist, dass Sie das Geschäft ohne ihn möglicherweise nicht abschließen können. Und wenn das Geschäft scheitert, kann es sein, dass Sie auf einer Immobilie sitzen bleiben, mit der Sie nie etwas zu tun haben wollten.

Wenn Sie sich für eine Partnerschaft mit einem lokalen Investor entscheiden, sollten Sie sich mit dessen Philosophie in Bezug auf Immobilieninvestitionen vertraut machen. Wenn er eine langfristige Investition anstrebt, wird er sich möglicherweise darauf konzentrieren, die Immobilie zu renovieren oder sie in eine Renditeimmobilie umzuwandeln. Ein lokaler Investor, der eine Investition zu Geld machen will, könnte bereit sein, schnell zu verkaufen, auch wenn das Geschäft nicht genau Ihren Vorstellungen entspricht.

Wachsende Bevölkerung

Eine wachsende Bevölkerung bedeutet eine steigende Nachfrage nach Wohnraum. Wenn mehr Menschen untergebracht werden müssen, kann man davon ausgehen, dass auch die Immobilienwerte steigen. Das ist eine gute Nachricht für Immobilieninvestoren, denn es bedeutet höhere Mieten und potenzielle Gewinnmargen. Mehr Menschen bedeuten mehr

Nachfrage nach Immobilien, was wiederum mehr Potenzial für Kapitalwachstum bedeutet.

Das Bevölkerungswachstum ist einer der Gründe, warum Wohnungen immer teurer werden. Der andere ist die Inflation. Wenn die Lebenshaltungskosten steigen, müssen die Menschen, die ihren Lebensunterhalt verdienen müssen, eine besser bezahlte Arbeit finden, um mit den steigenden Preisen Schritt halten zu können.

Da immer mehr Menschen ein Gehalt beziehen, ist es für den Durchschnittsbürger heutzutage schwierig, Geld zu sparen. Eine Hypothek ist teuer und schwer zu bezahlen, wenn man nicht über eine vierjährige Ausbildung und eine umfassende Krankenversicherung verfügt. Mit anderen Worten: Für viele Menschen aus der Arbeiterklasse lohnt es sich einfach nicht. Stattdessen kaufen sie Häuser für möglichst wenig Geld.

Immobilieninvestitionen waren schon immer ein teures Hobby, aber jetzt wird es noch teurer, weil die Nachfrage nach Häusern steigt. Das Haus der Zukunft wird kleiner und kompakter sein, aber es wird ein Vermögen kosten. Deshalb werden wir alle mit der Zeit weniger Häuser für unser Geld kaufen können.

Die steigende Nachfrage nach Wohnraum bedeutet, dass mehr Menschen es sich leisten können, verschiedene Arten von Häusern zu kaufen. Das bedeutet, dass es mehr Nachfrage nach Neubauten, aber auch nach Renovierungen und Umbauten geben wird. Vielleicht ist das gut, vielleicht auch nicht, das wird die Zukunft zeigen. Auf jeden Fall wird es mehr Arbeitsplätze für Architekten, Bauunternehmer, Elektriker und Installateure geben.

Altersverteilung

Die Altersverteilung hat einen großen Einfluss auf den Wohnungsmarkt. Ältere Menschen neigen dazu, in der Nähe ihrer Kinder und Enkelkinder zu wohnen. Daher kaufen sie weniger exotische Häuser in erschwinglicheren Gegenden als jüngere Gruppen, da sie mehr Platz benötigen. Die Generation X und die Babyboomer suchen jetzt nach Mietwohnungen, wenn sie älter werden, während die Millennials sich entscheiden, überhaupt keine Immobilie zu kaufen, weil sie lieber arbeiten als in einer bestimmten Stadt zu leben. Dadurch verlagert sich die Last auf die Mieter der Millennials, wenn es für sie an der Zeit ist, in ein Eigenheim zu ziehen. Immobilieninvestoren sollten sich darüber im Klaren sein, dass bestimmte Wohnungsmärkte für ältere Generationen attraktiver sind, und in diesen Gebieten gezielt nach erschwinglichen Immobilien suchen.

Da immer mehr Familien langfristig zusammenbleiben, wird die Nachfrage nach größeren Wohnungen steigen, wenn Kinder, Enkelkinder oder ältere Eltern hinzukommen. Die Möglichkeit, umzuziehen und eine separate Immobilie zu kaufen, wird immer unpraktischer, da es wichtiger wird, dass alle Familienmitglieder zusammenbleiben. Dieser Trend, der bereits im Zusammenhang mit dem demografischen Wandel und dem "leeren Nest" diskutiert wurde, wird dazu führen, dass die Nachfrage nach größeren Wohnungen steigt und die Nachfrage nach kleineren Wohnungen sinkt, da der Wunsch besteht, zusammen zu wohnen.

Stabile Beschäftigung

Eine stabile Beschäftigung erhöht die Wahrscheinlichkeit, langfristig Wohlstand zu erreichen. Dies ist auf zwei Faktoren zurückzuführen

a. Eine stabile Beschäftigung erhöht das Einkommen einer Person,

b. Sie gibt ein Gefühl von Sicherheit und Stabilität. Leider haben viele Menschen keinen festen Arbeitsplatz und wissen daher nicht, wie sie ihr Geld so investieren können, dass es zu mehr Wohlstand führt.

Im Folgenden sind einige wichtige Punkte aufgeführt, die bei der Suche nach einem festen Arbeitsplatz zu beachten sind:

a. Wenn eine Person keinen festen Arbeitsplatz hat, ist es schwierig, Geld für zukünftige Bedürfnisse zu sparen und zu investieren. Dies kann dazu führen, dass kein Geld für Investitionen zur Verfügung steht, weil es für den laufenden Bedarf ausgegeben wird, d.h. für Notwendigkeiten und finanzielle Verpflichtungen wie Hypotheken, Autokredite etc.

b. Stabile Beschäftigung bedeutet auch, dass der Einzelne sein Geld in sichere Anlagen wie Ersparnisse und Pensionspläne investiert. Dies ist zum Teil auf eine stabile Beschäftigung zurückzuführen, hängt aber auch von den Kenntnissen des Einzelnen über die Finanzmärkte und darüber ab, wie er sein Geld am besten anlegt.

c. Wenn Menschen mit einem festen Arbeitsplatz die Alternativen zum Sparen und zur Altersvorsorge kennen lernen, neigen sie dazu, ihr Vermögen aufgrund von Bildung und Zugänglichkeit zu vermehren.

d. Wenn eine stabile Beschäftigung dazu führt, dass eine Person in Spar- und Rentenpläne investiert, verpasst sie die Möglichkeiten der Vermögensbildung durch direkte Immobilieninvestitionen. Der Grund dafür ist, dass diese Pläne keine ausreichenden Renditen bieten.

Wenn eine Person einen festen Arbeitsplatz hat, kann sie Geld für zukünftige Bedürfnisse wie die Rente sparen. Es ist jedoch weniger wahrscheinlich, dass er dieses Geld in andere Anlageformen wie Immobilien investiert, die eine höhere Rendite abwerfen und im Laufe der Zeit zu unglaublichem Reichtum führen können.

Schulen

Auch Schulen leisten einen Beitrag zu Immobilieninvestitionen, indem sie Programme anbieten, die Studenten das Geschäft mit Immobilieninvestitionen näher bringen. Einige Studiengänge haben sich sogar auf Immobilieninvestitionen spezialisiert, um den Studierenden ein tieferes Verständnis für diesen Bereich zu vermitteln. Nach Abschluss dieser Studiengänge verfügen die Studierenden über das notwendige Wissen, um als Immobilieninvestor erfolgreich zu sein.

Die Studierenden lernen etwas über die Geschichte der Immobilieninvestitionen und den Prozess der Suche nach Immobilienbesitzern und der Verhandlung mit ihnen über den Kauf ihrer Häuser. Sobald ein Schüler eine Immobilie gefunden hat, die er kaufen möchte, muss er einen Weg finden, die Finanzierung für den Kauf zu erhalten. Kredite von Banken, die keine Sicherheiten verlangen, sind in der Regel die einfachste Möglichkeit für Studierende, eine Finanzierung für Immobilieninvestitionen zu erhalten. Diese Art von Darlehen ist weit verbreitet, da die Banken wissen, dass es unwahrscheinlich ist, dass Studierende ihren Kreditverpflichtungen nicht nachkommen. Für eine noch größere Anschaffung müssen die Studierenden Risikokapital aufbringen. Dabei handelt es sich um den Kauf einer als Finanzinvestition gehaltenen Immobilie (allgemein als Cashflow-Immobilie bezeichnet) mit dem Kapital einer Privatperson.

Studenten, die sich selbstständig machen wollen, können über ihre Hochschule sogar bei der Gründung einer neuen Immobilieninvestmentgesellschaft mithelfen. Dies wird als Unternehmensinkubation bezeichnet. Dies kann auf dem Schulgelände oder an einem anderen Ort geschehen, den sich ein Schüler gesichert hat. Ein weiterer Schritt, den einige Schulen zur Förderung von Immobilieninvestitionen unternehmen, ist die Zusammenarbeit mit Unternehmen aus der Branche, so dass die Schüler praktische Kenntnisse über die Funktionsweise dieses Sektors erwerben können, während sie gleichzeitig den Unterricht auf dem Campus besuchen.

Kriminalität

In Gegenden mit hoher Kriminalität zu investieren, kann eine gute Idee sein, auch wenn man nicht erwartet, damit Geld zu verdienen.

Immobilieninvestitionen sind ein volatiles Geschäft und jeder, der in der Vergangenheit investiert hat, wird Ihnen sagen, dass es wichtig ist, mit offenen Augen zu investieren: Sie müssen Ihre Risikotoleranz kennen und wissen, was Sie erwarten können. Es ist auch wichtig, daran zu denken, dass Kriminalität auf der Seite Ihrer Investition zu Verlusten führen kann, weil sie Ihre Investition beeinträchtigen kann.

Wenn Sie anfangen, sollten Sie nicht erwarten, über Nacht reich zu werden. Es ist gut zu wissen, dass das Gebiet, in dem Sie investieren wollen, nicht zu den Gebieten mit der höchsten Kriminalitätsrate gehört. Sie können auch in Gegenden mit höherem Risiko und niedrigeren Renditen investieren, solange Sie wissen, welches Risiko Sie eingehen und welche Rendite Sie erwarten können. Wenn eine billige Immobilie in einem Gebiet mit hoher Kriminalitätsrate Ihnen eine niedrige garantierte

Rendite bringen würde, dann ist das Ihre Entscheidung: Sie sollten in einem Gebiet mit höherer Rendite und höherer Kriminalitätsrate investieren, wenn Sie bereit sind, dieses Risiko einzugehen.

Die Kriminalitätsrate kann auch durch Ihre Immobilie beeinflusst werden, und einige Investorenstrategien können die Kriminalitätsrate erheblich beeinflussen. Eine hohe Rendite Ihrer Immobilie könnte beispielsweise mehr Kriminelle in die Gegend locken, da diese nach Orten suchen, an denen sie Verbrechen begehen können. Dies könnte zu mehr Einbrüchen in Ihrer Immobilie führen, aber es würde immer noch eine höhere Rendite für Ihre Investition bedeuten.

Es ist immer wichtig zu wissen, wie hoch die Kriminalitätsrate in einem Gebiet ist, aber wenn Sie in einem Gebiet mit hoher Kriminalitätsrate investieren wollen, ist es auch gut zu wissen, mit welcher Art von Kriminalität Sie es zu tun haben.

Leerstandsrate
Eine der besten Möglichkeiten, eine gute langfristige Investition zu finden, besteht darin, die Leerstandsrate in dem Gebiet, das Sie interessiert, genau zu beobachten. Eine niedrige Leerstandsquote bedeutet, dass Sie die Immobilie wahrscheinlich vermieten und später zu einem höheren Preis verkaufen können. Eine hohe Leerstandsquote kann dagegen mehrere Dinge bedeuten. Entweder gibt es in dieser Gegend keine Immobilien zum Verkauf, oder die Immobilie ist aufgrund der Nachfrage (oder desMangels an Nachfrage) so unterbewertet, dass Sie sie fast zum Nulltarif kaufen und mit einem minimalen Investitionsverlust zu Ihrem nächsten Ziel weiterziehen können. Entscheidend ist, dass Sie wissen, in welche Art von Markt Sie investieren. Sie sollten im

richtigen Markt kaufen, wenn Sie mit Ihrer Investition ein nachhaltiges Einkommen erzielen wollen.

Eine höhere Leerstandsrate, insbesondere in einem Gebiet mit vielen Rentnern oder kleinen Familien, ist nicht unbedingt alarmierend. Da viele Häuser zum Verkauf stehen, wird Ihr Büro häufig von Menschen aufgesucht, die Ihre Geschäftsräume mieten möchten. Das kann bedeuten, dass die Nachfrage nach Wohnraum in der Gegend viel geringer ist, die Nachfrage nach Gewerbeflächen, die Ihnen gehören und von Ihnen verwaltet werden, aber viel höher. Deshalb sollten Sie den GesamtwertIhrer Immobilie im Auge behalten und die tatsächlich erzielten Einnahmen mit dem Kaufpreis der Immobilie vergleichen. So können Sie feststellen, ob Sie wirklich Geld verdienen oder nur viel Zeit mit der Verwaltung eines Grundstücks verbringen, das nicht viel wert ist.

Was Sie delegieren können
Zu wissen, was man delegieren kann, ist ein entscheidender Erfolgsfaktor für jeden Ferninvestor. Einige Aufgaben können, wenn sie richtig delegiert werden, Zeit und Energie des Investors sparen und zu niedrigeren Erwerbskosten führen. Diese Aufgaben können an einen Mitarbeiter delegiert oder an einen Drittanbieter ausgelagert werden.

Im Folgenden sind einige Aufgaben aufgeführt, bei denen eine Delegierung sehr hilfreich sein kann:

a) Lead-Generierung - Sie können Mitarbeiter oder Lieferanten einstellen, die wissen, wie man nach Leads sucht und potenzielle Investoren kontaktiert. Die meisten Menschen verkaufen sowieso nicht gerne. Wenn Sie diese Aufgabe delegieren, sparen Sie Zeit und können sich auf die wesentlichen Aspekte Ihres Geschäfts konzentrieren, z. B. das Finden von Geschäften, das Aushandeln von Bedingungen und die Verwaltung der Investoren nach Abschluss des Treuhandvertrags.

b) Hausverwaltung - Auch wenn Sie vielleicht nicht die gesamte Verwaltung der Immobilie delegieren möchten, zahlen die meisten Investoren Hausverwaltungen zwischen $500 und $2500 pro Monat für die Verwaltung ihrer Mietobjekte. Das ist eine Menge Geld für etwas, das Sie wahrscheinlich selbst erledigen können. Wenn Sie sich dafür entscheiden, sollten Sie sich auf den buchhalterischen Aspekt der Verwaltung konzentrieren und nicht auf die physische Verwaltung der Immobilie.

c) Buchhaltung und Rechnungswesen - Die meisten Investoren haben Schwierigkeiten mit diesen Bereichen. Durch die Auslagerung dieser Aufgaben können Sie viel Zeit und Geld sparen, wenn Ihre Schwachstelle in der Buchhaltung und im Rechnungswesen liegt.

d) Rechtsberatung - Sie können Ihre Briefe, Verträge und andere Dokumente von Anwälten zu einem Bruchteil der Kosten erstellen lassen, die Anwaltskanzleien ihren Kunden in Rechnung stellen.

Was sollte automatisiert werden?
Die Automatisierung Ihrer Immobilieninvestitionen kann Ihnen helfen, Zeit zu sparen, Risiken zu minimieren und ein passives Einkommen aufzubauen. Automatisiertes Investieren mag auf manche Menschen beängstigend wirken, muss es aber nicht. Es gibt viele gute Möglichkeiten, Immobilieninvestitionen zu automatisieren und gleichzeitig die Kontrolle über Ihr Portfolio zu behalten. Diese Möglichkeiten umfassen

a) Investitionen in mehrere Immobilien.

Das bedeutet, dass Sie einen Weg finden müssen, gute Angebote zu finden, zu recherchieren und vor der Konkurrenz zu bieten. Sie werden auch in der Lage sein, Immobilien an mehreren Standorten zu finden. Dadurch wird die Konkurrenz ausgeschaltet und Sie können in kürzerer Zeit mit Bargeld kaufen und Ihr Geld länger arbeiten lassen, wenn Sie in eine Anlageimmobilie investieren.

b) Investieren Sie in weitere Immobilien.

Das ist leichter gesagt als getan, lässt sich aber mit geeigneten Systemen, Verfahren und einer entsprechenden Denkweise leicht automatisieren. Es erfordert die Verwaltung mehrerer Transaktionen gleichzeitig, was überwältigend klingen mag, aber nicht ist, wenn man die richtigen Prozesse einsetzt.

c) Maximierung der Transaktionen.

Sie können dieselben Strategien anwenden, um Geschäfte zu finden, Angebote zu machen und Beziehungen zu Maklern aufzubauen. Durch die Straffung dieser Prozesse bleibt mehr Zeit für Due-Diligence-Prüfungen und Marktanalysen. Dies wird zu mehr Investitionen mit höheren Renditen über einen längeren Zeitraum führen. So können Sie bessere Investitionsentscheidungen treffen, die zu mehr Erfolg führen.

d) Vermarkten Sie Ihre Dienstleistungen.

Einer der wichtigsten Aspekte in diesem Geschäft ist die Vermarktung Ihrer Dienstleistungen. Sie müssen ein breites Publikum ansprechen und dessen Aufmerksamkeit erregen. Je mehr Menschen Sie erreichen, desto mehr Aufträge werden Sie erhalten.

e) Kaufen für Spaß und Gewinn.

In Immobilien zu investieren muss Spaß machen. Wenn finanzielle Freiheit Ihr Ziel ist, können Sie es erreichen, indem Sie diese fünf Strategien zur Automatisierung Ihrer Immobilieninvestitionen befolgen.

f) Hausverwaltung/Eigentumsverwalter
Die Automatisierung dieses Prozesses kann auch viel Zeit freisetzen, die Sie sonst für Investitionen, Networking oder andere wichtige Dinge nutzen könnten.

g) Zeitersparnis
Durch die Automatisierung Ihrer Immobilieninvestitionen können Sie viel Zeit sparen. Sie können sich auf die Suche nach Transaktionen, die Verwaltung Ihres Portfolios und das Wachstum Ihres Unternehmens konzentrieren. All dies können Sie tun, ohne sich um die täglichen Aufgaben der Immobilienverwaltung kümmern zu müssen.

h) Bauen Sie ein passives Einkommen auf.
Passives Einkommen ist wie eine Geldmaschine, die für Sie arbeitet, auch wenn Sie schlafen oder im Urlaub sind. Diese Art von Einkommen ist notwendig, weil es Ihnen mehr Wahlmöglichkeiten im Leben und mehr finanzielle Optionen gibt, wenn es darum geht, eine Immobilie zu kaufen, für den Ruhestand zu sparen und Geld als Investition und nicht als Ware zum Überleben zu verwenden.

Was zu vermeiden ist
Um ein erfolgreicher Ferninvestor zu werden, müssen Sie einige Dinge vermeiden und vermeiden, nämlich

a) Die Idee, durch den Kauf und Verkauf von Immobilien schnelles Geld zu machen.

Das bedeutet, dass Sie es sich nicht leisten können, kein Geld zu verdienen, denn wenn Sie kein Geld verdienen, ist es Ihre Zeit nicht wert.

b) Die Vorstellung, dass man seinen Job aufgeben muss, um ein erfolgreicher Investor zu sein.
Das bedeutet, dass Sie langfristig planen müssen, denn zu kündigen würde nur Stress verursachen und Sie würden in Ihren Entscheidungen impulsiv werden.

c) Die Vorstellung, schnell reich zu werden.
Es gibt keinen Grund, etwas zu überstürzen oder unnötige Risiken einzugehen - es gibt immer ein besseres Angebot.

d) Emotionales Engagement für Immobilien. Es ist hilfreich, objektiv und professionell zu bleiben. Sonst kann es am Ende sehr schlecht ausgehen.
e) Angst, über den Tisch gezogen zu werden.
Dies bedeutet, dass Sie entweder neu auf dem Gebiet der Immobilieninvestitionen sind oder nicht über die richtigen Instrumente oder Kenntnisse verfügen, um die richtigen Investitionen zu tätigen.

f) Unkenntnis der Risiken und Vorteile von Immobilieninvestitionen.
Bevor Sie sich engagieren, müssen Sie wissen, was auf dem Spiel steht. Andernfalls laufen Sie Gefahr, Ihr Geld und Ihre Glaubwürdigkeit zu verlieren.

g) Die Vorstellung, dass "Immobilien nur etwas für Reiche sind".
Ziemlich selbsterklärend. Die Möglichkeiten sind endlos und man kann es bis an die Spitze schaffen, auch wenn man arm geboren

wurde. Das heißt, es gibt keinen Grund, nicht dazuzugehören, wenn man es will.

h) Sie denken, dass Sie zu jung oder zu alt sind, um ein erfolgreicher Investor zu sein.
Das stimmt nicht, denn viele Investoren haben in jungen Jahren angefangen, und manchmal ist es besser, später einzusteigen, weil man dann mehr Erfahrung und Geschäftssinn hat.

Fazit

Immobilieninvestitionen über große Entfernungen sind eine gute Option für Rentner und Personen mit stabilem Einkommen. Es kann schwieriger sein, eine Immobilie zu bewerten, und es kann teurer sein, wenn man die Reisekosten berücksichtigt, aber es zahlt sich aus. Es lohnt sich, Ihre finanzielle Situation mit den Kosten einer Investition vor Ort und den Kosten eines Umzugs zu vergleichen. Schließlich sind Investitionen im Ausland nicht für jeden geeignet. Es gibt kein Patentrezept für die Verwaltung Ihres Vermögens.

Es ist am besten, Ihre Situation zu überprüfen, bevor Sie Pläne für Investitionen in Auslandsimmobilien in Angriff nehmen. Überlegen Sie, welche Ziele Sie verfolgen, wie viel Zeit Sie haben und wie oft Sie reisen. Sprechen Sie mit Ihrem Ehepartner oder Ihrer Familie über deren Pläne und Bedenken. Investitionen im Ausland können ein komplexes Unterfangen sein und mehr als nur Reisekosten verursachen, aber sie bieten den Investoren erhebliche Vorteile.

Investoren, die bereit sind, für ihre Investitionen zu reisen, können von Ferninvestitionen in Immobilien erheblich profitieren. Sie sollten jedoch über ein stabiles Einkommen und die finanziellen Mittel verfügen, um in mehrere Immobilien zu investieren.

Immobilieninvestitionen im Ausland sind ein Bereich, in den viele Anleger investieren möchten, aber es ist wichtig, dass Sie wissen, worauf Sie sich einlassen und ob es für Ihre Situation geeignet ist. Wenn Sie Auslandsinvestitionen in Betracht ziehen, sollten Sie sich vergewissern, dass es sich bei Ihrem Fachgebiet um einen

Bereich handelt, in dem Arbeitskräfte stark nachgefragt werden.

Wenn dies nicht der Fall ist, suchen Sie einen Investor, der auf diesen Bereich spezialisiert ist und Ihnen bei den verbleibenden Arbeiten helfen kann, und beauftragen Sie jemanden vor Ort, der bei Bedarf Inspektionen durchführt. Sie wollen nicht in eine Situation geraten, in der Sie Geld verlieren, und die Zusammenarbeit mit einem Partner kann Ihre Rendite erheblich steigern.

Nehmen wir an, Sie investieren in Immobilien, die sich in einem anderen Staat oder Land befinden. In diesem Fall können Sie immer mit Ihrem Hypothekenmakler sprechen oder sich an jemanden wenden, der mit internationalen Investitionen zu tun hat. Diese Investoren können Ihnen dabei helfen, verschiedene Arten der Finanzierung für diese Art von Immobilien zu erhalten. Die meisten Investoren sind sich einig, dass Immobilieninvestitionen im Ausland lohnenswert sind, wenn die Zahlen stimmen.

Ferninvestitionen können genau das Richtige für Sie sein, wenn Sie mit Ihren Finanzen zu kämpfen haben oder in Ihrem Leben viel Stress erleben. Ferninvestitionen sind mit einigen Risiken verbunden, aber sie lohnen sich für diejenigen, die geduldig genug sind, auf das richtige Geschäft zu warten. Sie können auch von anderen Investoren in diesen entlegenen Gebieten lernen, wenn es darum geht, eine Finanzierung zu erhalten oder einen Investor zu finden. Achten Sie darauf, dass Sie auf sich selbst aufpassen und sich nicht blind auf diese Investition einlassen, nur weil ein anderer Ihnen schneller mehr Geld verspricht.

Viele Investoren vergleichen Immobilieninvestitionen aus der Ferne mit Investitionen vor Ort, da es in beiden Fällen darum geht, Immobilien vorzubereiten, die mit Gewinn verkauft werden können. In Bezug auf die Erreichbarkeit sind sie fast identisch, aber es gibt auch einige Aspekte, die sie unterscheiden. Bei Immobilieninvestitionen aus der Ferne muss man beispielsweise den Markt erkunden, eine Immobilie finden, mit der man Geld verdienen kann, und jemanden vor Ort beauftragen, der die notwendigen Inspektionen durchführt.

Bei Investitionen aus der Ferne spielt auch die Zeitverschiebung eine Rolle. Die Arbeit, die Sie während der Bürozeiten erledigen, ist für lokale Investoren "verlorene Zeit"; jede Stunde und jeder Tag, der untätig verstreicht, ist eine weitere verlorene Stunde.

Alles in allem sind Investitionen aus der Ferne für diejenigen erschwinglich, die über fundierte Erfahrungen mit Immobilieninvestitionen verfügen und in der Lage sind, die Verwaltung von Immobilien aus der Ferne zu übernehmen. Wer sich für diese Anlageform interessiert, sollte vor der Immobiliensuche einige Dinge beachten.

Sie müssen den Markt, auf den sie abzielen, genau kennen. Die Lage, die Aussichten und die Nachfrage in dem betreffenden Gebiet sind wichtige Faktoren für eine rentable Investition.

Sie müssen auch in der Lage sein, Immobilien zu finden, die genug Geld einbringen, um Reparaturen zu bezahlen und einen Gewinn zu erzielen. Gleichzeitig müssen sie aber auch die Kosten für die Reisezeit und die Einkommensverluste berücksichtigen, die durch die Entfernung von ihrem Markt entstehen.

Die Investitionsstrategien unterscheiden sich je nach Immobilienmarkt. Wenn Sie z.B. eine langfristige Investition anstreben, suchen Sie am besten nach Immobilien, die im Laufe der Zeit einen konstanten Cashflow erwirtschaften und reparierbar sind.

Wenn Sie lange Reisen scheuen, können Sie immer noch Immobilien über das Internet oder per Telefon kaufen, da diese direkt vor Ihrer Haustür verkauft und geliefert werden können. Es kann auch hilfreich sein, sich über lokale Immobilieninvestitionen in Ihrer Region zu informieren, als Ergänzung zu dem, was Sie vom anderen Ende des Landes oder der Welt aus tun.

Wer sich für Investitionen im Ausland interessiert, sollte zunächst seine Ziele definieren und alle anfallenden Kosten einplanen. Als nächstes sollten sie sich überlegen, welche Art von Immobilienfonds sie benötigen. Soll es ein Pensionsfonds oder ein Immobilienpool sein? Wenn die Anleger die Strategien dieser Fonds kennen, können sie eine geeignete Investition in ihre Zukunft tätigen. Der Kauf dieser Fondsarten kann jedoch viel Recherche und Zeit erfordern, so dass die Anleger in der Lage sein müssen, sich diese Zeit zu nehmen, bevor sie mit ihrem neuen Projekt beginnen.

Ferninvestitionen sind etwas, das viele Menschen in Erwägung ziehen, aber Sie müssen Ihre Situation berücksichtigen, wenn Sie diese Investitionsentscheidung treffen. Wenn Sie sich für eine Investition im Ausland interessieren, sollten Sie sich vergewissern, dass Sie in einem Bereich tätig sind, in dem eine große Nachfrage nach Arbeitskräften besteht. Wenn dies nicht der Fall ist, sollten Sie einen Investor suchen, der auf diesen Bereich spezialisiert ist und Ihnen bei den verbleibenden Arbeiten helfen kann, und jemanden vor Ort einstellen, der bei Bedarf Inspektionen durchführt.